U1018449

金融科技应用系列教材
JINRONG KEJI YINGYONG XILIE JIAOCAI

金融科技平台运维

JINRONG KEJI PINGTAI YUNWEI

主编◎郑春瑛　吴金旺　史　浩

中国金融出版社

责任编辑：张菊香
责任校对：李俊英
责任印制：丁淮宾

图书在版编目（CIP）数据

金融科技平台运维/郑春瑛，吴金旺，史浩主编．—北京：中国金融出版社，2023.6
金融科技应用系列教材
ISBN 978-7-5220-1971-0

Ⅰ．①金…　Ⅱ．①郑…②吴…③…史　Ⅲ．①金融—科学技术—教材
Ⅳ．①F830

中国国家版本馆 CIP 数据核字（2023）第 063914 号

金融科技平台运维
JINRONG KEJI PINGTAI YUNWEI

出版发行　中国金融出版社
社址　北京市丰台区益泽路 2 号
市场开发部　(010)66024766，63805472，63439533（传真）
网 上 书 店　www.cfph.cn
　　(010)66024766，63372837（传真）
读者服务部　(010)66070833，62568380
邮编　100071
经销　新华书店
印刷　保利达印务有限公司
尺寸　185 毫米×260 毫米
印张　19.25
字数　420 千
版次　2023 年 6 月第 1 版
印次　2023 年 6 月第 1 次印刷
定价　56.00 元
ISBN 978-7-5220-1971-0

前言

教师、教材、教法“三教”改革，是职业院校关于“谁来教”“教什么”“如何教”的三大教学要素，也是影响职业院校教学质量最直接的因素。教育部高等教育司司长吴岩曾说过一句话：“教学改革改到深处是课程，改到痛处是教师，改到实处是教材。”《国家职业教育改革实施方案》提出要“普及项目教学、案例教学、情境教学、模块化教学等教学方式”，大量引入典型生产案例，实现课堂、一线工厂等在做中学、在做中教，把基础内容与企业实践相结合，广泛开发慕课、微课、虚拟课堂等共享学习平台。

目前市场上缺乏真正项目化、立体化、工作手册式的针对金融科技平台运维方面的教材。因此，作为金融科技应用专业的专任教师，我们想充分发挥自己在平台建设方面多年的教学经验，编写一本面向金融科技类专业群的项目导向、任务驱动的金融科技平台运维教材，即适应新业态、新职业和新岗位要求的特色教材。为了让读者充分了解金融科技平台建设的过程，我们为教材专门准备了一个典型的金融科技平台门户网站（浙方基金）作为实例。本教材以浙方基金网站这个真实项目及其典型工作任务等为载体组织教学单元，行业特点鲜明，科学严谨、图文并茂、深入浅出，是新型活页式、工作手册式教材。同时适当兼顾适应“1+X”证书（Web前端开发）中的内容，以推进书证融通、课证融通；课程建设与教材编写深入融合，教材编排方式灵活，配套资源丰富，有学习指南、电子课件、教学设计、课程标准、授课计划、微课、思考训练题、课后作业、思维导图、素材、软件、源代码、电子教材等信息化资源。

我们以典型金融科技平台建设的工作任务为中心来选取并组织教材内容；校企双元合作开发教材；体现“以学生为主体”的主导思想，让学生在完成具体项目的过程中从整体上对金融科技平台建设的流程及运维有初步认识，并发展从事金融科技平台运维这个岗位所需要的基本职业能力。

本教材结构新颖、针对性强、实用性强、培养目标明确、教学理念新。一是采用“项目导向和任务驱动”的编写方式。这些项目是以浙方基金网站的开发生命周期为线索来设计的，每个项目包含学习目标、工作任务、思维导图及课后作业，每个项目完成后都有成果（文档或网站）。书中最后有全书的思维导图，帮助学习者架构知识体系。二是教材中每个项目涉及的知识点，都是按金融科技平台建设的实际工作流程组织的，以实用够用为准，并力图体现标准规范。三是开发语言和数据库选择 PHP 和 MySQL。四是项目 4 “浙方基金静态网站开发”到项目 8 “浙方基金网站运维”共 5 个项目相当于实训指导书，可操作性强，类似于工作手册。五是浙方基金网站是响应式的，实现一次开发多种设备适用，满足了金融客户经常使用手机、平板电脑等移动设备的习惯。六是将课程思政的立德树人等融合在项目的开发中，在润物细无声中培养学生精益求精的工匠精神。七是契合《职业教育专业目录(2021 年)》中“金融科技应用”新专业的设置要求，采用校企双元合作开发方式编写而成。八是书中所有程序都在 HBuilder X + Bootstrap 3. 4. 1 + WordPress – 5. 8 – zh_ CN + xampp – windows – x64 – 7. 4. 22 软件环境中调试通过。

本书是完全面向应用的项目导向教材，围绕金融科技平台门户网站（浙方基金）建设这个大项目，全书分两篇：第 1 篇“认识金融科技平台运维”，是为完成项目作准备用的；第 2 篇“金融科技平台建设实战”，包括浙方基金网站规划、浙方基金网站分析、浙方基金网站设计、浙方基金静态网站开发、浙方基金动态网站开发、浙方基金网站发布、浙方基金网站运维等项目。这些项目是以金融科技平台门户网站的开发生命周期为线索来设计的，根据实际需要，项目下分设模块或者任务。

教师在教学过程中可以根据实际需要灵活地选用项目，学过 PHP 等高级程序设计语言和 MySQL 等数据库的学生可以学习所有内容，其他学生则可以学习除项目 6 以外的所有内容。本书要求读者有一定的 HTML 和 CSS 基础。

本书由高职院校一线教师和企业专家共同编写而成，由郑春瑛、吴金旺、史浩担任主编，具体编写分工如下：第 1 篇由郑春瑛、吴金旺编写；第 2 篇的项目 1 和项目 2 由张佳怡、于伟群编写，项目 3 由张佳怡、章和平编写，项目 4 由施克泳、史浩编写，项目 5 由章和平、郑春瑛编写，项目 6 和项目 7 由章和平编写，项目 8 由郑春瑛、陈玉明编写。全书由郑春瑛负责总体设计和统稿，最终由郑春瑛和陈玉明审查定稿。主要编写人员均有金融行业工作经历。

本教材的编写得到了浙江金融职业学院信息技术学院院长陶再平博士和路淑芳老师、平安银行浙江分行科技部总监陈玉明、中信证券延安路营业部总经理于伟群的大力支持和帮助，路淑芳老师对浙方基金网站的美工设计给予了全程指导，陈玉明参与了教材的编写审查。在教材编写过程中，全体编审人员积极配合、通力合作，为完成高质量的教材付出了艰辛的劳动；同时在编写过程中，编者参阅了大量有关的专业书籍和教材，吸收了最新的研究成果，在此对有关作者一并表示深深的敬意和由衷的感谢。

由于作者水平及时间有限，书中如果有纰漏和考虑不周的地方，敬请广大读者批评指正。

编者
2023 年 1 月

目录

第1篇 认识金融科技平台运维

1. 任务1 认识金融科技平台/3
1.1 金融科技/3
1.2 金融科技平台/4

2. 任务2 认识金融科技平台运维/5
2.1 运维/5
2.2 运维工程师/6

第2篇 金融科技平台建设实战

3. 项目1 浙方基金网站规划/11
3.1 任务1 分析项目背景/12
3.2 任务2 分析项目可行性/12
3.3 任务3 确定预期目标/13
3.4 任务4 了解开发步骤/15
3.5 任务5 选择开发环境/17

4. 项目2 浙方基金网站分析/20
4.1 任务1 需求分析/20
4.2 任务2 系统分析/21

5. 项目3 浙方基金网站设计/32
5.1 任务1 网站功能设计/33
5.2 任务2 网站美工设计/34
5.3 任务3 网站数据库设计/47

6. 项目 4　浙方基金静态网站开发/51
6.1　任务 1　准备制作网站/52
6.2　任务 2　认识响应式网站/60
6.3　任务 3　制作网站统一的头部/63
6.4　任务 4　制作网站统一的底部/72
6.5　任务 5　制作首页/78
6.6　任务 6　制作其他网页/104

7. 项目 5　浙方基金动态网站开发（一）/141
7.1　任务 1　搭建开发环境/142
7.2　任务 2　认识 WordPress 主题/156
7.3　任务 3　实现网站统一头部的动态效果/171
7.4　任务 4　实现网站统一底部的动态效果/181
7.5　任务 5　实现网站的备份及还原/186
7.6　任务 6　利用主题实现网站的动态效果/192

8. 项目 6　浙方基金动态网站开发（二）/198
8.1　任务 1　实现网站首页的动态效果/199
8.2　任务 2　实现基金详情页的动态效果/239
8.3　任务 3　实现注册页的动态效果/248
8.4　任务 4　实现登录页的动态效果/255
8.5　任务 5　实现网站文章内容页的动态效果/265
8.6　任务 6　实现网站文章列表页的动态效果/271

9. 项目 7　浙方基金网站发布/277
9.1　任务 1　登录配置服务器/277
9.2　任务 2　将浙方基金网站发布到服务器上/282

10. 项目 8　浙方基金网站运维/286
10.1　任务 1　了解运维的发展/286
10.2　任务 2　了解运维的分类/289
10.3　任务 3　了解运维的内容/293

参考文献/294

全书思维导图/296

第1篇

认识金融科技平台运维

◆ **学习目标**

1. 掌握金融科技的概念及发展历程；
2. 掌握金融科技平台的概念及分类；
3. 掌握金融科技平台运维的概念及分类。

◆ **工作任务**

学习并掌握金融科技平台运维相关的概念及分类。

◆ **思维导图**

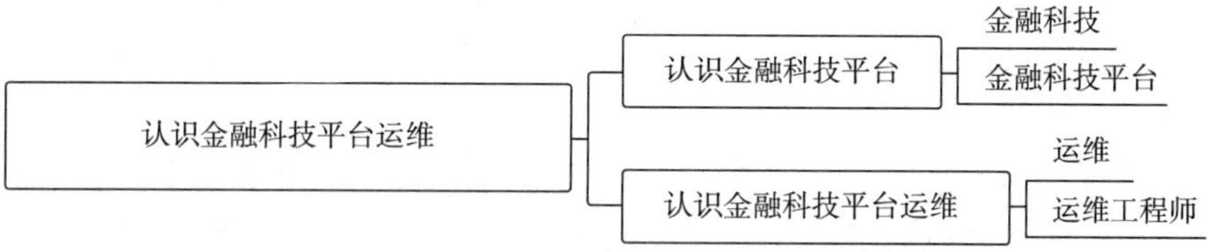

◆ **课后作业**

全班分若干项目组，以项目组为单位查阅整理资料以了解金融科技平台的最新动态及所用技术，结合项目组成员的兴趣爱好确定一个金融科技方面的主题，为金融科技平台建设作准备。要求提交包含各项目组成员、项目经理、分工、选题等的电子文档。

1. 任务1　认识金融科技平台

1.1　金融科技

2017 年，中国人民银行成立金融科技（FinTech）委员会，旨在加强金融科技工作的研究规划和统筹协调。2019 年 8 月，中国人民银行印发《金融科技（FinTech）发展规划（2019—2021 年）》，明确提出了未来三年金融科技工作的指导思想、基本原则、发展目标、重点任务和保障措施。该规划指出，金融科技是技术驱动的金融创新，旨在运用现代科技成果改造或创新金融产品、经营模式、业务流程等，推动金融发展提质增效。2022 年 1 月，中国人民银行印发《金融科技发展规划（2022—2025 年）》，此规划依据《中华人民共和国国民经济和社会发展第十四个五年规划和 2035 年远景目标纲要》制定，提出了新时期金融科技发展的指导意见，明确了金融数字化转型的总体思路、发展目标、重点任务和实施保障。

金融科技英译为 Fintech，是 Financial Technology 的缩写，可以简单理解为 Finance（金融）+Technology（科技），指通过利用各类科技手段创新传统金融行业所提供的产品和服务，提升效率并有效降低运营成本。就金融科技的发展历程而言，依据科技对金融业的影响程度，可以将其大致分为金融电子化、互联网金融和全面科技化三个阶段。

金融科技是金融与科技的结合，互联网行业将信息技术应用于金融，或者金融行业引入互联网技术，即“互联网+金融”或“金融+互联网”。对此，谢平等（2014）将金融科技称为互联网金融，认为互联网金融是一个谱系概念：一端为传统银行等中介及市场，另一端是瓦尔拉斯一般均衡对应的无金融中介或市场的情形，介于两端之间的所有金融交易与组织，都属于互联网金融。

易宪容等（2019）把金融科技定义为通过网络数字化的技术，全面整合相应的金融数据资源，实现金融数据共享，以此为客户提供创造价值的定制化金融服务，最终实现金融服务的自动化、行动化、智能化、大众化、普惠化，从而形成的一种金融服务的新业态。该定义概括了金融科技的主要内涵和本质特征，即以大数据为基础的新金融服务业态。

尹兴宽等（2021）将金融科技定义为以数据为基础，以技术为手段，通过各种前沿科技的应用，实现金融服务效率提升、交易成本降低、产品和服务形式创新以及客户体验改善的新型金融实现形式。

关于金融科技目前还没有统一的国际化定义，广泛引用的是金融稳定理事会（Financial Stability Board，FSB）于2016年3月的定义，即金融科技是由技术所带来的金融创新，能创造新的业务模式、流程、产品，从而对金融市场、金融机构提供服务的方式产生巨大影响。

1.2 金融科技平台

1. 金融科技平台概念

从广义的角度讲，金融科技平台就是各个机构提供的用于办理金融业务并进一步创新金融模式的网络应用服务平台。常见的金融科技平台见表1－1。

表1－1　　常见的金融科技平台

模式	分类	典型平台	运营方式
传统金融服务的互联网化	网上银行	平安口袋银行、浦发银行、中信银行	借助信息技术建立电商平台、发展电子化金融机构
	金融科技＋保险	众安保险、慧择保险、淘宝保险	官方网站模式、第三方电子商务平台模式、网络兼业代理模式、专业中介代理模式、专业互联网保险企业模式
	金融科技＋基金	天天基金、余额宝、睿远基金	传统金融机构互联网基金销售、互联网平台基金销售
	金融科技＋证券	东财证券、兴业证券优理宝	券商网上商城模式、互联网券商O2O模式
互联网居间服务	第三方支付	支付宝、财付通、银联支付	为收付款人的支付中介，提供网络支付、预付卡、银行卡收单等支付服务，当前以支付功能为主
	众筹	众筹网、京东金融、天使汇	通过互联网平台连接赞助者与提案者，向网友募集资金

续表

模式	分类	典型平台	运营方式
大数据金融平台服务	互联网消费金融	花呗、借呗、京东白条	基于电商平台积累的交易数据，利用大数据技术分析数据，挖掘用户需求，为客户和供应商提供贷款融资服务
金融科技门户	保险、理财、综合等类门户网站	平安保险、兴业证券、中融信托	利用互联网进行金融产品的销售以及为金融产品销售提供第三方服务

从狭义的角度讲，金融科技平台即金融科技门户（The Fintech Portal），是指利用互联网提供金融产品、金融服务信息，汇聚、搜索、比较金融产品，并为金融产品销售提供第三方服务的平台。

所谓门户网站，是指提供某类综合性互联网信息资源并提供有关信息服务的应用系统。在全球范围，最为著名的门户网站是谷歌以及雅虎；在中国，著名的门户网站有新华网、人民网、凤凰网、新浪、网易、搜狐、腾讯、百度等。

下面主要从狭义的角度对金融科技平台进行全面深入的分析。

2. 金融科技平台分类

根据服务内容与方式的不同，金融科技平台可以分为第三方资讯平台、垂直搜索平台以及在线金融超市三大类。

金融科技平台又可以根据所提供的金融产品与信息的不同，分为P2P网贷类平台（目前已被全面取缔）、信贷类平台、保险类平台、理财类平台以及综合类平台五类。两种分类方式之间不是互斥关系，而是分类的依据和角度不同。前一种分类方式是从金融产品销售产业链的层面进行分类，后一种分类方式是从金融科技平台经营产品类别的角度进行分类。

3. 常见的财经网站。常见的财经网站主要有七类，如图1－1所示。

2. 任务2　认识金融科技平台运维

2.1　运维

运维（Operation and Maintenance），也常被称为互联网运维或IT运维（IT Operations），是指通过一系列步骤和方法，管理和维护线上服务或者产品的过程。互联网运维通常属于技术部门，与研发、测试、系统管理共同构成互联网产品技术支撑的四大部门。运维的重点是系统运行的各种环境，包括机房、网络、存储、物理机、虚拟机这些基础的架构，也包括数据库、中间件平台、云平台、大数据平台等。运维注重的不是编程，而是对这些平台的使用和管理。

运维的职责覆盖了互联网产品从设计到发布、运行维护、变更升级及至下线的整个生命周期，但其在产品生产各个阶段的职责各不相同。

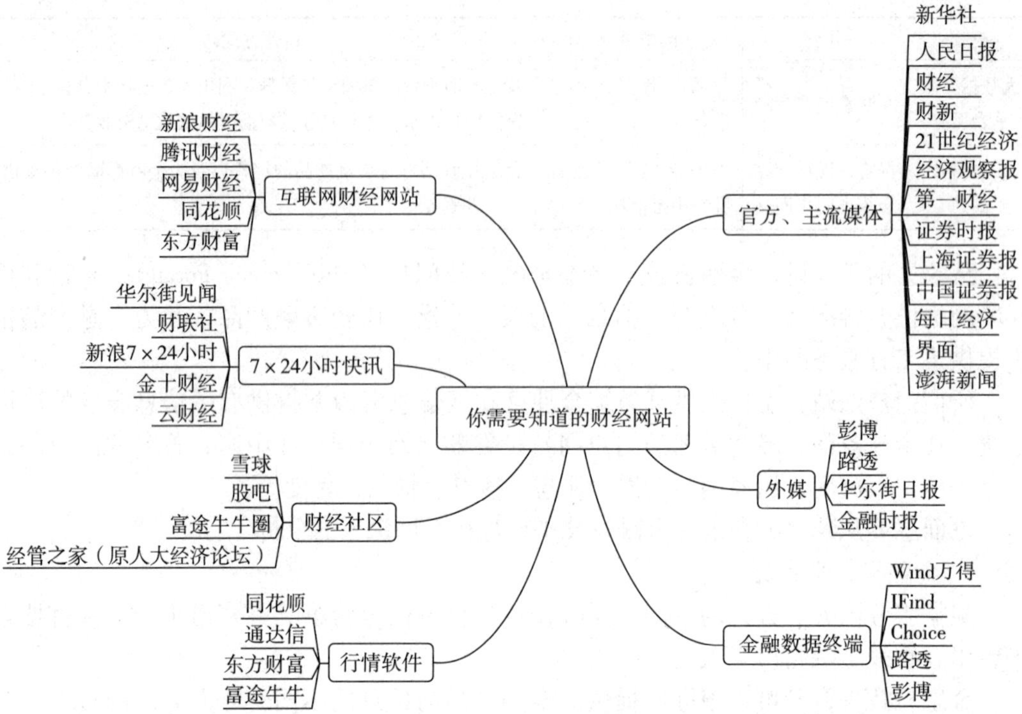

图 1-1　常见的财经网站

（资料来源：大卫先生，https：//www. zhihu. com/question/19599123/answer/618950740）

2.2　运维工程师

运维工程师（Operations），负责维护并确保整个服务的高可用性，同时不断优化系统架构提升部署效率、优化资源利用率，提高整体的投资回报率（ROI）。

（1）主要工作职责。无论做什么运维，运维工程师最基本的职责都是负责服务的稳定性，确保服务可以 7×24 小时不间断地为用户提供服务。在此之上运维工程师的主要工作职责如下。

质量：保障并不断提升服务的可用性，确保用户数据安全，提升用户体验。

效率：用自动化的工具/平台提升软件在研发生命周期中的工程效率。

成本：通过技术手段优化服务架构、性能调优；通过资源优化组合降低成本、提升 ROI。

从产品的生命周期来看运维工程师的主要职责如下。

①产品发布前：负责参与并审核架构设计的合理性和可运维性，以确保在产品发布之后能高效稳定地运行。

②产品发布阶段：负责用自动化的技术或者平台确保产品可以高效地发布上线，之后可以快速稳定迭代。

③产品运行维护阶段：负责保障产品 7×24 小时稳定运行，在此期间对出现的各

种问题可以快速定位并解决；在日常工作中不断优化系统架构和部署的合理性，以提升系统服务的稳定性。

（2）主要工作内容。在软件产品的整个生命周期中运维工程师都需要适时地参与并发挥不同的作用，因此运维工程师的工作内容和方向非常多。

①事件管理：目标是在服务出现异常时尽可能快速地恢复服务，从而保障服务的可用性；深入分析故障产生的原因，推动并修复服务存在的问题，同时设计并开发相关的预案以确保服务出现故障时可以高效地止损。

- 问题发现：设计并开发高效的监控平台和告警平台，使用机器学习、大数据分析等方法对系统中的大量监控数据进行汇总分析，以及在系统出现异常的时候可以快速地发现问题和判断故障的影响。
- 问题处理：设计并开发高效的问题处理平台和工具，在系统出现异常的时候可以快速/自动决策并触发相关止损预案，快速恢复服务。
- 问题跟踪：通过分析问题发生时系统的各种表现（日志、变更、监控）确定问题发生的根本原因，制定并开发预案工具。

②变更管理：以可控的方式，尽可能高效地完成产品功能迭代的变更工作。

- 配置管理：通过配置管理平台（自研、开源）管理服务涉及的多个模块、多个版本的关系以及配置的准确性。
- 发布管理：通过构建自动化的平台确保每一次版本变更可以安全可控地发布到生产环境。

③容量管理：在服务运行维护阶段，为了确保服务架构部署的合理性同时掌握服务整体的冗余，需要不断评估系统的承载能力，并不断优化之。

- 容量评估：通过技术手段模拟实际的用户请求，测试整个系统所能承担的最大吞吐；通过建立容量评估模型分析压力测试过程中的数据以评估整个服务的容量。
- 容量优化：基于容量评估数据，判断系统的瓶颈并提供容量优化的解决方案。比如通过调整系统参数、优化服务部署架构等方法来高效地提升系统容量。

④架构优化：为了支持产品的不断迭代，需要不断地进行架构优化调整，以确保整个产品能够在功能不断丰富和复杂的条件下，同时保持高可用性。

第2篇

金融科技平台建设实战

本篇开始将以一个典型的金融科技平台——浙方基金网站为例，来说明金融科技平台的规划、分析、设计、开发、发布、运维等完整的建设过程，网站中部分代码让读者自己去想办法实现，以达到强化练习的效果。

3. 项目 1

浙方基金网站规划

◆ 学习目标

1. 了解网站规划的内容和步骤；
2. 了解可行性研究的内容和步骤；
3. 了解动态网站的不同开发环境。

◆ 工作任务

按照第 1 篇的分组及所选题目，分工协作进行网站可行性研究和规划、选择开发环境，要求提交网站预期目标和选择的开发环境说明。

◆ 思维导图

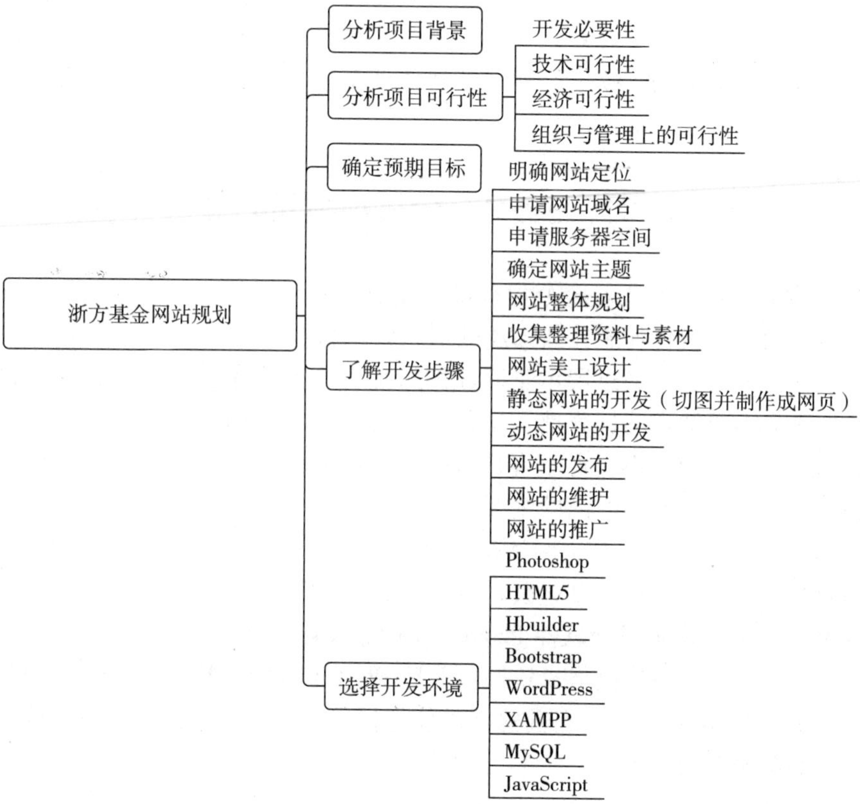

◆ **课后作业**

按照第1篇的分组及所选题目，在项目经理的领导下，各成员分工协作进行网站可行性研究和规划、选择开发环境，要求提交包含网站预期目标和选择的开发环境说明等的电子文档。

3.1 任务1 分析项目背景

中国自改革开放以来，一直以经济建设为中心，国民生活水平有了显著的提高，社会经济的发展，让人们逐渐认识到投资理财的重要性。俗话说得好，“你不理财，财不理你”，如何合理安排资金也成为如今人们需要考虑的重要问题。

近两年，基金成为了热门的一个投资理财项目，因为基金对比股票和证券等投资项目客户特别是新人，更能够在短时间之内掌握基金投资的要领；且基金采用利益共享风险共担的管理方式，风险和收益都比较稳定；并且基金规定的最少投入资金少，门槛较低，是最适合普通投资者的投资方式，也是适合大家长期持有的一种投资工具。监管部门也提出“促进居民储蓄向投资转化，大力发展权益类公募基金”的号召，基金成为热门项目也是大势所趋。

在这个大趋势下，浙方基金网站也就应运而生了。浙方基金网站给客户提供了一个良好的平台，提供了更多投资理财的工具和学习平台，让客户能够更好地了解各个基金详情，作出理想的理财规划；提高大家购买基金的便利性、积极性，增加买卖基金的人群，推动资本市场继续更好地服务实体经济，帮助我国资本市场继续高质量健康发展。

3.2 任务2 分析项目可行性

（1）开发必要性。对于基金公司来说，建设网站可以详细地介绍基金公司及基金产品。基金公司可以把任何想让人知道的信息放在网站里，例如企业简介、理财产品、金融资讯、联系方式等，通过展示于互联网来提升企业形象，并且能够让全世界任何地方、任何人只需要知道网址就能浏览信息，再通过这些内容中的亮眼部分去挖掘潜在客户，与之建立商业联系。对于客户来说，网站依旧是最传统也是最主要的了解基金公司相关信息和旗下基金产品的主要平台之一。

（2）技术可行性。浙方基金网站是一个供教学用的响应式动态网站项目，它是根据实际需要为一家虚拟的浙方基金公司开发的，可以应用到实际，开发环境：PC机 + 操作系统 Windows + 网页设计软件 Photoshop + 代码编辑器 Hbuilder + 响应式网站实现工具 Bootstrap + 动态网站建设集成软件包 XAMPP（Apache + MySQL + PHP + PERL） + 网站内容管理系统 WordPress，目前这样的软件技术已经相当成熟，项目在硬件方面要求配置较好的服务器或者 PC 机即可。

（3）经济可行性。相对于基金公司宣传企业本身产品及品牌的广告，建设网站的费用低效率却高。

域名：网站域名注册购买都可以，注册网站域名一般几十元，一般网络公司购买收费100～200元不等，包含域名解析、实名认证、域名备案等专业服务。域名最好选择简短易记且符合企业或者网站特性的，常见的结尾有.com和.cn，大多数客户域名都是公司或者品牌拼音及英文的缩写，这样可以加深用户对网站的记忆。

服务器：网站服务器租用和购买都可以。租用中等服务器价格在几百到几千元，具体看企业需求，普通企业网站1G空间的虚拟主机足够使用，价格通常在600～800元。服务器费用预算需要考虑两点，一是空间商品牌是否为知名品牌，二是空间大小。

制作经费：普通企业网站一般是用来展示的，没有很复杂的交互、支付等功能。一般放一些公司介绍和联系方式，常见的企业网站程序价格在500～3000元。定制方根据自己想要的功能及交互体验来要求程序员按照既定要求完成网站开发工作。这类网站一般根据需求难度和开发工时来报价，一般开发1万元起步。

（4）组织与管理上的可行性。为了开发浙方基金网站，我们成立了项目组，经过商讨策划之后，按照流程，三位成员分工如下：一位网站美工设计，一位前端，一位后端。

在讨论确定完整个网站的功能板块、LOGO、主题配色后，计划一个半月左右完成浙方基金网站9张网页的美工设计，美工除了视觉美观，还要考虑如何在功能、体验和在视觉上达到一个平衡点。设计的过程中和前后端人员的沟通极为重要，需要与技术人员交流这样的设计是否可以用代码实现，输出界面设计规范文档。最后将设计稿交予甲方查看，根据甲方的建议进行修改，每张网页确定成稿后就交给前后端人员，后续也需继续沟通和监督。

前端与后端互相配合，前端基于静态网站的代码，使用Bootstrap将静态网站修改成能够适用于电脑、平板、手机三种屏幕分辨率的响应式网站，再由后端在前端的基础上，引入数据库，用CSS、PHP、Java编写服务器端代码和与数据库MySQL交互的代码，并且负责后期的维护。

3.3　任务3　确定预期目标

浙方基金网站主要以“基金产品详情”为核心，展开一系列的页面及功能，将围绕实时基金的详情数据设计相应的页面布局，如首页基金的资讯、推荐以及会员登录等，基金产品列表页的产品展示，基金产品详情页的产品详细信息、基金经理信息以及商品的购买，文章列表页的展示，文章详情页的信息获取等功能，更好地为客户创造一个良好的基金选购平台并且让顾客可以了解各个基金的特点和趋势。

通过网上搜索，可以发现基本所有的证券基金公司都已经有了自家的基金门户网站，例如易方达基金管理有限公司、富国基金管理有限公司等（见图3－1和图3－2）。

图 3－1　易方达基金网站

图 3－2　富国基金网站

浏览这些网站，可以发现虽然每个网站中同样含有大量的基金、证券、股市相关信息，但各个基金公司的网站都有它自己的特点，布局方式、主题色、板块都贴近自家基金产品，但还是存在如下问题：

- 大部分是非响应式网站；
- 基金网站模板化，大部分网站的结构、排版、内容相似；
- 网站提供给用户的内容繁杂，为了塞下更多的内容而使得页面布局有些过紧。

通过以上分析，可以看出基金网站的使用人群其实范围比较广，只要你有一部手机、一台电脑就可以查看基金的信息。但大多数基金公司的网站只能适应电脑端的网站，一旦在电脑上缩小网页或者在平板、手机上看，整个网站就只能看到部分内容了。虽然现在证券基金公司大多数都有自己的 App，但对于只是偶尔想浏览网页参考信息并不想浪费移动端内存下载各基金公司 App 的人群十分麻烦。并且 5 家基金公司网站里有 3 家网站十分相似，仿佛形成了一套专属于基金网站的模板，可以被不同公司一遍遍套用，再加上信息布局排版上的紧凑繁杂，缺少特色，很难激起客户的购买欲望。所以在设计过程中，可以参考其他优秀的基金网站界面如睿远基金、广发基金、前海开源基金等，并且询问周围购买基金、股票的亲朋好友的一些使用习惯、逻辑需求和意见，使浙方基金网站的设计更加符合客户的需求。

3.4　任务4　了解开发步骤

一个网站由域名、主机（虚拟主机）、网站程序三个部分组成，建设一个新的网站的一般步骤如图 3 – 3 所示。

（1）明确网站定位。在开发之前要确定网站的需求，并明确网站业务场景，确认需求后不可以轻易更改。根据需求去设计网站的模型，把客户的业务需求直观地展示出来。明确网站的定位，如综合门户、新闻资讯、公司宣传、娱乐游戏、商务、个人、政府、搜索引擎等。

（2）申请网站域名。一个网站的建设首先当然是选择一个好的域名，后缀选择 . com 和 . cn 的较多，. com 是国际域名后缀，. cn 是中国的域名，域名的主体一般和网站主题相关，也可以用企业的名称全拼来做域名的主体。如今互联网网站繁多，很多域名已经被注册，可以是全拼，可以是首字母，可以加地域或者数字，但是一定要有意义，让人容易记住。

（3）申请服务器空间。当域名购买完成之后，还要有个域名可以访问到的地方，这时候就要租一个虚拟主机的空间了，把域名与主机绑定，当访问域名时，就直接进入放在虚拟主机空间里的网站了。不同服务器空间的主要区别是支持网站程序和数据库的不同，支持的网站程序主要有 ASP、PHP、JSP、ASP. NET，支持的数据库主要有 Access、SQL Server、MySQL、Oracl。

（4）确定网站主题。确定网站的主题，如基金、证券、期货、银行保险、旅游等。

（5）网站整体规划。需要从网站内容、网页美术效果、网站程序的构思三个方面进行网站的规划。

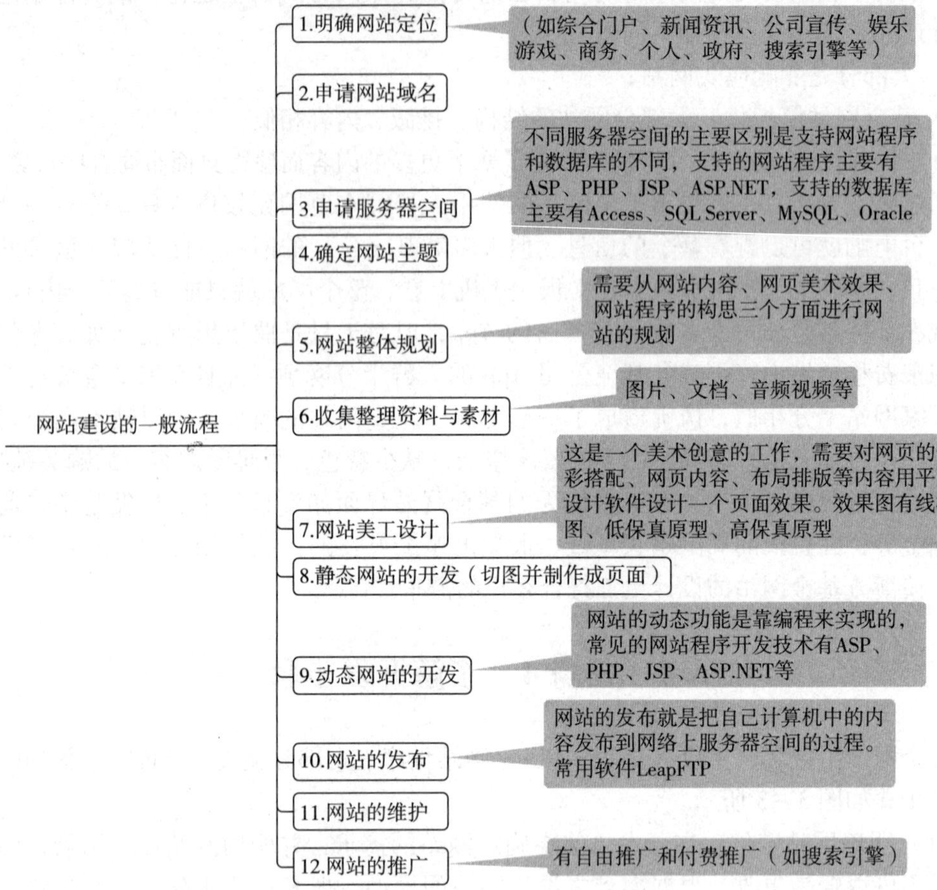

图 3－3　动态网站建设的一般流程

（6）收集整理资料与素材。收集图片、文档、音频、视频、动画等资料与素材。

（7）网站美工设计。根据原型图进行美工设计，制作出每个网页最终的美工效果图。这是一个美术创意的工作，需要对网页的色彩搭配、网页内容、布局排版等内容用平面设计软件设计出页面效果，美工效果图有线框图、低保真原型、高保真原型。

①线框图。制作快速，能够体现出网站的架构和内容框架，但无法体现出交互关系。

②低保真原型。不但要体现出页面内容结构，还要体现出网站的交互关系。

③高保真原型。在低保真原型的基础上，更加精致与完美，并注重细节的体现，注意字体、色彩、图片。一般用 Axure RP 软件。

（8）静态网站的开发（切图并制作成网页）。对美工效果图进行切图得到网站开发所需要的图片素材，再根据美工效果图将网站的静态页面制作出来，并和设计师进行沟通，协助调整页面的效果。

（9）动态网站的开发。根据静态页面，将网站中需要动态加载的资源进行参数化的调整，使网站可以动态地从服务器加载数据。网站的动态功能是靠编程来实现的，常见的网站开发程序有 ASP、PHP、JSP、ASP. NET 等。

（10）网站的发布。网站开发完成后，经过前后端的测试后，可以将程序部署到服务器上，完成网站的上线。网站的发布就是把自己计算机中的内容发布到网站上服务器空间的过程。常用软件 LeapFTP（在这个工具中需要用到从服务器空间得到的 FTP 地址、用户名、密码）。然后根据美工效果图对网站的页面进行各项功能的测试，记录并反馈修改漏洞（bug）。待所有功能验证通过后，要写出一份测试报告。

（11）网站的维护。上线后的网站可能还有没发现的漏洞等，因此在网站上线后，还要继续完善网站，维护主要是针对网站的服务器、网站安全和网站内容。

（12）网站的推广。网站的宣传推广是一门综合性很强的学问，需要对其有充分深刻的了解和认识，网站推广有免费的，也有收费的（如搜索引擎），也可以找专业的公司来运作。

3.5　任务5　选择开发环境

在网站的开发阶段，一般采用本地的开发方式，这时候域名就是本地计算机（localhost），主机就是开发的集成环境（XAMPP）。

本地搭建网站需要配置好自己的电脑，将电脑模拟成服务器环境，这时候需要配置开发环境，但是一个一个地安装所需要的环境经常会遇到兼容性的问题，这时候可以使用集成开发环境来减少配置环境时遇到的版本兼容性问题。浙方基金网站开发环境的选择（Windows 操作系统 + Photoshop + Hbuilder + Bootstrap + XAMPP + Word Press）如下。

（1）Photoshop。目前在实际工作上运用广泛的网页设计制作的软件有 Figma、即时设计、Sketch、Adobe XD、墨刀、Axure 等，协助设计工具有 Adobe Photoshop、Illustrator、After Effects 等。本教材以 Photoshop 为基础网页设计工具来讲解，有兴趣的同学可以去学习以上更为专业的网页设计软件。

（2）HTML5。HTML 语言是一种用于创建网页的超文本标记语言，是网页的主体语言和基础语言。HTML5 是构建 Web 内容的一种语言描述方式。

（3）Hbuilder。常见的代码编辑器有 Hbuilder（专为前端开发打造的，国产软件）、Webstorm（Jetbrains 公司旗下一款 JavaScript 开发工具）、VSCode（由微软开发研制，免费、开源、跨平台，几乎支持所有的主流语言开发）、Notepad + +（记事本的增强版，免费开源、小巧灵活）、Atom（由 GitHub 专门为程序员开发的，免费、跨平台，具有强大的文本编辑处理功能）、EditPlus、Sublime Text，本教材选用了 Hbuilder（前端）、VSCode（后端）。

（4）Bootstrap。Bootstrap 是制作响应式网站的软件之一，使网站能够在各种不同分辨率的设备上的排版自适应，是基于 HTML 和 CSS 的主流网页前端框架之一。支持响应式栅格系统、自带大量组件和 JavaScript 插件，利用它可以快速地构建响应式网站。

（5）WordPress。WordPress 是一款个人博客系统，并逐步演化成一款内容管理系统软件，它是使用 PHP 语言和 MySQL 数据库开发的，用户可以在支持 PHP 和 MySQL 数据库的服务器上使用自己的博客。WordPress 的开发者为 WordPress 基金会和 Automattic公司，Automattic 是一家网页程序设计公司，该公司在国内比较出名的是纯远程办公。WordPress 有许多第三方开发的免费模板，安装方式简单易用。不过要做一个自己的模板，则需要有一定的专业知识。比如要懂得 HTML、CSS、PHP、MYSQL 等相关知识。WordPress 官方支持中文版，同时有爱好者开发的第三方中文语言包，如 wopus 中文语言包。WordPress 拥有成千上万个各式插件和不计其数的主题模板样式。

WordPress 的官网安装包下载地址：https：//cn. wordpress. org/（见图 3 –4）。

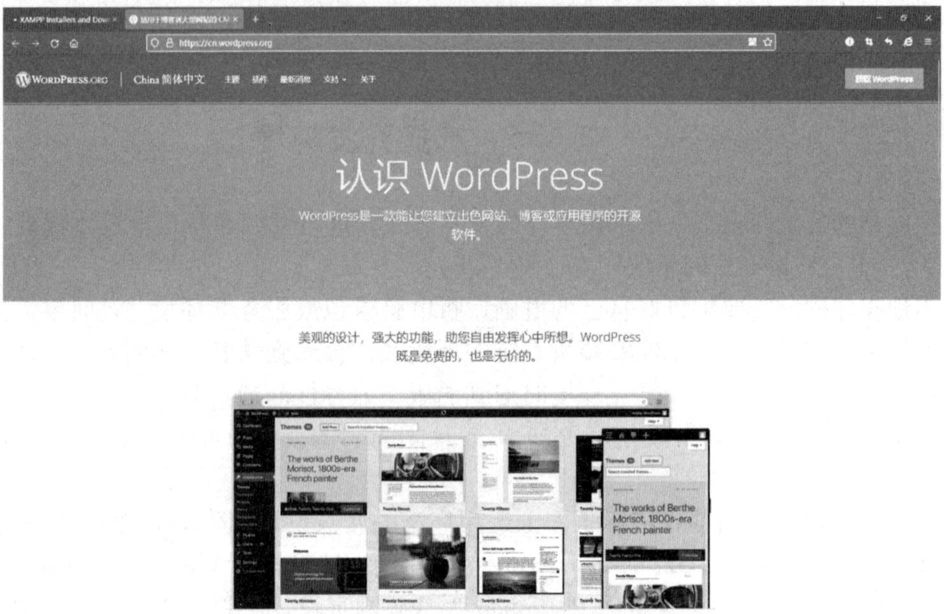

图 3 –4　WordPress 官网

（6）XAMPP。动态网站开发环境选择了 XAMPP（Apache + MySQL + PHP + PERL），这是一个功能强大的建站集成软件包，它可以在 Windows、Linux、Solaris、Mac OS X 等多种操作系统下安装使用，支持多语言（英文、简体中文、繁体中文、韩文、俄文、日文等）。类似的动态网站建设环境还有 Wamp（Windows + Apache + MySQL + PHP）、Lamp（Linux + Apache + MySQL + PHP）。需要到 XAMPP 的官网下载安装包：https：//www. apachefriends. org/zh_ cn/index. html（见图 3 –5）。

（7）MySQL。如果一个网站需要经由 Web 来更新大量的信息，那么就需要数据库来存储信息。在 Web 应用方面 MySQL 是最好的 RDBMS（Relational Database Management System：关系数据库管理系统）应用软件之一。掌握基础的创建数据库、数据表和数据的添加、删除、插入、排序、分组、导出等操作比较容易。

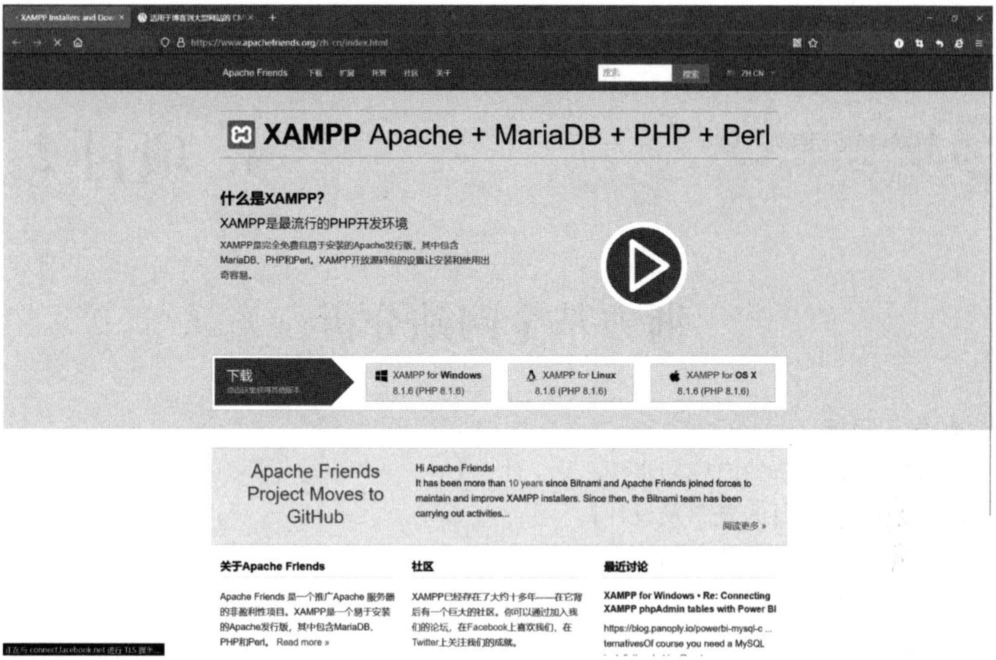

图 3-5　XMAPP 官网

（8）JavaScript。JavaScript 是轻量级的编程语言，是可插入 HTML 页面的编程代码。插入 HTML 页面后，可由所有的现代浏览器执行。有 Java 基础可以自己写程序，也可以在网上下载与参考炫酷的网站效果插件。

4. 项目 2

浙方基金网站分析

◆ **学习目标**

1. 了解网站分析的内容和步骤；
2. 了解网站栏目的概念及设计；
3. 了解网站页面设计布局的方法及注意事项；
4. 了解网站色彩的组成及选择。

◆ **工作任务**

1. 分析网站客户、各页面功能；
2. 分析网站各栏目；
3. 选择网站主色和辅色。

◆ **思维导图**

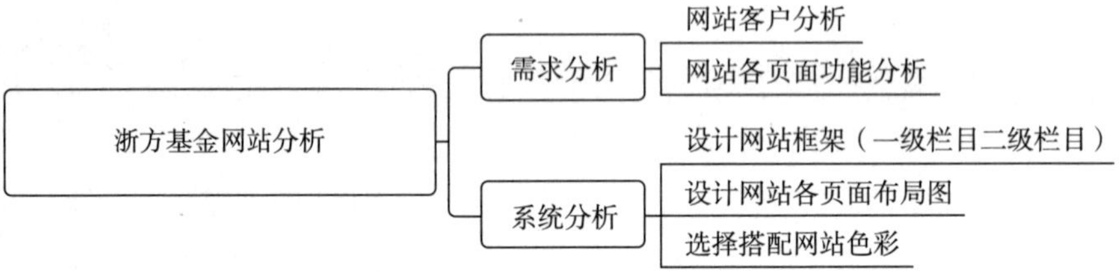

◆ **课后作业**

按照第 1 篇的分组及所选题目，在项目经理的领导下，各成员分工协作进行网站分析，要求提交包含网站客户、页面布局图、配色方案等的电子文档。

4.1　任务 1　需求分析

4.1.1　网站客户分析

由于金融信息如股票、基金的走势为实时更新与变化，买卖不能错过每分每秒，因此大部分金融类客户更多的时间会在电脑端来查看相关信息，电脑端网站观察图表、走势线更为清晰直观。但在现今手机、平板等移动端不离身的环境里，不在电脑屏幕面前的金融客户有从移动端获取信息的必要需求，如果移动端网站体验感较差，包括页面不美观、排版拥挤、交互逻辑差等情况，获取最新消息难度会变大，并且会影响对当前购买的金融产品的判断，于是企业流失潜在客户，间接地对金融企业造成很大的打击。所以浙方基金网站的建设需要考虑到响应式的动态网站开发，给予金融客户良好的交互体验，准确地获取金融信息，来购买本公司的基金产品。

再加上现在掀起的理财热潮，基金热、黄金热、理财热，不只是大爷大妈们跑去银行买理财产品，很多年轻人也更加关注投资理财。但是很多没有系统学习过金融知识的理财“小白”无从下手，所以需要由金融投资专家参与的论坛讨论和理财课堂等学习专区，为金融客户提供教学服务。

4.1.2 网站各页面功能分析

浙方基金网站为顾客创造了一个良好的基金选购平台，让顾客可以了解基金相关知识。其主要页面为网站首页、基金产品页、尊享理财页、理财课堂页、基民论坛页、关于浙方页、基金详情页、用户登录页等。各页面主要功能如下。

网站首页：网站的首页主要包括用户登录与注册、资讯热点、4只推荐基金、热销基金、广告、理财课堂、小工具、关于浙方、友情链接、版权信息、版本号等功能。

基金产品页：客户点击相对应的基金产品即可跳转到所点击的基金详情页当中，产品页里面还包括了热门板块、特色选基板块。

基金详情页：客户点击心仪基金即可查看详细信息，比如基本信息、基金经理、基金概括、持仓情况、产品公告，客户还可以将商品加入购物车进行购买。详情页当中还包括了相关文章以及高级搜索等功能。

尊享理财页：会员用户才能进入此页，这个页面里的理财产品专门为会员客户提供。

理财课堂页：介绍视频课堂、电台课堂、新手入门、投资进阶等。

基民论坛页：通过浏览论坛、发帖、评论来学习基金知识，交流购基心得。

关于浙方页：介绍浙方基金有限公司的基本情况、历史、联系方式。

用户登录页：提供用户登录注册的功能。

网站的头部与底部都是统一布置的。头部主要功能：用户的登录与注册、导航栏、高级搜索等。底部主要功能：友情链接、版权信息、版本号等。

4.2 任务2 系统分析

完成对项目整体架构的规划、开发文档规范的制定及开发团队技术的保障和支持，使项目能够满足扩展性、安全性等多方面的要求，避免项目上线后可能引发的问题。做好系统分析，可以有效地控制开发成本、保证项目质量并满足客户的要求。

4.2.1 设计网站框架（一级栏目二级栏目）

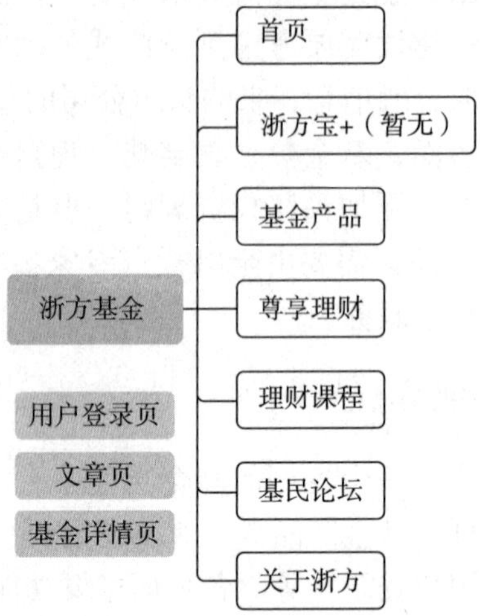

图 4－1 浙方基金网站框架

一个网站中，由于其所包括的内容比较多，于是为便于浏览，一般会将整个网站或网页的主要内容划分成若干板块，每个板块在网页中的体现就是栏目，相当于整个网站的导航。其中，对最主要内容的板块划分一般叫做一级栏目，在一级栏目下面的子栏目就是二级栏目。

浙方基金网站确立了六个一级栏目，分别为首页、基金产品、尊享理财、理财课堂、基民论坛、关于浙方，另外包括三个网页：用户登录页、文章页、基金详情页（因时间原因未做二级栏目）。

4.2.2 设计网站各页面布局图

浙方基金网站首页、基金产品页、尊享理财页、理财课堂页、基民论坛页、关于浙方页、基金详情页、用户登录页的设计布局如图 4－2 至图 4－9 所示。

4.2.3 选择搭配网站色彩

1. 浙方基金网站色彩的选择搭配

浙方基金网站色调以红色为主，在互联网金融类网站里，红色代表希望与鼓舞，有好的寓意，更适合基金主题的网站。其次，偏褐的黄色与主色调红色相性好，正好作为网站 LOGO 的两种颜色，再搭配白色与灰色成就了网站主体的颜色基调。网站整体风格采用简洁明了的扁平化设计风格，去除冗余厚重的装饰效果，更简单直接地将信息和事物展示出来，条理清晰，减少认知障碍的产生。

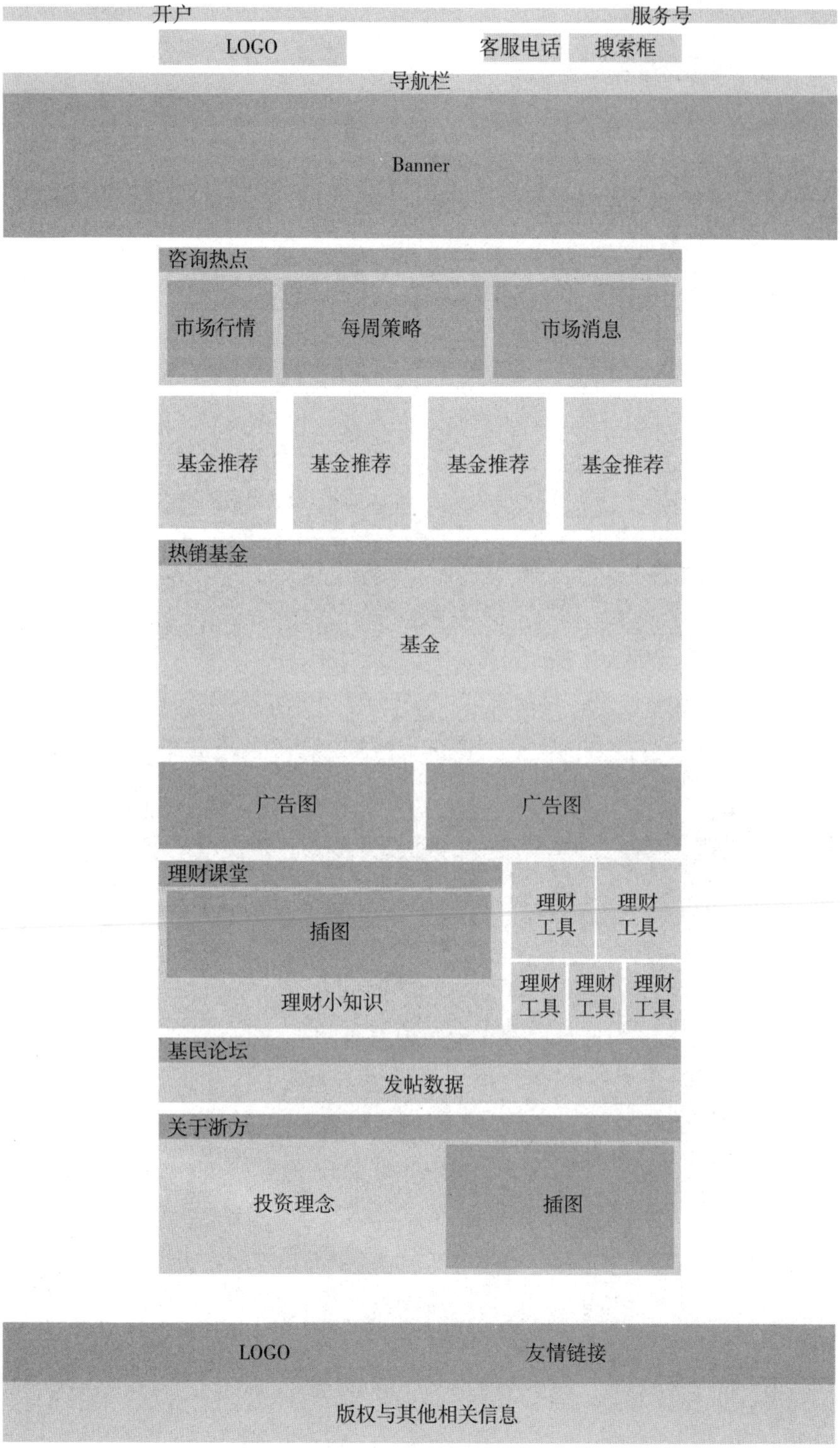
开户
服务号
LOGO
客服电话
搜索框
导航栏
Banner
咨询热点
市场行情
每周策略
市场消息
基金推荐
基金推荐
基金推荐
基金推荐
热销基金
基金
广告图
广告图
理财课堂
插图
理财小知识
理财工具
理财工具
理财工具
理财工具
理财工具
基民论坛
发帖数据
关于浙方
投资理念
插图
LOGO
友情链接
版权与其他相关信息

图 4-2　首页框架

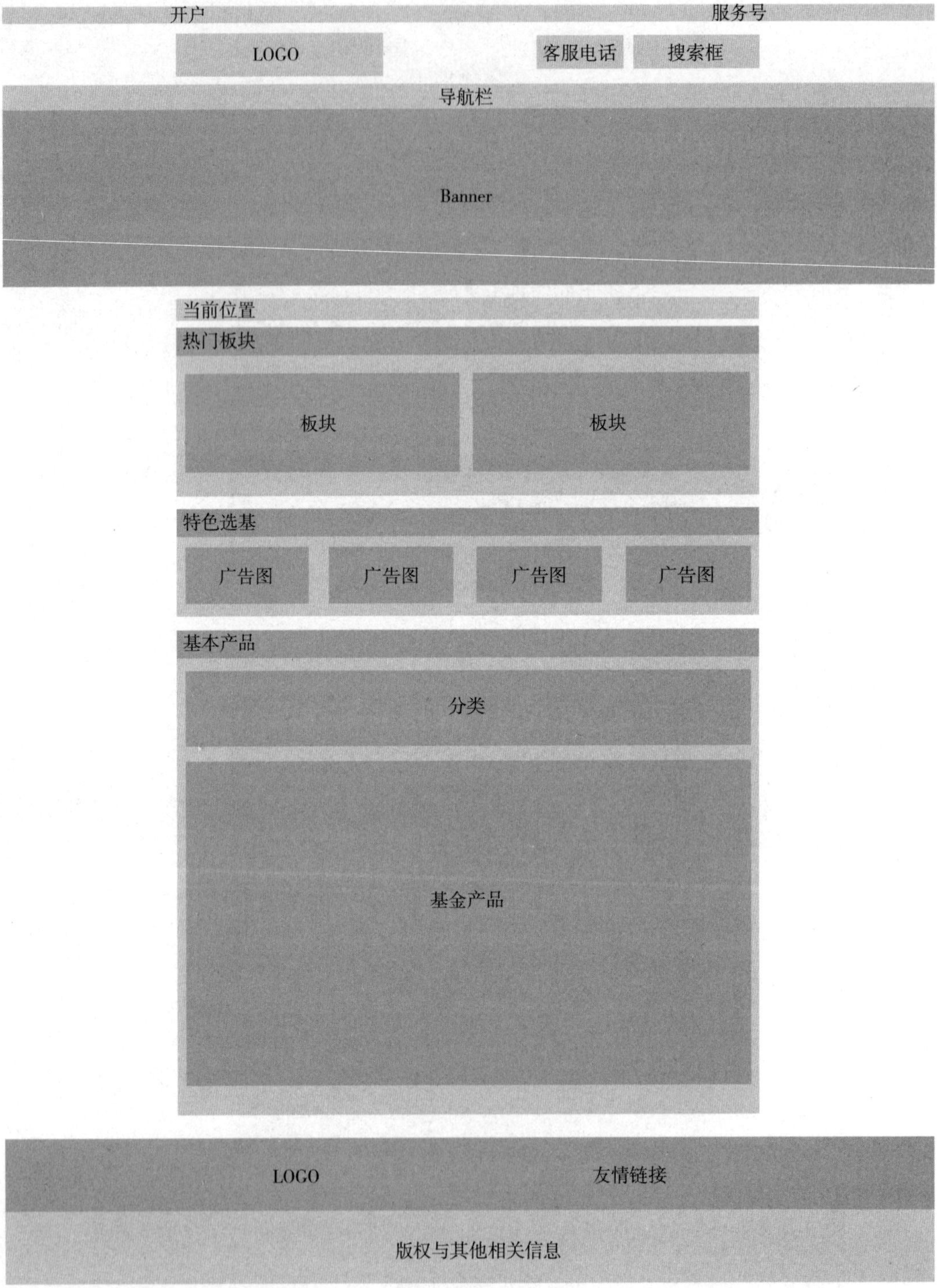
开户
服务号
LOGO
客服电话
搜索框
导航栏
Banner
当前位置
热门板块
板块
板块
特色选基
广告图
广告图
广告图
广告图
基本产品
分类
基金产品
LOGO
友情链接
版权与其他相关信息

图 4－3 基金产品页框架

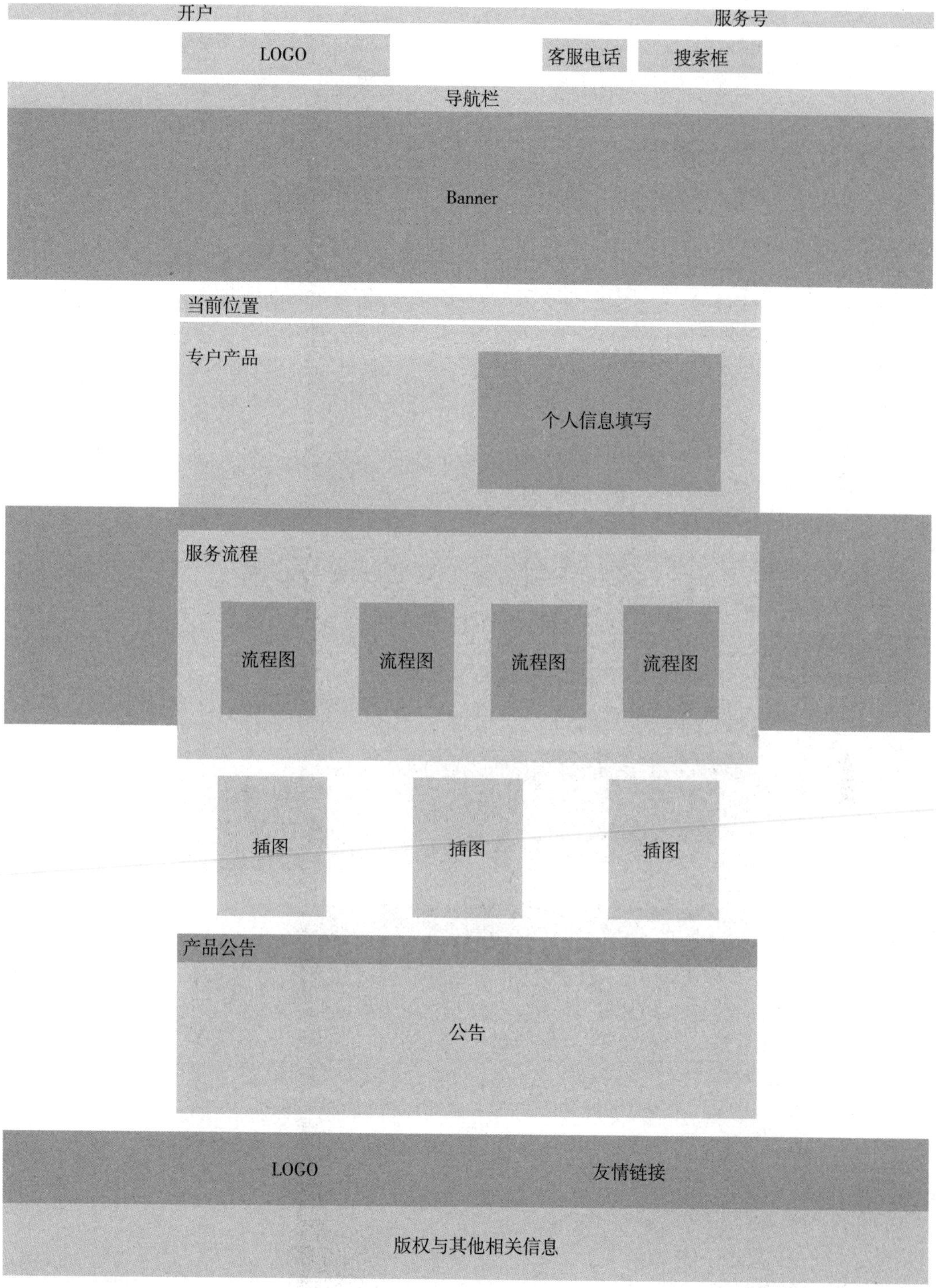
开户
服务号
LOGO
客服电话
搜索框
导航栏
Banner
当前位置
专户产品
个人信息填写
服务流程
流程图
流程图
流程图
流程图
插图
插图
插图
产品公告
公告
LOGO
友情链接
版权与其他相关信息

图 4－4　尊享理财页框架

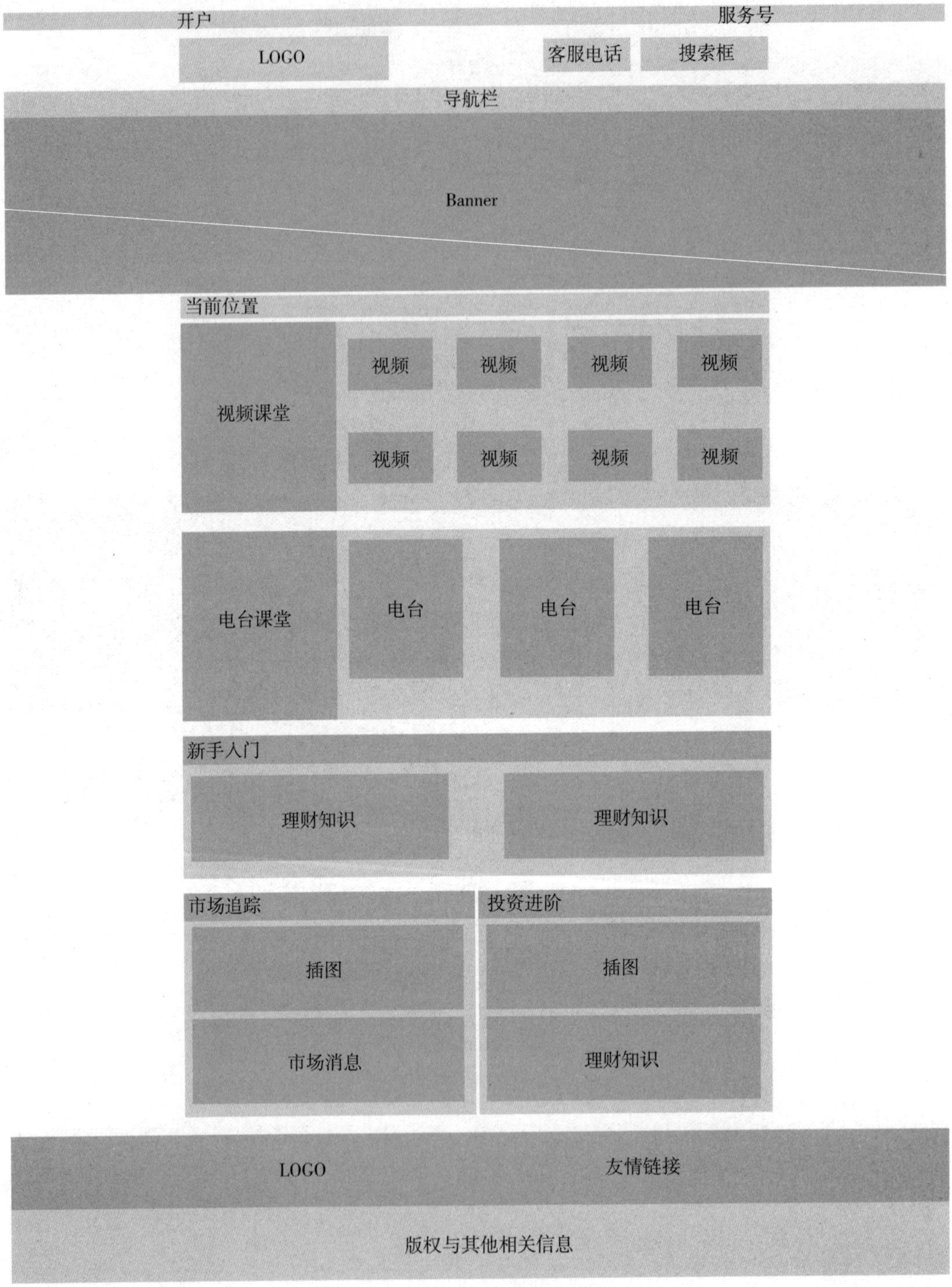
开户
服务号
LOGO
客服电话
搜索框
导航栏
Banner
当前位置
视频课堂
视频
视频
视频
视频
视频
视频
视频
视频
电台课堂
电台
电台
电台
新手入门
理财知识
理财知识
市场追踪
投资进阶
插图
插图
市场消息
理财知识
LOGO
友情链接
版权与其他相关信息

图 4－5　理财课堂页框架

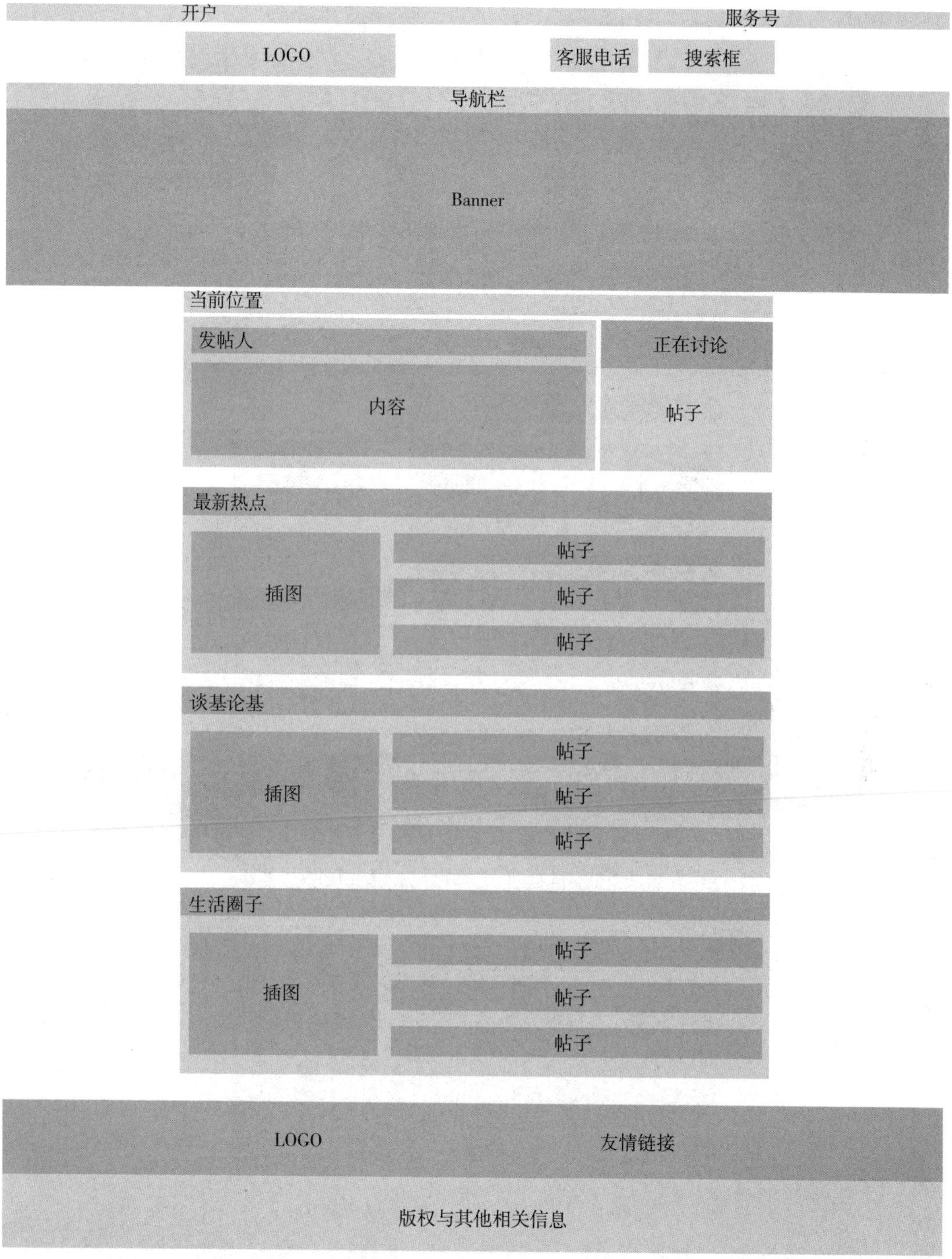
开户
服务号
LOGO
客服电话
搜索框
导航栏
Banner
当前位置
发帖人
内容
正在讨论
帖子
最新热点
插图
帖子
帖子
帖子
谈基论基
插图
帖子
帖子
帖子
生活圈子
插图
帖子
帖子
帖子
LOGO
友情链接
版权与其他相关信息

图 4-6 基民论坛页框架

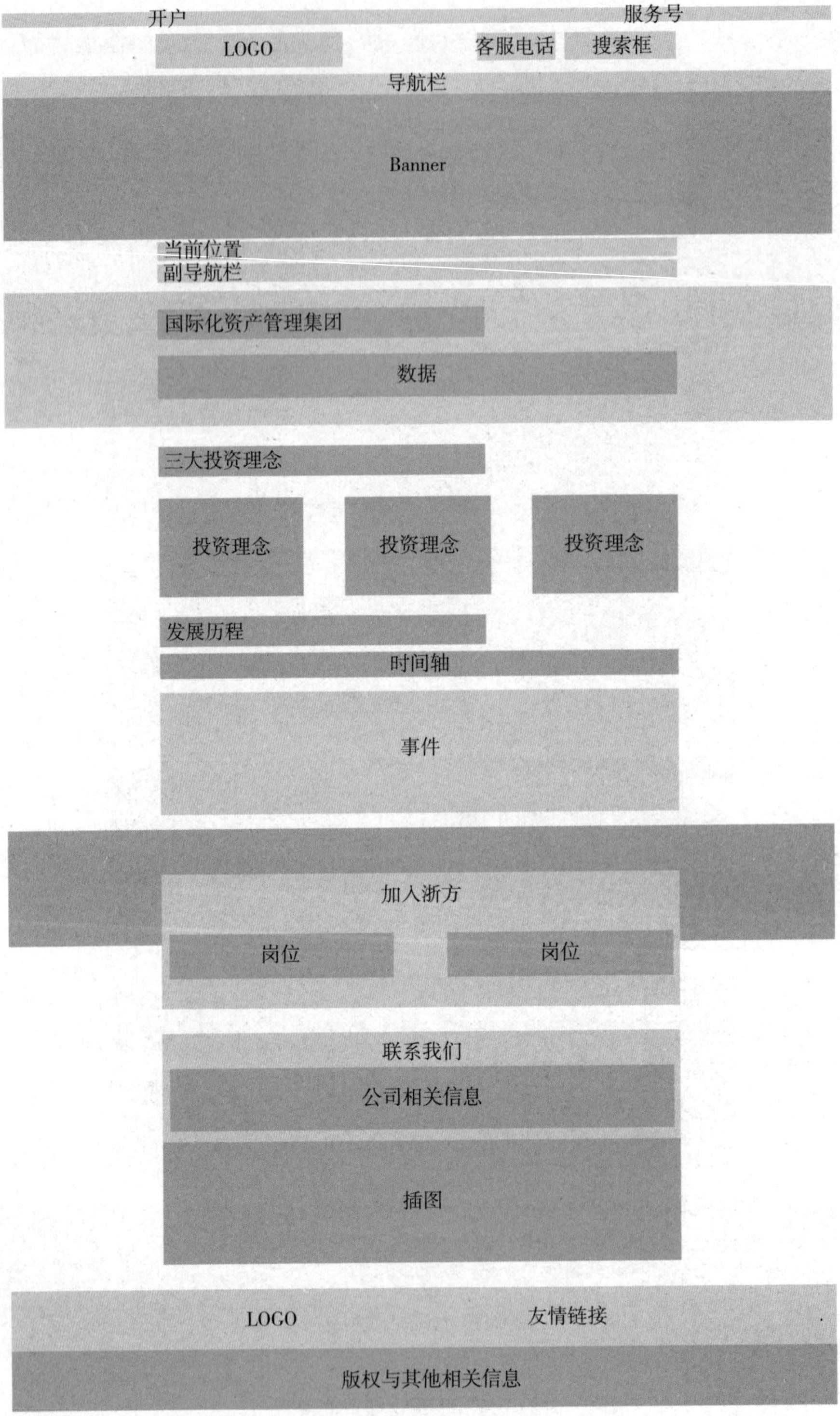
开户
服务号
LOGO
客服电话
搜索框
导航栏
Banner
当前位置
副导航栏
国际化资产管理集团
数据
三大投资理念
投资理念
投资理念
投资理念
发展历程
时间轴
事件
加入浙方
岗位
岗位
联系我们
公司相关信息
插图
LOGO
友情链接
版权与其他相关信息

图 4-7　关于浙方页框架

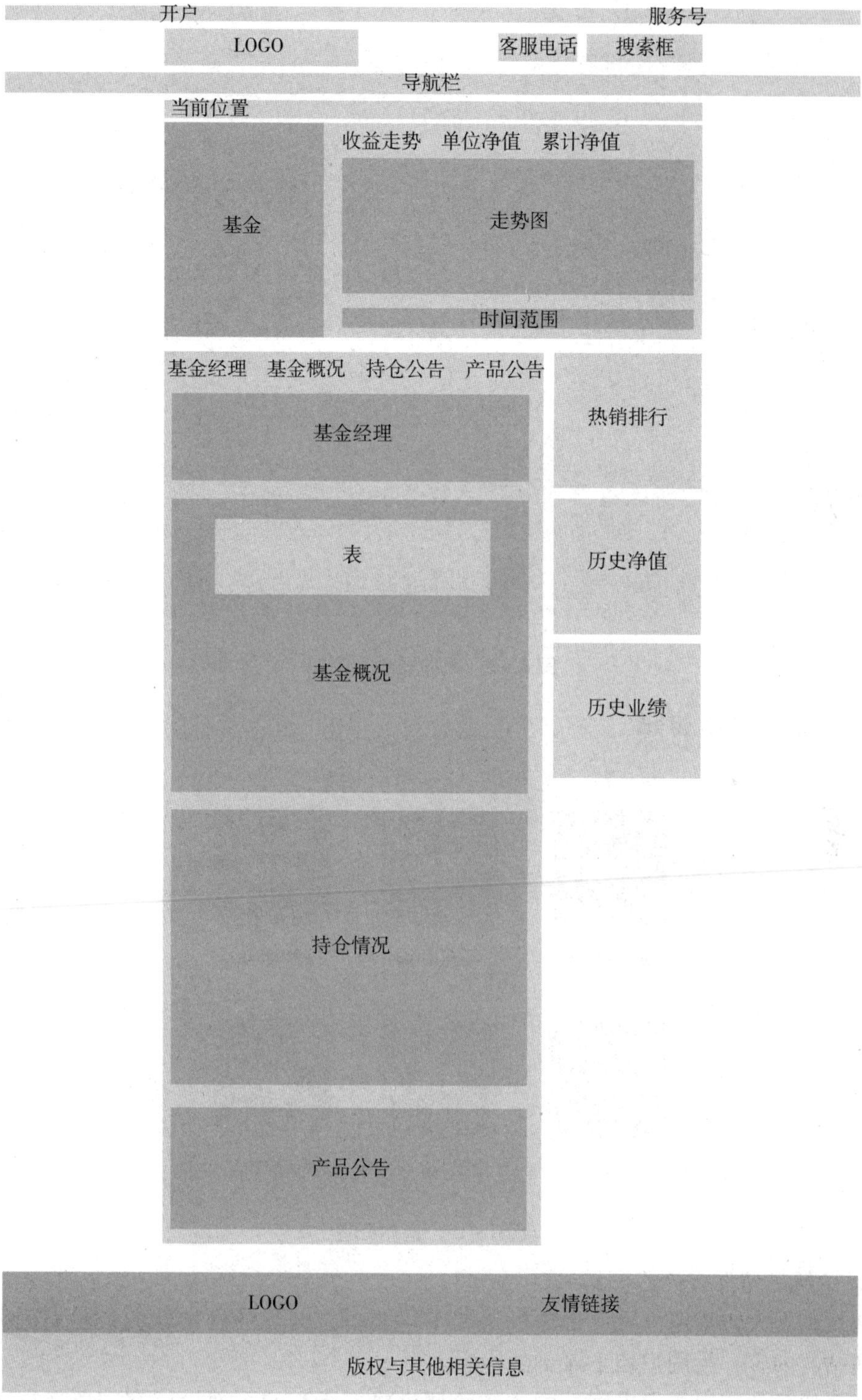
开户
服务号
LOGO
客服电话
搜索框
导航栏
当前位置
基金
收益走势　单位净值　累计净值
走势图
时间范围
基金经理　基金概况　持仓公告　产品公告
基金经理
表
基金概况
持仓情况
产品公告
热销排行
历史净值
历史业绩
LOGO
友情链接
版权与其他相关信息

图4－8　基金详情页框架

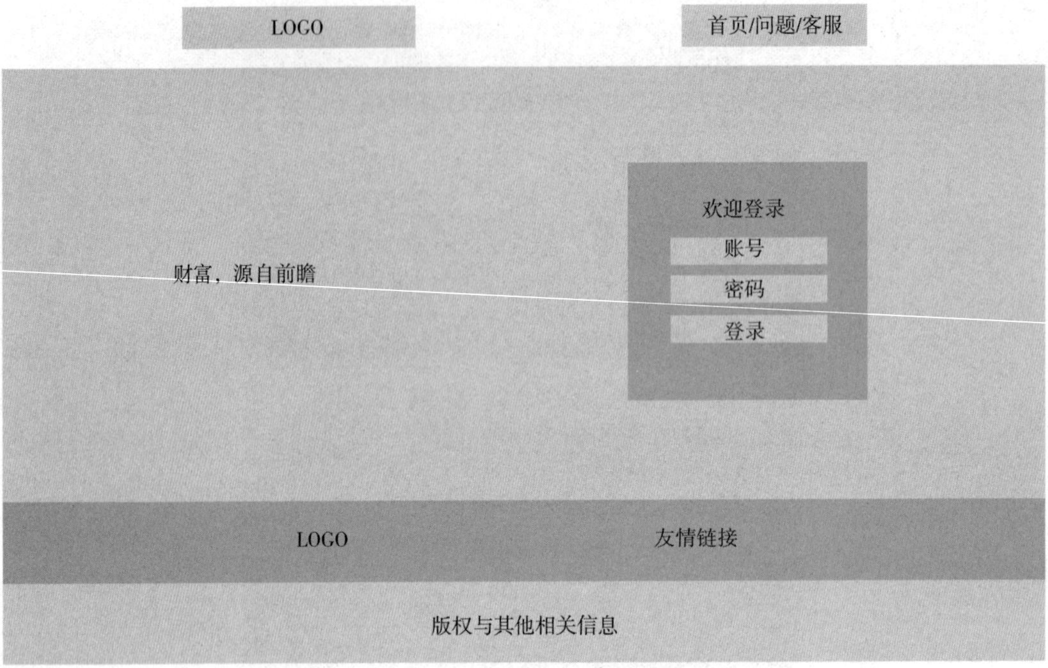

图 4-9　用户登录页框架

图 4-10　网站配色

2. 了解网站页面的色彩搭配

网页美观大方是树立网站形象的重要手段之一。美观的网站颜色，能使用户容易接受网站的内容，给用户留下深刻的印象。

网页的颜色首先要考虑网页的主体色调风格，所有的页面设计都需要在这个风格色调下进行。同时网站中的图片、文字、链接、背景等设计元素都需要考虑到颜色和整体网页效果的搭配。

（1）色彩基础知识。颜色是由红、黄、蓝三种原色构成的，颜色的值一般用两位十六进制数来表示：白色#FFFFFF，黑色#000000；网页色彩的冷暖视觉，暖色有红、橙、黄，冷色有绿、蓝、蓝紫，中性色有黑、白、灰、彩、紫等。在商业设计中，科技与时尚类的网站主色一般会选用蓝色，因为蓝色给人以沉稳的感觉，具有智慧、准确的意象，蓝色也代表了浪漫和忧郁；而简约与高贵类的网站主色一般会选用黄色，因为黄色是阳光的色彩，有轻快活泼的特点，象征希望、光明、高贵、愉快。

（2）网站总体色彩规划。网站在设计效果图时，需要对网站的色彩有个总体的规划，对网页的颜色有一个整体的定位。所有网页效果的设计需要在这个整体颜色定位下进行，其他颜色的使用需要与网页内容的风格相一致。

确定了网站的色彩基调后，还要注意站点内容各栏目色彩的搭配原则：一般来说，更需要吸引用户注意力的栏目应该使用鲜艳的颜色；不同的栏目之间应有一些颜色的对比，以增强网页色彩的层次感。

页面色彩搭配：网页中主要内容文字用非彩色，边框、背景、图片等次要内容用彩色。这样，页面整体感觉很清爽但又不单调，也不会给人眼花的感觉。网页配色时，需要先确定网页的主色，然后根据主色再确定搭配的颜色即辅色。一个网页的颜色尽量控制在三种以内，网站中不要使用过多的颜色。背景与文本的颜色对比要强烈。

5. 项目3

浙方基金网站设计

◆ 学习目标

1. 掌握网站设计的内容和步骤；
2. 掌握网站美工设计的内容和要求；
3. 掌握网站素材的收集整理方法及注意事项；
4. 掌握网站美工设计图切片的方法及注意事项；
5. 掌握网站数据库设计的方法。

◆ 工作任务

1. 设计网站前端、后端功能；
2. 收集整理网站所需要的素材；
3. 进行网站的美工设计并进行切片；
4. 设计网站的数据库及各表。

◆ 思维导图

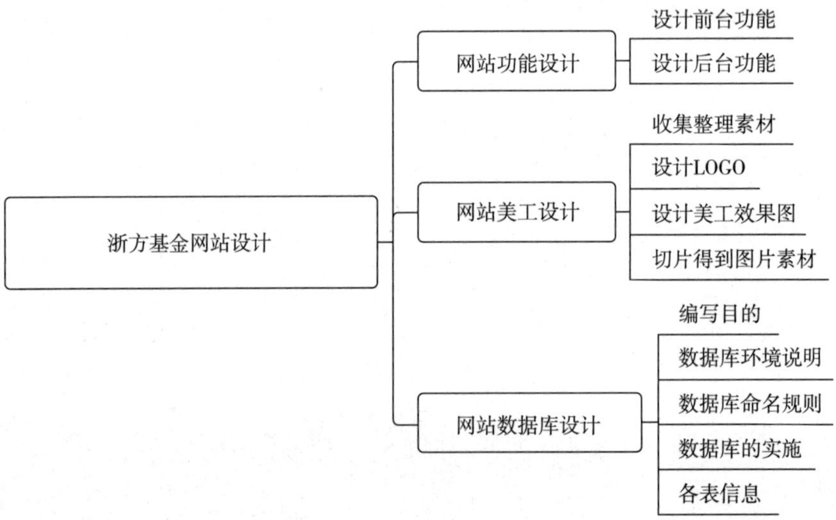

◆ 课后作业

按照第1篇的分组及所选题目，在项目经理的领导下，各成员分工协作进行网站设计，要求提交包含网站功能图、美工设计效果图、素材、数据库各表的结构及关系图等的电子文档。

5.1 任务1 网站功能设计

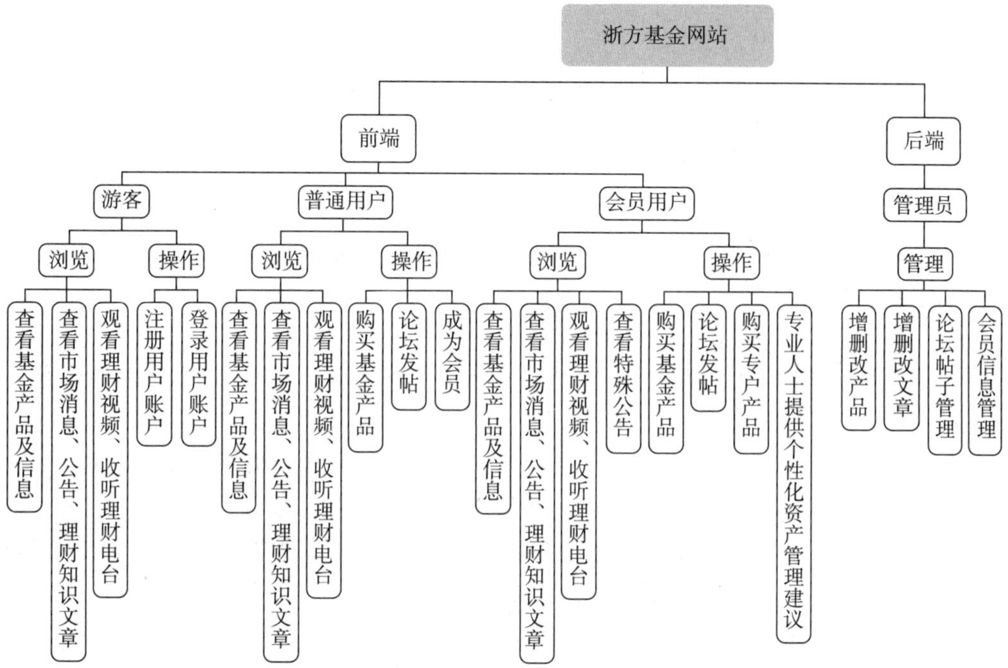

图5－1 浙方基金前、后端功能

5.1.1 设计前台功能

普通游客可以：（1）查看基金产品及信息；（2）查看市场消息、一般公告、理财知识等的具体内容；（3）观看理财视频、收听理财电台，学习理财知识。当游客在浙方基金注册账户登录后可以：（1）购买看好的基金产品；（2）在基民论坛论坛发帖看帖，与基民一起交流学习。基金公司对于成为会员，也就是专户的门槛很高，按照《基金管理公司特定客户资产管理业务试点办法》的规定“为单一客户办理特定资产管理业务的，客户委托的初始资产不得低于3000万元人民币”，所以会员的专属服务是：（1）可以购买专户产品，例如一些封闭式的基金；（2）有专业人士为会员用户提供个性化资产管理建议；（3）可以查看只有会员能浏览的特殊报告。

5.1.2 设计后台功能

网站的管理员负责让服务器、应用、数据库能够彼此交互和网站后期维护。主要功能：（1）增删改基金产品；（2）增删改文章；（3）论坛帖子管理。

5.2 任务2 网站美工设计

网页设计（Web design，又称为 Web UI design），是根据企业希望向浏览者传递的信息（包括产品、服务、理念、文化）进行网站功能策划，然后进行的页面设计美化工作。作为企业对外宣传物料的其中一种，精美的网页设计，对于提升企业的互联网品牌形象至关重要。

网页设计一般分为三种：功能型网页设计（服务网站和 B/S 软件用户端）、形象型网页设计（品牌形象站）、信息型网页设计（门户站）。设计网页的目的不同，应选择不同的网页策划与设计方案。

做一个好的网页设计需要注意以下几点。

- 简易性。导航栏和页面是要让用户们方便使用、方便了解产品，减少用户选择发生错误的可能性。
- 一致性。整个网站的结构必须清晰且一致。
- 易用性。不管是网站设计还是 App 设计，需要让用户快速上手，简单又好看，达到方便用户的目的。
- 色彩的舒适度。好的设计看上去很统一简洁，颜色搭配很好，保护眼睛。
- 文字的主次分明。任何作品要传达信息，如果字体排放凌乱，文字大小、颜色没区分，间距行距都没有，用户很难挖掘自己想要的信息，所以文字每一个细节都很重要，至少要让别人看清楚文字写的是什么。

网站美工设计步骤：

- 分析网站功能与主题；
- 根据大纲策划一级二级栏目；
- 制作网站各网页的框架图；
- 收集整理素材；
- 设计网页效果图；
- 设计交互效果；
- 与网站相关人员交流沟通；
- 网页切片。

用于网站美工设计的软件有很多，本教材选择 Photoshop 为基础网页设计工具。

5.2.1 收集整理素材

分析完网站的功能，确定了网站所需要的模块之后，通过与网站相关人员的沟通交流，就可以根据网站相应的功能模块去收集相关图片、文章、视频及专业数据等资料。

（1）图片的收集。网站的图片素材一般包括 Banner、矢量图标、一般插图、背景图这几类。可以在花瓣网、千图网、阿里巴巴图标网等互联网图片素材网站进行下载，但因互联网上的大部分图片素材有版权或购买限制，所以也可以在 Photoshop、Illustrator等设计软件上进行完全原创或对一些基础图片的二次编辑，将自己设计的图片用作素材。一般图片格式为 jpg、png、gif。

（2）文章的收集。根据不同类型的网站里的不同功能模块，收集文章的种类也有所区分，浙方基金作为基金门户网站，文章包括金融相关的最新资讯、重要新闻、理财知识、策略等。基金知识、购买策略这类文章一般都有相关专业人员撰写，而最新热点资讯、重要新闻这类文章可以在新榜、百度指数、钛媒体、微博热搜等网络热点追踪平台进行查找转载。

（3）视频的收集。与文章的收集大同小异，根据不同网站的不同模块，视频在基金门户网站可以有宣传片、新闻视频、理财知识、策略视频，可以由甲方相关人员拍摄提供，也可以在网络上获得版权后转载，还可以利用 Premiere Pro、会声会影等对视频进行剪辑处理。H5 支持的视频格式为 H264 压缩的 mp4、webm、ogg 三种格式。

（4）专业数据的收集。专业数据的收集相比图片、文章、视频更具有难度，例如基金、股票的数据，可以在天天基金、同花顺、基金门户网站上搜索到，若是没有接触过金融方面知识，对这些丝毫不了解，一定要与网站相关人员进行深入的沟通，或者让甲方专业人员来收集整理并提供数据。

（5）素材整理。对图片、文字、视频等资料分别分类整理。例如：网站根文件夹下 images 文件夹存放网页界面图片，text 文件夹存放文字素材，flash 文件夹存放动画素材。请注意：所有素材的文件名都必须是非中文字符，并且要做到看到文件名就知道是哪个文件。

（6）版权。素材使用要注意版权。版权，也称“著作权”，符号©，指作者或其他人（包括法人）依法对某一著作物享受的权利。商业网站制作中所收集的所有素材，都应注意版权问题，除了图片、文章、视频、音乐、数据，还包括网站的设计、字体、其他非法转载等。

5.2.2　设计 LOGO

LOGO 是徽标或者商标 LOGOtype 的缩写，起到对徽标拥有公司的识别和推广的作用，通过形象的徽标可以让消费者记住公司主体和品牌文化。网络中的徽标主要是各个网站用来与其他网站链接的图形标志，代表一个网站或网站的一个板块。

如图 5－2 所示，浙方基金的 LOGO 由象征丰收的麦穗而来，左边由上到下变短的三粒麦子与右边由上到下变长的三粒麦子互相交错，组成略微抽象而又矢量几何充满金融商务气息的麦穗，红色与黄色也正好符合互联网金融主题。“财富，源自前瞻”是浙方基金公司的信条，也是人们理财、买基金最主要的理由之一，做理财买基金是为人们的资产做规划，为之后的人生做打算，眼光放长远生活的品质才能越来越高。

图 5-2 浙方基金 LOGO

5.2.3 设计美工效果图

设计过程中有自己认为难点的部分及时与前后端开发人员交流沟通，设计完一张网页交与网站甲方相关人员审核交流，待提出意见后参考修改。浙方基金网站首页、基金产品页、尊享理财页、理财课堂页、基民论坛页、关于浙方页、基金详情页、用户登录页的美工效果如图 5-3 至图 5-10 所示。

5.2.4 切片得到图片素材

为了在开发网站时保证网站图片素材的统一，需要在完成美工效果图的基础上，对效果图的图片素材进行切片。下面以“理财课堂”美工效果图为例进行说明。

（1）在 Photoshop 中打开“理财课堂”美工效果图，对想要切片的图片做好格式分类，并为了更准确地切片，对其画参考线框定切片范围（见图 5-11）。

（2）找到左侧工具栏“裁剪工具”下的“切片工具”（见图 5-12）。

（3）使用“切片工具”按住鼠标左键，按照已划定的参考线对图片进行切片（见图 5-13 和图 5-14）。

（4）切片完成后找到菜单栏“文件”—“导出”—“存储为 Web 所用格式（旧版）”（见图 5-15）。

（5）在“存储为 Web 所用格式（旧版）”界面中，在左侧预览图中单击选中“Banner 图片”，右侧“预设”图片格式改为 JPEG（见图 5-16）。

在左侧预览图中框选“播放量”和“收听数”小图标，右侧“预设”图片格式改为 GIF（见图 5-17）。

（6）切片格式选择完成后，点击“存储”，选择要保存切片的路径，并注意需将“切片”改为“所有用户切片”、“格式”改为“仅限图像”（见图 5-18）。

（7）保存后，切好的相应格式的图片会保存在我们选择路径下的“images”文件夹里。

有时候不同种类的图片素材也有不同的切片图片格式，以下是 JPG、PNG、GIF 三种图片格式的优缺点，切片时选择导出的格式可参考表 5-1。

浙方基金
ZHEFANG FUND
客服电话：400-671-459
首页
浙方宝+
基金产品
尊享理财
理财课堂
基民论坛
关于浙方
鸿鹄千里
运之未来
资讯热点
市场行情
3536.79
每周策略｜二季报业绩预告占比高，中游制...
-每周策略-
Weekly strategy
精品策略
周期热点
金牌经理
人气之选
浙方成长价值混合A
332.02%
浙方光伏新能源C
28.75%
浙方消费升级混合
39.55%
均衡稳健长跑基
45.03%
立即购买
热销基金
下载App
购基享免申购费
加入会员
更多尊享服务等着您！
理财课堂
专业顾问
定投计算器
定投与微笑曲线
基民论坛
6
66
666
66
6666
关于浙方
投资理念：专注追求绝对收益
机制创新：股权激励机制创新
实践创新：多资产多品种多策略的大类资产配置能力
浙方基金
ZHEFANG FUND

图 5－3　首页效果图

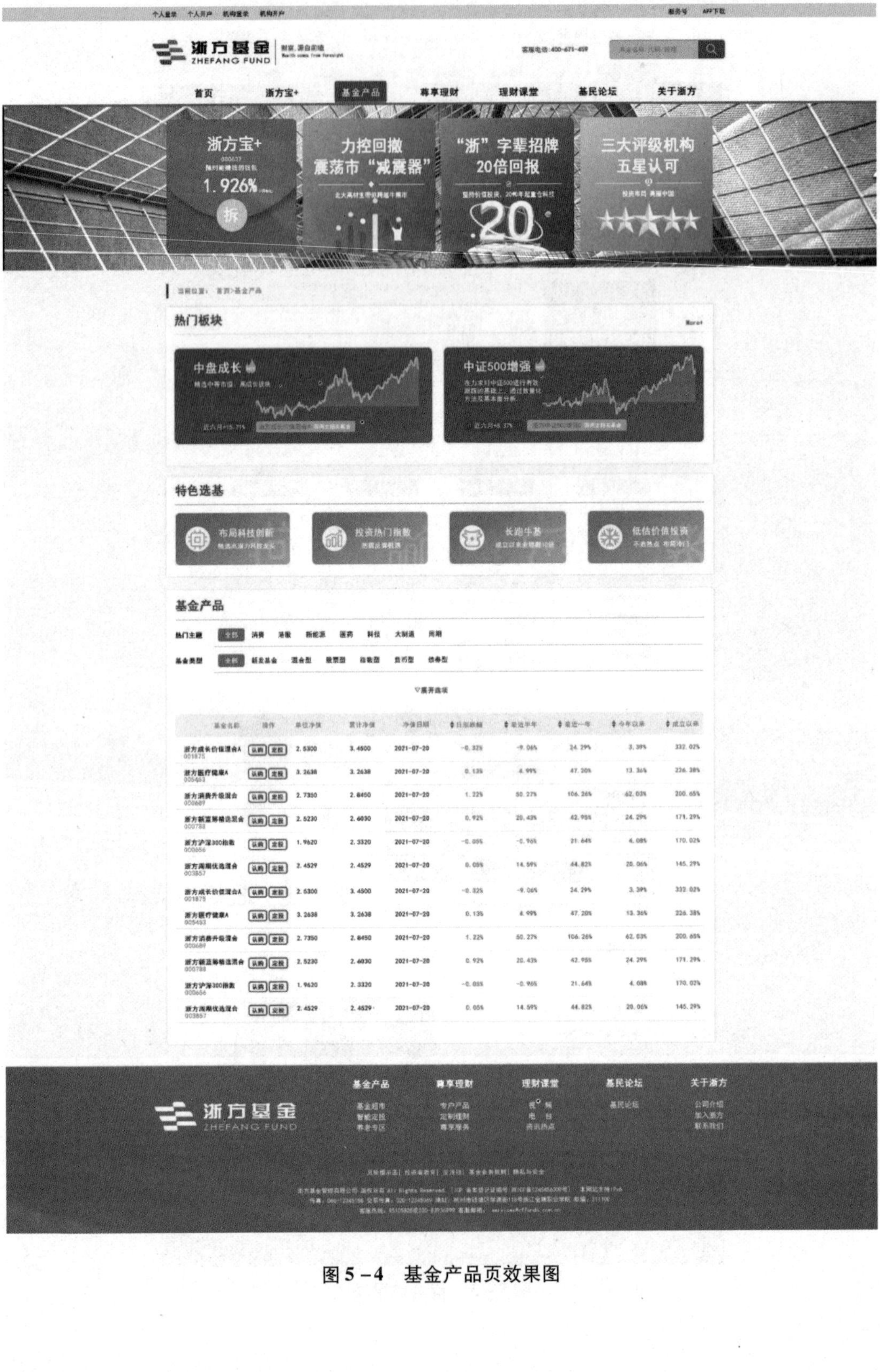

图 5－4　基金产品页效果图

图5－5　尊享理财页效果图

图 5－6 理财课堂页效果图

图 5－7　基民论坛页效果图

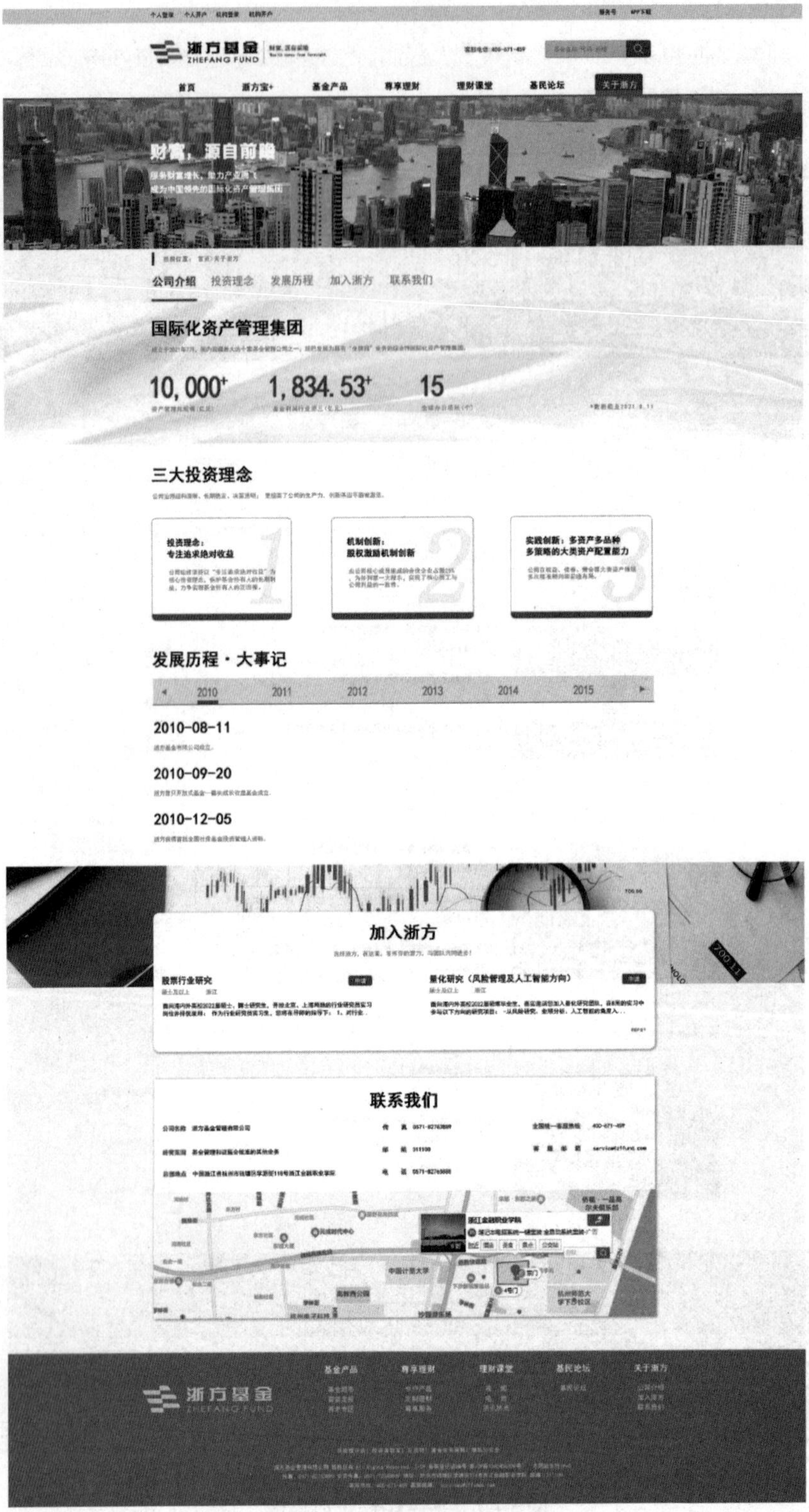

图5-8　关于浙方页效果图

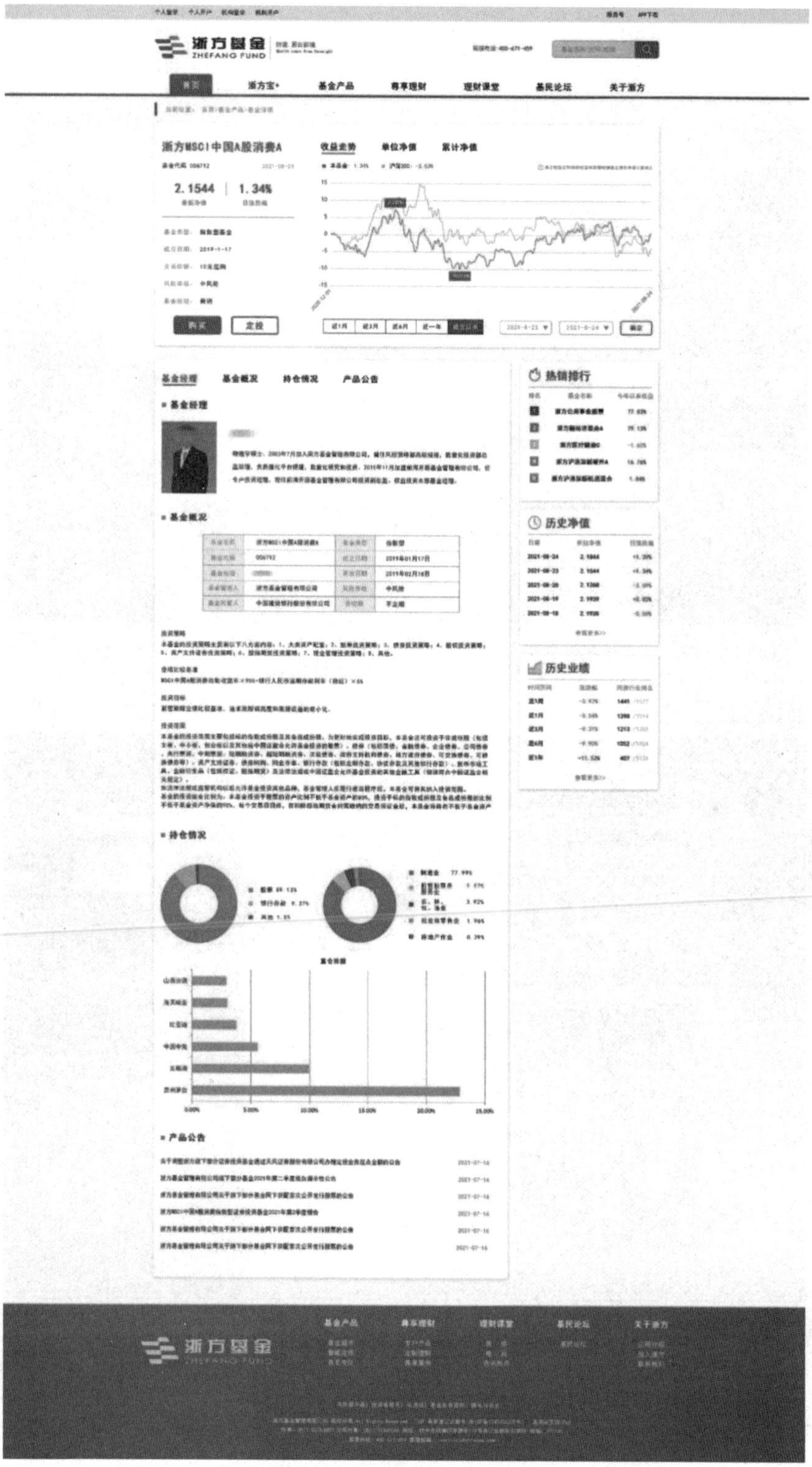

图5－9　基金详情页效果图

图 5 – 10　用户登录页效果图

图 5 – 11　选择分类切片图片

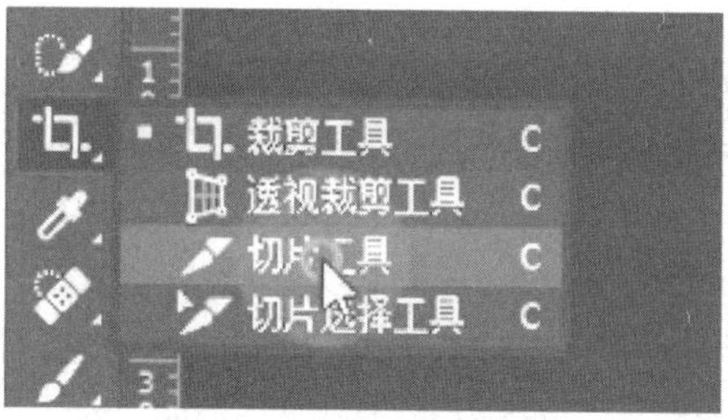

图 5－12　切片工具

图 5－13　切片“Banner”

图 5－14　切片“播放量”“收听数”小图标

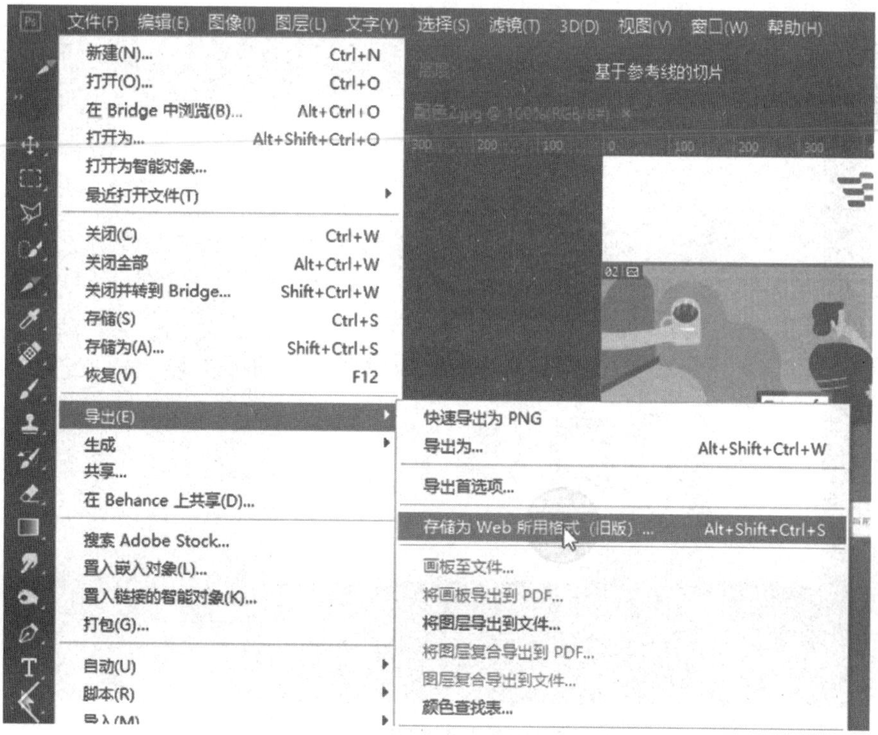

图 5－15　存储为 Web 所用格式（旧版）

图 5－16　更改“Banner”切片导出格式

图 5－17　更改“播放量”“收听数”小图标切片导出格式

图 5-18　保存导出切片

表 5-1　各种图片格式的优缺点比较

图片格式	优点	缺点
JPG（自然风景照片类图片，例如 Banner）	色彩还原好，体积不是很大	不支持透明
PNG（透明图）	清晰，无损压缩，支持透明（透明效果比 GIF 好）	不如 JPG 的颜色丰富，体积略大于 JPG
GIF（适用于单调色彩，没有渐变色的图）	体积小，支持动画，支持透明	色彩效果最差

网页的打开速度与服务器的响应速度和网页的大小有关，如果图片太大，加载时间就会比较长。所以制作网页切片时，图片的格式还是需要根据自身的需求选择，因为我们最终的目的是提高网页的加载速度，增强用户的浏览体验。

5.3　任务3　网站数据库设计

5.3.1　编写目的

数据库是网站的重要组成部分，即使使用了 WordPress，我们在开发一些功能的时候仍然是需要自己去设计数据库的，下面来了解在开发浙方基金网站时除 WordPress 自带的数据库外所需要的其他数据库设计。

5.3.2 数据库环境说明

数据库采用 MySQL 数据库管理系统建立并维护。超级用户管理员用户名为 root，为了学习方便密码为空，MySQL 服务端口为 3306。

5.3.3 数据库命名规则

数据库表命名：基金有关的所有表以 fund_ 开头，后面跟英文单词，单词间用_ 隔开，如浙方基金数据表名称为 fund_ data_ sheet。其他表以 zfjj_ 开头，后面跟英文单词，单词间用_ 隔开，如用户表名称为 zfjj_ users。

5.3.4 数据库的实施

基于 MySQL，数据库名称为 zfjj，有 WordPress 默认表（12 个）、基金数据表（fund_ data_ sheet）、基金库存表（fund_ inventory）、基金交易表（fund_ transaction）、用户信息表（zfjj_ users）、用户钱包（zfjj_ users_ wallet）共 17 个表。各数据库表的功能见表 5 – 2。

表 5 – 2　　数据库表的功能说明

序号	表名	功能说明
1	fund_ data_ sheet	存储所有的基金数据
2	fund_ inventory	记录基金的库存
3	fund_ transaction	记录用户买卖基金的交易
4	zfjj_ users	存储用户数据
5	zff_ users_ wallet	记录用户资金余额

系统的物理模型如图 5 – 19 所示。

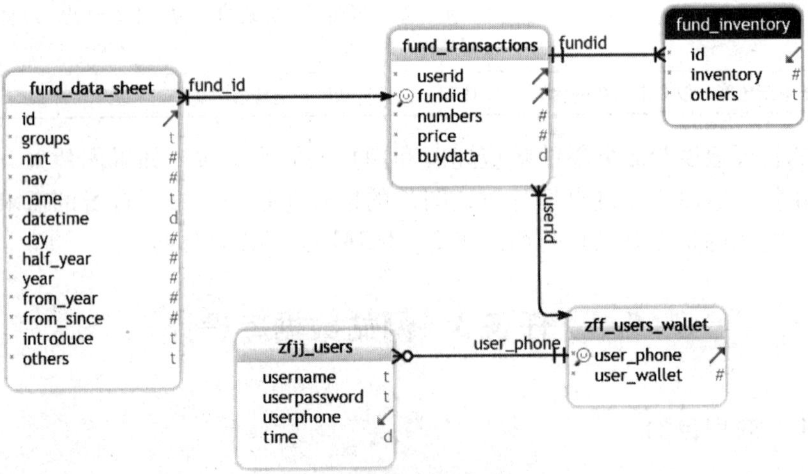

图 5 – 19　数据库物理模型

5.3.5 各表信息

浙方基金网站中除了 WordPress 默认表以外的基金数据表（fund_ data_ sheet）、基金库存表（fund_ inventory）、基金交易表（fund_ transaction）、用户信息表（zfjj_ users）、用户钱包（zfjj_ users_ wallet）5 张表结构见表 5－3 至表 5－7。

表 5－3　　fund_ data_ sheet

序号	中文描述	字段名	类型及精度	数据说明
1	基金代码	fund_ id	varchar（10）	Not null
2	基金分组	fund_ groups	varchar（20）	Not null
3	累计净值	fund_ nmt	float	
4	单位净值	fund_ nav	float	
5	基金名称	fund_ name	varchar（40）	Not null
6	净值日期	fund_ datetime	date	
7	日涨跌幅	fund_ day	float	
8	最近半年涨跌幅	fund_ half_ year	float	
9	最近一年涨跌幅	fund_ year	float	
10	今年以来涨跌幅	fund_ from_ year	float	
11	成立以来涨跌幅	fund_ from_ since	float	
12	基金介绍	fund_ introduce	text	首页展示用
13	其他	fund_ others	text	

表 5－4　　fund_ inventory

序号	中文描述	字段名	类型及精度	数据说明
1	基金代码	id	varchar（10）	Not null
2	基金库存	inventory	Double	Not null
3	其他	others	Text	

表 5－5　　fund_ transaction

序号	中文描述	字段名	类型及精度	数据说明
1	用户手机号	userid	varchar（20）	Not null
2	基金代码	fundid	varchar（10）	Not null
3	交易份额	numbers	float	
4	交易单价	price	float	
5	交易时间	buydata	date	

表 5 - 6 zfjj_ users

序号	中文描述	字段名	类型及精度	数据说明
1	用户名称	username	text	Not null
2	用户密码	userpassword	text	Not null
3	用户手机号	userphone	Varchar（30）	Not null
4	注册时间	time	date	

表 5 - 7 zfjj_ users_ wallet

序号	中文描述	字段名	类型及精度	数据说明
1	用户手机号	user_ phone	text	Not null
2	用户钱包余额	user_ wallet	double	Not null

6. 项目 4

浙方基金静态网站开发

◆ 学习目标

1. 了解响应式 Web 设计的概念及包括的技术点；
2. 熟练掌握 Bootstrap 基本模板的使用方法；
3. 掌握视口的概念和媒体查询的使用方法；
4. 掌握栅格系统的使用方法；
5. 了解 JavaScript（特别是轮播图）；
6. 掌握响应式工具的使用方法；
7. 掌握利用 Bootstrap 制作导航栏的方法；
8. 掌握 Bootstrap 中字体图标的使用方法；
9. 掌握各种 CSS 选择器的使用方法。

◆ 工作任务

用 Bootstrap 制作响应式浙方基金静态网站的首页、注册页等。

◆ 思维导图

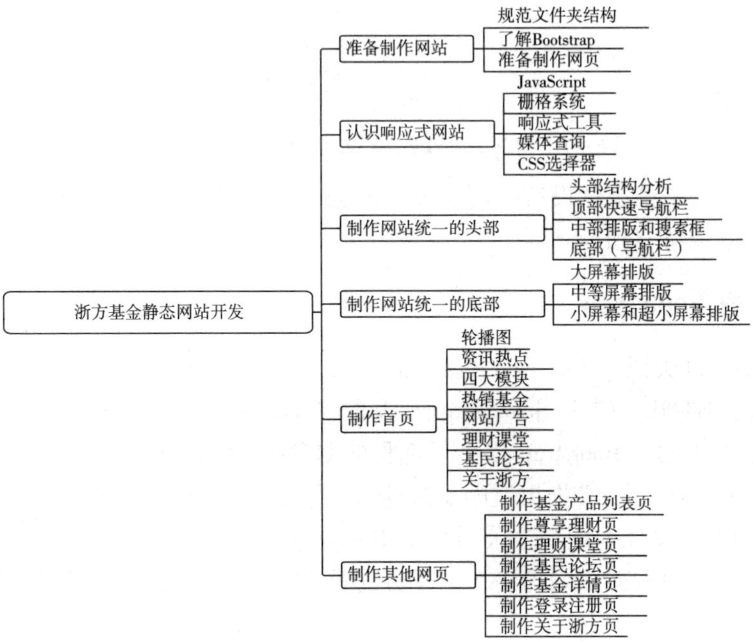

◆ **课后作业**

按照第 1 篇的分组及所选题目，在项目经理的领导下，各成员分工协作用Bootstrap制作自己项目组的响应式静态网站，要求提交响应式静态网站。

6.1 任务1 准备制作网站

6.1.1 规范文件夹结构

文件夹结构，也就是目录结构。在网站准备阶段，一定要对 HTML 文件、CSS 文件和 JS 文件在文件夹中的位置有一个清晰的认知。

以浙方基金网站为例，需要有一个根目录文件夹（zhefang_ fund），根目录下存放所有的 HTML 文件、CSS 文件夹、IMG 文件夹和 JS 文件夹，之后接触到的 Bootstrap 文件夹也将放到根目录中。在网站制作的过程中所需要的所有 CSS 文件和 JS 文件及图片文件都放入相应的文件夹内。

值得注意的有两点。第一是所有的文件都应该由英文字母、阿拉伯数字和非特殊符号组成，不应该出现中文和特殊字符，这主要是为了 HTML 文件被浏览器识别的过程中避免出现不必要的兼容问题。第二是文件夹的结构没有固定的格式，各个文件夹的命名也不做强制化要求（一般将放置 CSS 文件的文件夹命名为 css 或 style，将放置图片文件的文件夹命名为 img、image 或者 images）。

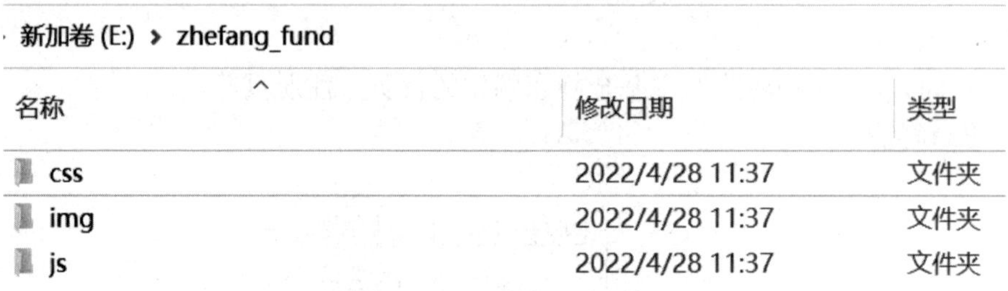

图 6－1　网站 zhefang_ fund 的文件夹结构

文件名和文件夹结构虽然没有强制要求，但也应该遵守网站目录搭建的客观规律，清晰明了为佳，避免特立独行。

6.1.2 了解 Bootstrap

（1）Bootstrap 的认识。Bootstrap 是美国 Twitter 公司的设计师 Mark Otto 和 Jacob Thornton 合作基于 HTML、CSS、JavaScript 开发的简洁、直观、强悍的前端开发框架，使得 Web 开发更加快捷。Bootstrap 提供了优雅的 HTML 和 CSS 规范，它是由动态 CSS 语言 Less 写成。Bootstrap 一经推出就颇受欢迎，一直是 GitHub 上的热门开源项目，包括 NASA 的 MSNBC（微软全国广播公司）的 BreakingNews 都使用了该项目。国内一些移动开发者较为熟悉的框架，如 WeX5 前端开源框架等，也是基于 Bootstrap 源码进行性能优化而来。

在 Bootstrapv3 中文网站中，首页中有这样一句话："Bootstrap 是最受欢迎的HTML、CSS 和 JS 框架，用于开发响应式布局、移动设备优先的 WEB 项目。"

Bootstrap 不是一个软件、不是一个程序，它就是一个已经打好代码的 CSS 文件和 JS 文件的文件夹。

那为什么要用 Bootstrap？理由很简单，Bootstrap 可以用一份代码实现网页适配手机、平板和电脑屏幕。而且 Bootstrap 提供了非常多的常见的 HTML 元素。Bootstrap 为所有开发者、所有应用场景而设计，它让前端开发更快速、简单。所有开发者都能快速上手、所有设备都可以适配、所有项目都适用。

在后续的学习中，我们也会逐渐意识到，不用 Bootstrap 和其他框架，同样可以实现响应式网站的制作，不过那将花费大量的时间和精力，而包括 Bootstrap 在内的一系列框架正是帮助节省时间和精力的重要工具。

Bootstrap 目前的版本也有很多，截至 2022 年 4 月，Bootstrap 最新的版本已经出到 5. 1，但是考虑到使用人数和兼容性的问题，本项目选择 3 代的版本进行使用。

Bootstrap 包中提供的内容包括基本结构、CSS、布局组件、JavaScript 插件等。

基本结构：Bootstrap 提供了一个带有网格系统 、链接样式、背景的基本结构。

CSS：Bootstrap 自带全局的 CSS 设置、定义基本的 HTML 元素样式、可以扩展的 class，以及一个先进的栅格系统。

布局组件：Bootstrap 包含了不少可重用的组件，用于创建图像、下拉菜单、导航、警告框、弹出框等。

JavaScript 插件：Bootstrap 包含了不少自定义的 jQuery 插件，它可以直接包含所有的插件，也可以逐个包含这些插件。

定制：开发人员可以定制 Bootstrap 的组件、LESS 变量和 jQuery 插件来得到一套自定义的版本。

使用 Bootstrap 可以构建出非常优雅的前端界面，并且占用资源非常小，它的优势如下：

移动设备优先。

浏览器支持：支持主流浏览器 IE、chrome、firefox、safari 等。

上手容易：学习 Bootstrap，只需具备 HTML、CSS 等基础知识。

响应式设计：用 Bootstrap 制作的网站能够自适应于台式机、平板电脑和手机的屏幕大小。

代码规范：为开发人员创建接口提供了一个简洁、统一的解决方案，减少测试工作量，提高工作效率。

组件：包含了功能强大的内置组件，甚至还可以定制。

（2）Bootstrap 的下载。Bootstrap 的下载十分简单，可以选择在 GitHub 中直接找到官方的 Bootstrap 项目进行下载（网址：https：//github. com/twbs/bootstrap），也可以在 Bootstrap 官方网站进行下载（网址：https：//getbootstrap. com/docs/3. 4/）。出于访问

速度、下载速度等因素的考虑，这里推荐在 Bootstrap 中文网进行下载（网址：https：//v3. bootcss. com/），并以此为例。

首先需要打开 Bootstrap v3 版本的中文网站，在首页中即可看见“下载 Bootstrap”的按钮（见图 6－2）。

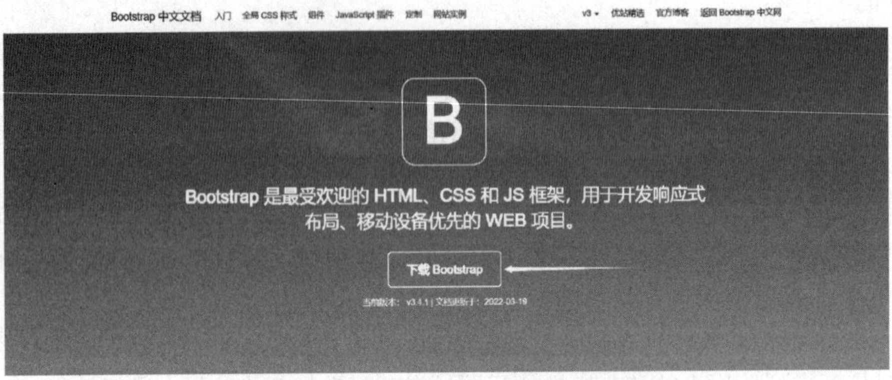

图 6－2　Bootstrap v3 中文网首页

点击“下载 Bootstrap”的按钮后，网页就会转到下载链接，这里网站提供了 3 个下载链接，需要下载的是中间的那个 Bootstrap 源码（见图 6－3）。

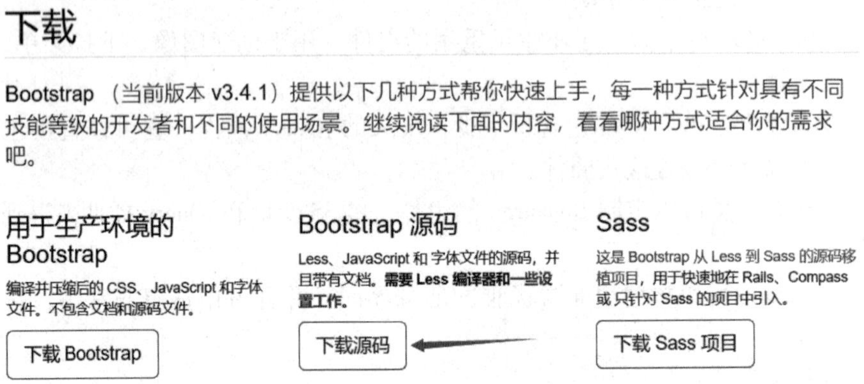

图 6－3　下载链接

点击“下载源码”后就可以得到一个名为“bootstrap－3. 4. 1（当前版本号）. zip”的压缩包。

（3）Bootstrap 的引用。

①Bootstrap 文件夹。Bootstrap 下载完成以后，可以看到 Bootstrap 压缩包中有非常多的文件，这些文件并不是都需要使用的，浙方基金项目所需要的文件并不多。

解压 bootstrap－3. 4. 1. zip，可以在 dist 文件中看到所需要的三个最为重要的文件夹，dist 代表 distributable 的简写，指的是存储文件的目录，可以被其他人直接使用，而不需要编译或缩小被重用的源代码（见图 6－4）。

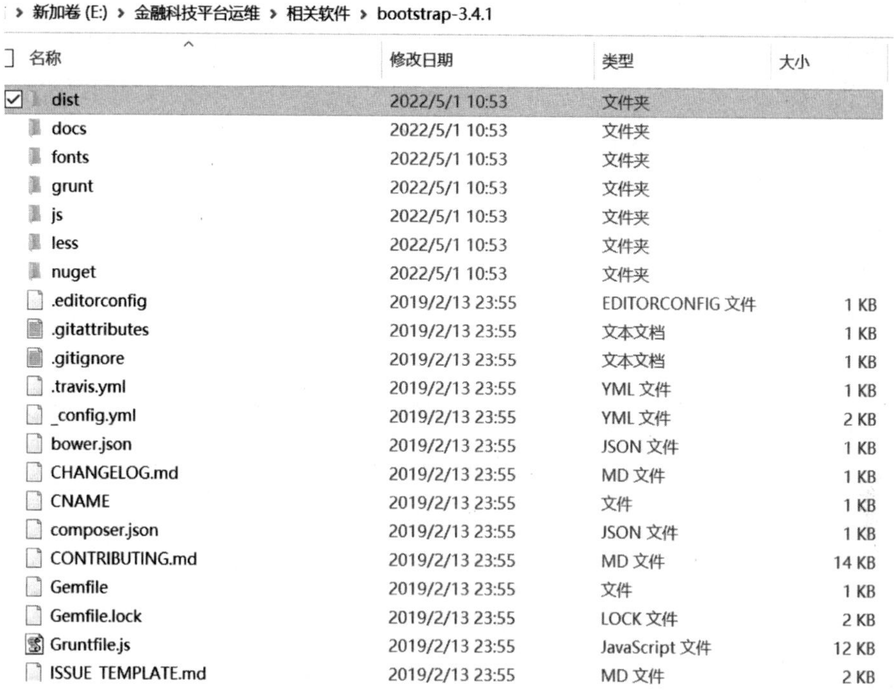

图 6－4 解压 bootstrap－3.4.1.zip 后的文件夹

在 dist 文件夹里的 css 文件夹中，只需要保留 bootstrap.css 或者 bootstrap.min.css 中的任意一个即可，这两个文件中的内容可以实现的效果完全相同（见图 6－5）。bootstrap.min.css 通过压缩，大大减少了网络数据传输量，便之更快更节约流量；不过对于初学者，鼓励使用不经压缩的 bootstrap.css，bootstrap.min.css 文件打开之后会发现代码挤在一起几乎没办法阅读，而 bootstrap.css 可以查看代码，方便阅读和学习。

图 6－5 dist 文件夹里 css 文件夹中的文件

同理，js 文件夹中也只需要保留 bootstrap.js 或者 bootstrap.min.js 中的一个。不过还需要从 bootstrap－3.4.1 \ js \ tests \ vendor 中将 jquery.min.js 复制一份到 js 文件夹里，方便引用和管理。

dist 文件夹中的 fonts 文件夹可以不用去处理，里面提供了很多常用的图标。之后就可以把 dist 文件夹改名为 bootstrap，放到之前创建的网站文件夹 zhefang_ fund 中（见图 6 –6）。

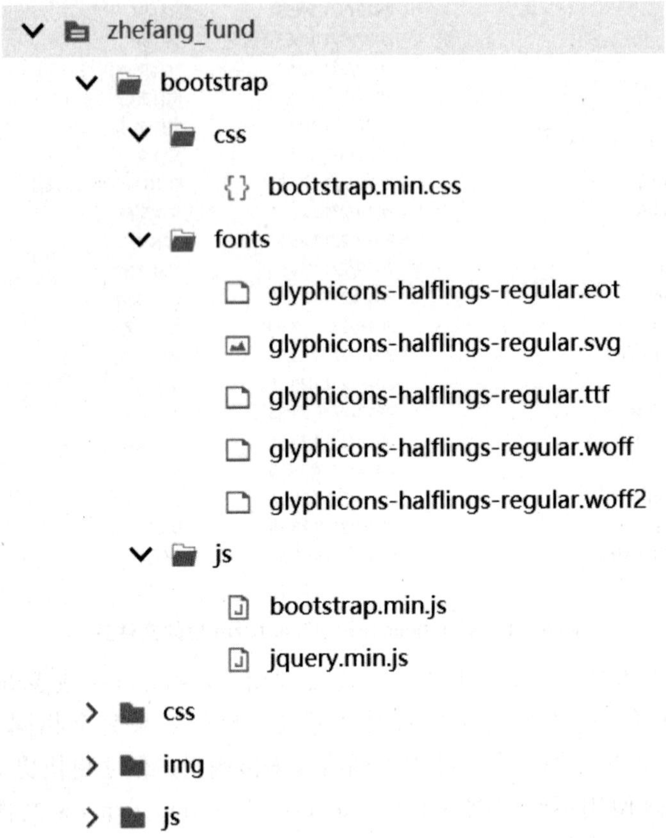

图 6 –6　放在网站文件夹 zhefang_ fund 里的 Bootstrap 文件夹

②Bootstrap 引用流程。在引用好 Bootstrap 之前，需要在根目录下创建好自己的网页，一般是以 index. html 作为网站的第一个网页。

```
<meta charset = "utf -8" >
<meta http -equiv = "X -UA -Compatible" content = "IE =edge" >
<meta name = "viewport" content = "width =device -width, initial -scale =
1" >
```

首先在 <head> </head>标签的最前面必须输入上述 3 个 meta 标签，任何其他内容都必须跟随其后!

然后再连接到 Bootstrap 的 css 文件，值得注意的是 bootstrap. min. css 和bootstrap. css 可以实现的内容并没有区别，因为 bootstrap. min. css 文件体积相对较小，这里选择引用 bootstrap. min. css。

```
<link rel ="stylesheet" type ="text/css" href ="bootstrap/css/boot-
strap.min.css"/>
```

在此之后可以引用例如 style. css 之类的其他 css。

```
<link rel ="stylesheet" type ="text/css" href ="css/style.css">
```

对于 JavaScript 代码的引用，必须先引用 jQuery，这是因为 Bootstrap 的所有 JavaScript 插件都依赖 jQuery，所以必须放在前边。

```
<script src ="bootstrap/js/jquery.min.js" type ="text/javascript" char-
set ="utf-8"></script>
```

加载 Bootstrap 的所有 JavaScript 插件。也可以根据需要只加载单个插件。

```
<script src ="bootstrap/js/bootstrap.min.js" type ="text/javascript"
charset ="utf-8"></script>
<script src ="js/index.js" type ="text/javascript" charset ="utf-8">
</script>
```

除了引用本地的 Bootstrap 相关文件，网络中也为 Bootstrap 的 CSS 和 JavaScript 文件提供了 CDN 的支持。直接使用这些 Bootstrap CDN 提供的链接即可连接到 Bootstrap 网络中的 CSS 和 JavaScript 文件。

6.1.3 准备制作网页

在下载、安装、引入 Bootstrap 这一系列操作结束之后，需要在网站文件夹 zhefang_ fund里新建 css 文件夹和 js 文件夹，分别用来存放网站的 . css 文件和 . js 文件，同时在 img 文件夹中放入 index. html 及其他网站中所需要的所有图片。

```
<link rel ="shortcut icon" type ="images/x-icon" href ="img/icon.png">
```

上述语句是为了在网页打开时标签浮现定义好的图标。具体的方法是把 LOGO 调整为 36×36 像素、背景为透明色的 png 文件，放入 img 文件夹中。再在 <head> </head> 标签内写入上述语句即可。

Bootstrap、图标文件、css 文件、js 文件等引用完成后的网站首页代码如图 6-7 所示。

在 Bootstrap 的默认样式中，当浏览器的宽度大于等于 1200px 时，版心的宽度为 1170px，而浙方基金网页的版心宽度为 1200px，因此需要重写 Bootstrap 中的 . container 在大于 1200px 时的宽度。具体 css 代码如下：

```
index.html
<!doctype html>
<html>
    <head>
        <meta charset="utf-8">
        <meta http-equiv="X-UA-Compatible" content="IE=edge">
        <meta name="viewport" content="width=device-width, initial-scale=1">
        <!-- 上述3个meta标签*必须*放在最前面，任何其他内容都*必须*跟随其后！ -->
        <title>浙方基金</title>
        <!-- 引用bootstrap的样式文件bootstrap.min.css -->
        <link rel="stylesheet" type="text/css" href="bootstrap/css/bootstrap.min.css" />
        <!-- 引用网站的通用样式文件style.css -->
        <link rel="stylesheet" type="text/css" href="css/style.css">
        <!-- 引用网站首页的样式文件index.css -->
        <link rel="stylesheet" type="text/css" href="css/index.css" />
        <!--给网站首页添加图标文件icon.png -->
        <link rel="shortcut icon" type="images/x-icon" href="img/icon.png">
    </head>
    <body>
        <!-- 加载Bootstrap的jQuery文件jquery.min.js, (Bootstrap 的所有 JavaScript 插件都依赖 jQuery，所以必须放在前边) -->
        <script src="bootstrap/js/jquery.min.js"
            type="text/javascript" charset="utf-8"></script>
        <!-- 加载 Bootstrap 的所有 JavaScript 插件bootstrap.min.js -->
        <script src="bootstrap/js/bootstrap.min.js"
            type="text/javascript" charset="utf-8"></script>
        <!-- 加载 网站首页的js文件index.js -->
        <script src="js/index.js" type="text/javascript"
            charset="utf-8"></script>
    </body>
```

图 6 –7　Bootstrap、图标、css 和 js 等文件引用完成后的网站首页代码

```
/* 重写 bootstrap 里的 cont* /
@ media(min -width:1200px){
    .container{
        width:1200px
    }
}
```

开始制作网页之前，应该先提前划分首页的模块，将网页制作流程模块化。

```
<body >
    <! - - 头部 开始 - - >
    <header id ="index_header" >
    </header >
    <! - - 头部 结束 - - >

    <! - - 轮播图 开始 - - >
    <section id ="index_carousel" >
    </section >
    <! - - 轮播图 结束 - - >

    <! - - 热点资讯 开始 - - >
```

```
<section id="index_hotspot">
</section>
<!-- 热点资讯 结束 -->

<!-- 四大模块 -->
<section id="index_panel">
</section>
<!-- 四大模块 结束 -->

<!-- 热销基金 开始 -->
<section id="index_product">
</section>
<!-- 热销基金 结束 -->

<!-- 广告 开始 -->
<section id="index_advert">
</section>
<!-- 广告 结束 -->

<!-- 理财课堂 开始 -->
<section id="index_course">
</section>
<!-- 理财课堂 结束 -->

<!-- 基民论坛 开始 -->
<section id="index_forum">
</section>
<!-- 基民论坛 结束 -->

<!-- 关于浙方 开始 -->
<div id="index_about">
</div>
<br />
<!-- 关于浙方 结束 -->

<!-- 底部 开始 -->
<footer id="index_footer">
</footer>
<!-- 底部 结束 -->
```

```
    <script src="bootstrap/js/jquery.min.js" type="text/javascript" charset="utf-8"></script>
    <script src="bootstrap/js/bootstrap.min.js" type="text/javascript" charset="utf-8"></script>
    <script src="js/index.js" type="text/javascript" charset="utf-8"></script>
</body>
```

6.2 任务2 认识响应式网站

6.2.1 JavaScript

JavaScript 是属于 HTML 和 Web 的编程语言，编程可以让计算机自动完成需要它们做的工作。浙方基金的静态响应式网站中所需要的 JavaScript 代码并不多。

JavaScript 的主要特点如下：

(1) JavaScript 同时接受双引号和单引号；

(2) JavaScript 能够改变 HTML 属性和样式；

(3) JavaScript 可以隐藏和显示 HTML 元素。

在 HTML 中，JavaScript 代码必须位于 <script> 与 </script> 标签之间。<script> 与 </script> 标签可以放置在 HTML 页面的 <body> 或 <head> 中，或兼而有之。把脚本置于 <body> 元素的底部，可改善显示速度，因为脚本编译会让网页显示变慢。

6.2.2 栅格系统

Bootstrap 提供了一套响应式、移动设备优先的流式栅格系统，随着屏幕或视口 (viewport) 尺寸的增加，系统会自动分为最多 12 列（见表 6－1）。栅格系统英文为 "gridsystems"，也被称为 "网格系统"，运用固定的格子设计版面布局，其风格工整简洁。

表 6－1 Bootstrap 的栅格系统

屏幕大小	超小屏幕手机 (＜768px)	小屏幕平板 (≥768px)	中等屏幕 桌面显示器 (≥992px)	大屏幕 大桌面显示器 (≥1200px)
栅格系统行为	总是水平排列	开始是堆叠在一起的，当大于这些阈值时将变为水平排列 C		
.container 最大宽度	None（自动）	750px	970px	1170px
类前缀	.col－xs－	.col－sm－	.col－md－	.col－lg－
列 (column) 数	12			
最大列 (column) 宽	自动	～62px	～81px	～97px

续表

屏幕大小	超小屏幕手机（<768px）	小屏幕平板（≥768px）	中等屏幕 桌面显示器（≥992px）	大屏幕 大桌面显示器（≥1200px）
槽（gutter）宽	30px（每列左右均有15px）			
可嵌套	是			
偏移（Offsets）	是			
列排序	是			

栅格系统通过一系列的行（row）与列（column）的组合来创建页面布局，后续添加的内容就可以放入这些创建好的布局中。下面介绍 Bootstrap 栅格系统的工作原理。

- “行（row）”必须包含在 . container（固定宽度）或 . container－fluid（100% 宽度）中，以便为其赋予合适的排列（aligment）和内补（padding）。
- 通过“行（row）”在水平方向创建一组“列（column）”。
- 内容应当放置于“列（column）”内，并且，只有“列（column）”可以作为“行（row）”的直接子元素。
- 类似 . row 和 . col－xs－4 这种预定义的类，可以用来快速创建栅格布局。
- 通过为“列（column）”设置 padding 属性，从而创建列与列之间的间隔（gutter）。通过为 . row 元素设置负值 margin 从而抵消掉为 . container 元素设置的 padding，也就间接为“行（row）”所包含的“列（column）”抵消掉了 padding。
- 负值的 margin 会使内容向外突出。在栅格列中的内容排成一行。
- 栅格系统中的列是通过指定 1 到 12 的值来表示其跨越的范围。例如，三个等宽的列可以使用三个 . col－xs－4 来创建。
- 如果一“行（row）”中包含的“列（column）”大于 12，多余的“列（column）”所在的元素将被作为一个整体另起一行排列。
- 栅格类适用于屏幕宽度大于或等于分界点大小的设备，并且针对小屏幕设备覆盖栅格类。因此，在元素上应用任何 . col－lg－＊不存在，也影响大屏幕设备。

通过研究后面的实例，可以将这些原理应用到代码中。

浙方基金网站多处使用 Bootstrap 的栅格系统。值得注意的是，当屏幕宽度大于 1200px 时，. container 的最大宽度为 1170px，而浙方基金项目要求此时的网页宽度为 1200px，可以在控制全局 CSS 样式的 style. css 中重构这一属性，而不是去修改Bootstrap 原本的 CSS 文件。

6.2.3　响应式工具

为了加快对移动设备友好的页面开发工作，利用媒体查询功能并使用这些工具类可以方便地针对不同设备展示或隐藏页面内容。另外还包含了针对打印机显示或隐藏内容的工具类。

有针对性地使用这类工具类，从而避免为同一个网站创建完全不同的版本。相反，通过使用这些工具类可以在不同设备上提供不同的展现形式。

通过单独或联合使用表 6 - 2 列出的类，可以针对不同屏幕尺寸隐藏或显示页面内容。

表 6 - 2　　Bootstrap 的响应式工具

类组	超小屏幕 手机（＜768px）	小屏幕平板 （≥768px）	中等屏幕 桌面（≥992px）	大屏幕桌面 （≥1200px）
. visible - xs - *	可见	隐藏	隐藏	隐藏
. visible - sm - *	隐藏	可见	隐藏	隐藏
. visible - md - *	隐藏	隐藏	可见	隐藏
. visible - lg - *	隐藏	隐藏	隐藏	可见
. hidden - xs	隐藏	可见	可见	可见
. hidden - sm	可见	隐藏	可见	可见
. hidden - md	可见	可见	隐藏	可见
. hidden - lg	可见	可见	可见	隐藏

从 v3. 2. 0 版本起，形如 . visible - * - * 的类针对每种屏幕大小都有了三种变体，每个针对 CSS 中不同的 display 属性，见表 6 - 3。

表 6 - 3　　Bootstrap 的每个针对 CSS 中不同的 display 属性

类组	CSS display
. visible - * - block	display：block；
. visible - * - inline	display：inline；
. visible - * - inline - block	display：inline - block；

因此，以超小屏幕（xs）为例，可用的 . visible - * - * 类有 . visible - xs - block、. visible - xs - inline 和 . visible - xs - inline - block。

. visible - xs、. visible - sm、. visible - md 和 . visible - lg 类也同时存在。但是从 v3. 2. 0 版本开始不再建议使用。除了 < table > 相关的元素的特殊情况外，它们与 . visible - * - block 大体相同。

由于 . visible - * - * 类对 CSS display 的类型有要求，因此浙方基金自适应网页的响应式工具均使用 . hidden - * 类。

6. 2. 4　媒体查询

媒体查询（Mediaqueries）非常实用，尤其是当我们想要根据设备的大致类型（如打印设备与带屏幕的设备）或者特定的特征和设备参数（例如屏幕分辨率和浏览器视窗宽度）来修改网站或应用程序时。使用@ media 查询，可以针对不同的媒体类型定义不同的样式。

@ media 可以针对不同的屏幕尺寸设置不同的样式，特别是如果需要设置设计响应式的页面，@ media 是非常有用的。

在重置浏览器大小的过程中，页面也会根据浏览器的宽度和高度重新渲染页面。

媒体查询可以解决很多细致的网页自适应问题，浙方基金自适应网页中几乎每一处复杂的响应式变化都使用到了媒体查询。

@ media（min - width：需要的页面宽度）{…}

6.2.5　CSS 选择器

要使用 CSS 对 HTML 页面中的元素实现一对一、一对多或者多对一的控制，这就需要用到 CSS 选择器。HTML 页面中的元素就是通过 CSS 选择器进行控制的。CSS 选择器用于选择想要的元素的样式的模式。

浙方基金自适应网页中表格和超链接大量使用了 CSS 选择器。较为常用的特殊 CSS 选择器见表 6 - 4。

表 6 - 4　CSS 部分选择器

选择器	例子	例子描述
：first - child	p：first - child	选择属于其父元素的第一个子元素的每个 <p> 元素
：last - child	p：last - child	选择属于其父元素最后一个子元素的每个 <p>元素
：nth - child（n）	p：nth - child（n）	选择属于其父元素的第 n 个子元素的每个 <p> 元素。n 为 odd 可以选择所有奇数行，为 even 是选择偶数行
：nth - last - child（n）	p：nth - last - child（2）	同上，从最后一个子元素开始计数
：nth - of - type（n）	p：nth - of - type（2）	选择属于其父元素第二个 <p> 元素的每个 <p> 元素
：nth - last - of - type（n）	p：nth - last - of - type（2）	同上，但是从最后一个子元素开始计数

6.3　任务 3　制作网站统一的头部

在 Web 布局元素方面，网页最上方的板块是一个重要的和战略性的部分，因为它是人们在滚动页面之前看到的介绍网站的第一秒。因此，头部应该是信息丰富的，提供关于整个网站的最重要的信息，以便用户可以在瞬间扫描它。

由于网站的头部一般都是统一的，以让网站有统一的风格，也提高工作效率，因此在编写代码时头部代码的样式全部放在 style. css 当中，同理将所有多个网页通用的样式也写在 style. css 里，以方便所有网页的引用。由于本网站使用响应式布局，头部的高度、宽度都会随着浏览器的大小变化而变化，因此在静态网页的制作过程中没有使用引用 head. html 的方法实现网站的所有网页头部统一，而是采用比较烦琐的统一 html 代码和引用统一 css 的方式实现网页头部的统一。

可访问 https：//github. com/SkyWatchman/zhefang_ fund 浏览浙方基金代码。

6.3.1 头部结构分析

在拿到效果图之后一定要学会分析效果图，在正式的工作中，前端设计师会根据已经通过甲方认可的效果图，完美地制作成网页，因此在本项目中将尽可能地按效果图来制作网页，以达到设计师的设计效果。

响应式网站的各网页不同静态网页，它需要根据用户的浏览器窗口去适时调整显示的内容。美工设计师在设计网页时，一般不会提供不同窗口宽度下的不同效果，作为网页前端的开发者，同时也是设计者，必须要自己根据网页的内容作出正确的取舍判断。部分内容只会出现在大屏幕的情况下，或者有些内容只会出现在最小屏幕的情况下，在没有效果图参考的情况下，取舍的决定权在 Web 前端设计师手中。

网页的头部可以分为三个部分：顶部快速导航栏、中部、底部（导航栏）。

顶部分为左右两个菜单，各自有不同的链接。中部分为左中右三部分，分别由 LOGO、客服电话、搜索框和搜索按钮组成。底部（导航栏）有 7 个不同的导航，其中激活的导航呈红底白字，其余呈白底黑字，导航栏下方有一条通栏效果的水平线。

大屏幕下头部效果图中包含网页头部所有信息：顶部、中部、底部（导航栏）（见图 6－8）。

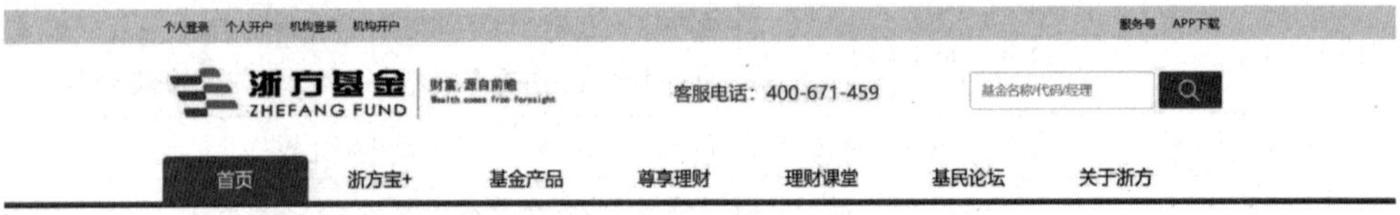

图 6－8　大屏幕下头部效果图

中等屏幕下头部效果图和大屏幕下头部效果图比较，少了中部的客服电话，顶部和底部（导航栏）没有变化（见图 6－9）。

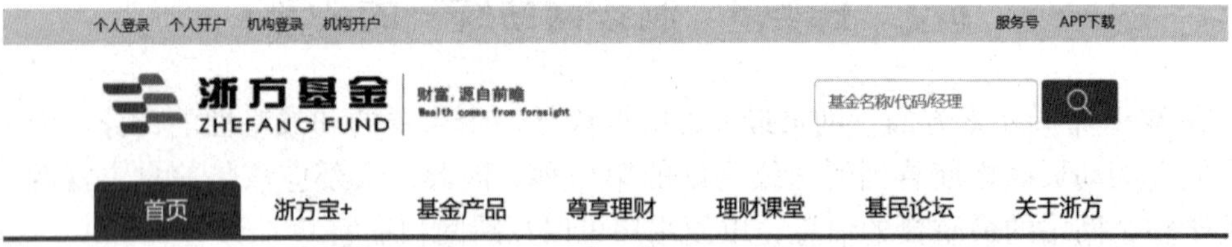

图 6－9　中等屏幕下头部效果图

小屏幕下头部效果图和中等屏幕下头部效果图比较，少了顶部、中部的搜索框和搜索按钮，底部（导航栏）没有变化（见图 6－10）。

超小屏幕下头部效果图和小屏幕下头部效果图比较，少了顶部、中部，底部（导航栏）折叠起来变成汉堡按钮，左边加了小的 LOGO（见图 6－11）。

图6－10　小屏幕下头部效果图

图6－11　超小屏幕下头部效果图

6.3.2　顶部快速导航栏

顶部快速导航栏代码如下：

```
<div class = "top - bar hidden - sm hidden - xs text - center" >
    <div class = "con container" >
        <ul class = "top - bar - left" >
            <li > <a href = "#" >个人登录 </a > </li >
            <li > <a href = "#" >个人开户 </a > </li >
            <li > <a href = "#" >机构登录 </a > </li >
            <li > <a href = "#" >机构开户 </a > </li >
        </ul >
        <ul class = "top - bar - right" >
            <li > <a href = "#" >服务号 </a > </li >
            <li > <a href = "#" >APP 下载 </a > </li >
        </ul >
    </div >
</div >
```

其中采用了流式布局容器，将外层的布局元素 . container 修改为 . container－fluid，就可以将固定宽度的栅格布局转换为100%宽度的布局。

使用 hidden－sm 和 hidden－xs 两个 Bootstrap 的内置类，使得顶部 div 在小于992px 时不显示（见表6－5）。

表6－5　　具体的显示设置如下表

类组	超小屏幕手机（<768px）	小屏幕平板（≥768px）	中等屏幕桌面（≥992px）	大屏幕桌面（≥1200px）
. hidden－xs	隐藏	可见	可见	可见
. hidden－sm	可见	隐藏	可见	可见
. hidden－md	可见	可见	隐藏	可见
. hidden－lg	可见	可见	可见	隐藏

6.3.3 中部排版和搜索框

中部的左边是大 LOGO，中间是客服电话，这两者设计相对简单。其重点是右侧的搜索框。

搜索框代码如下：

```
<form class = "navbar - form navbar - left"role = "search" >
    <div class = "form - group" >
        <input type = "text"class = "form - control search
- box" placeholder = "基金名称/代码/经理" name = "s" id = "s" >
    </div >
    <button type = "submit" class = "btn btn - default" >
        <img src = "img/search.gif" >
    </button >
</form >
```

整个搜索框是采用 Bootstrap 中文网提供的模板附加自己设计的 CSS 样式，其中将搜索按钮中原本的文字替换成了图片。

6.3.4 底部（导航栏）

底部（导航栏）采用自适应样式，在网页缩小时会将所有导航都折叠起来变成汉堡按钮☰，点击汉堡按钮☰导航栏可以向下展开（见图 6－12）。

代码如下：

```
<! - - 下部分 - - >
<nav class = "navbar navbar - default navbar - static - top index - navbar" >
    <div class = "container index - navbar - box" >
        <div class = "navbar - header" >
            <! - - 汉堡/三层/三线 按钮 - - >
            <button type = "button" class = "navbar - toggle collapsed"
data - toggle = "collapse"
                data - target = "#index - nav" aria - expanded = "false" >
                <span class = "sr - only" >Toggle navigation </span >
                <span class = "icon - bar" > </span >
                <span class = "icon - bar" > </span >
                <span class = "icon - bar" > </span >
            </button >
            <a class = "navbar - brand hidden - lg hidden - md hidden - sm"
href = "#" >
```

```
                <img src="img/logo.png">
                    <span>浙方基金</span>
                </a>
            </div>

            <div class="collapse navbar-collapse" id="index-nav">
                <ul class="nav navbar-nav">
                    <li class="active">
                        <a href="index.html">首页<span
class="sr-only">(current)</span></a>
                    </li>
                    <li><a href="#">浙方宝+</a></li>
                    <li><a href="product.html">基金产品</a></li>
                    <li><a href="service.html">尊享理财</a></li>
                    <li><a href="course.html">理财课堂</a></li>
                    <li><a href="forum.html">基民论坛</a></li>
                    <li><a href="about.html">关于浙方</a></li>
                </ul>
            </div>
        </div>
</nav>
```

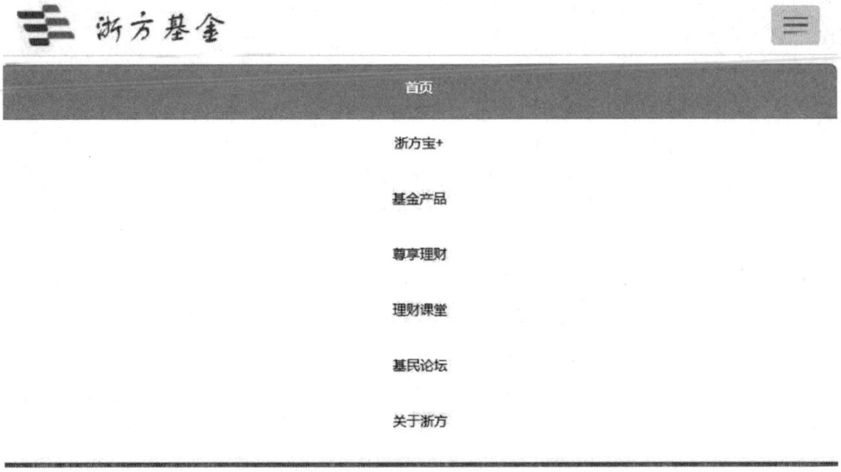

图6-12　头部导航栏向下展开效果图

网站统一的 CSS 代码，如头部（header）和底部（footer）的代码应该统一放在 style. css 中。

网站统一头部 CSS 代码如下：

```
/* 头部样式 开始* /
#index_header {
    background -color: white;
}
#index_header.top -bar {
    background -color: rgb(224, 224, 224);
    font -size: 13px;
    margin: 0 auto;
}
.top -bar a {
    color: #000000;
}
.con {
    margin: 0 auto;
    height: 35px;
    font -family: "微软雅黑";
    font -size: 13px;
}
.top -bar.con.top -bar -left{
    float: left;
}
.top -bar.con.top -bar -right{
    float: right;
}
.top -bar.con.top -bar -left li,
.top -bar.con.top -bar -right li {
    margin -right: 18px;
    list -style -type: none;
}
.top -bar.con.top -bar -left li ,
.top -bar.con.top -bar -right li {
    float: left;
    margin -top: 8px;
}
.top -bar.con a {
    color: #000000;
}
.top -bar.con a:hover {
    text -decoration: none;
    color: red;
}
```

```
.top-bar.con ul {
    display: block;
    list-style-type: disc;
    padding-inline-start: 0px;
    /* 更改参数影响缩进 */
}
.top-bar.con ul li {
    display: list-item;
    text-align: -webkit-match-parent;
}
/* 头部中间部分 开始 */
.top-mid {
    height: 120px;
}
.top-mid-box {
    padding-top: 20px;
    height: 80px;
    margin: 0 auto;
}
.top-mid-1 {
    float: left;
}
.top-mid-1 img{
    display: block;
    width: 440px;
    margin: 0 auto;
}
@media screen and (min-width:768px) {
    .top-mid-1{
      width: 100% ;
      }
}
@media screen and (min-width:992px) {
    .top-mid-1{
      width: 440px;
      }
}
.top-mid-1 img {
    margin: 0 auto;
}
.top-mid-2 span {
```

```
    float: left;
    margin-top: 20px;
    margin-left: 120px;
    color: #c12f24;
    font-family: "微软雅黑";
    font-size: 20px;
}
.top-mid-3 {
    float: right
    padding-top: 5px;
}
.search-box {
    height: 40px;
}
/* 放大镜按钮设置 */
.top-mid-3 .navbar-form .btn {
    padding: 0;
    width: 70px;
    height: 40px;
    background-color: rgb(193, 47, 36);
}
button img {
    padding: 0;
    margin: 0 auto;
}
.main-color {
    color: #c12e24;
}
/* 导航条 nav */
/* 缩小后的小 logo */
.navbar-brand img {
    float: left;
    height: 35px;
    margin-top: -8px;
}
.navbar-brand span {
    float: left;
    padding-left: 15px;
    font-size: 30px;
    font-family: "方正舒体";
    color: #555;
```

```
}
#index_header .index-navbar {
    background-color: #fff;
}
#index_header .index-navbar .index-navbar-box .navbar-nav {}

#index_header .index-navbar .navbar-nav a {
    height: 48px;
}
#index_header .index-navbar .navbar-nav li a,
#index_header .index-navbar .navbar-nav li a:hover {
    border-radius: 6px 6px 0 0;
    color: #000000;
    text-align: center;
}
/* 随调整导航栏的字体大小和宽度 */
@media screen and (min-width:768px) {
    #index_header .index-navbar .navbar-nav li a {
      width: 100px;
      font-size: 15px;
    }
}
@media screen and (min-width:992px) {
    #index_header .index-navbar .navbar-nav li a {
      width: 134px;
      font-size: 20px;
    }
}
@media screen and (min-width:1200px) {
    #index_header .index-navbar .navbar-nav li a {
      width: 160px;
      font-size: 20px;
    }
}
#index_header .index-navbar .navbar-nav li a:hover {
    border-bottom: 2px solid #c12e24;
}
#index_header .index-navbar .navbar-nav li.active a {
    background-color: #c12e24;
    color: white;
}
```

```
.navbar {
    margin-bottom: 0px;
    border-bottom: 4px solid #c12e24;
}
/* 头部样式 结束* /
```

6.4 任务4 制作网站统一的底部

底部是一个响应式的布局结构。在大于1200px的浏览器窗口中，网页底部分上下两部分，上部分左侧是固定大小的LOGO，右侧是底部导航，下部分则是其他信息。

6.4.1 大屏幕排版

在大于1200px的浏览器窗口中，网页底部分上下两部分，上部分左侧是固定大小的LOGO，右侧是底部导航，下部分则是其他信息（见图6－13）。

图6－13 大屏幕下底部效果图

6.4.2 中等屏幕排版

在大于992px的浏览器窗口中，网页底部结构和大屏幕排版一致，同样分上下两部分，上部分左侧是固定大小的LOGO，右侧是底部导航，下部分则是其他信息。不同的是LOGO的大小针对网页的宽度适当地调小了（见图6－14）。

图6－14 中等屏幕下底部效果图

6.4.3 小屏幕和超小屏幕排版

在小于992px的浏览器窗口中，网页底部分上下两部分，上部分是固定大小的LOGO，下部分是底部导航，导航之间的间隙会随着网页宽度的变化而变化（见图6－15）。

图6－15 小屏幕下底部效果图

底部HTML代码如下：

```
<!-- 底部 开始 -->
<footer id="index_footer">
    <div class="f1 container">
        <div class="top1 row">
            <div class="l1 col-md-1 col-xs-12">
                <img src="img/footer-logo.png" />
            </div>
            <div class="col-md-11 col-xs-12 row">
                <div class="col-lg-2 col-md-2 col-xs-1">
                </div>
                <div class="l2 col-lg-2 col-md-2 col-xs-2">
                    <a href="#">基金产品</a>
                    <div class="lb">
                        <a href="#">基金超市<br /></a>
                        <a href="#">智能定投<br /></a>
                        <a href="#">养老专区</a>
                    </div>
                </div>
                <div class="l3 col-lg-2 col-md-2 col-xs-2">
                    <a href="#">尊享理财</a>
                    <div class="lb">
                        <a href="#">专户产品<br /></a>
```

```
                    <a href="#">定制理财<br /></a>
                    <a href="#">尊享服务</a>
                </div>
            </div>
            <div class="l3 col-lg-2 col-md-2 col-xs-2">
                <a href="#">理财课堂</a>
                <div class="lb">
                    <a href="#">网络视频<br /></a>
                    <a href="#">理财电台<br /></a>
                    <a href="#">资讯热点</a>
                </div>
            </div>
            <div class="l3 col-lg-2 col-md-2 col-xs-2">
                <a href="#">基民论坛</a>
                <div class="lb">
                    <a href="#">基民论坛</a>
                </div>
            </div>
            <div class="l4 col-lg-2 col-md-2 col-xs-2">
                <a href="#">关于浙方</a>
                <div class="lb">
                    <a href="#">公司简介<br /></a>
                    <a href="#">加入浙方<br /></a>
                    <a href="#">联系我们</a>
                </div>
            </div>
        </div>
    </div>
    <div class="copyright hidden-sm hidden-xs">
        <div class="copyright-1">
            <a href="#">风险提示函</a>
            <span>|</span>
            <a href="#">投资者教育</a>
            <span>|</span>
            <a href="#">反洗钱</a>
            <span>|</span>
            <a href="#">基金业务规则</a>
            <span>|</span>
            <a href="#">隐私与安全</a>
        </div>
        <div class="copyright-2">
```

```
                浙方基金管理有限公司 版权所有
                &copy;
                All Rights Reserved.
                [ICP 备案登记证编号:浙 ICP 备 1345456309 号]
                本网站支持 IPv6
            </div>
            <div class="copyright-3">
                传真:0571-82763889 交易传真:0571-12345069
                地址:杭州市钱塘区学源街 118 号浙江金融职业学院 邮编:311100
            </div>
            <div class="copyright-4">
                客服热线:400-671-459 客服邮箱: services@zffunds.com
            </div>
        </div>
    </div>
</footer>
<!-- 底部 结束 -->
```

底部 CSS 代码如下:

```
/* 底部 开始 */
#index_footer {
    width: 100%;
    padding: 0;
    background-color: #371212;
    min-height: 300px;
    max-height: 350px;
}

#index_footer .f1 {
    padding: 0;
}

#index_footer .f1 .top1 {
    height: 160px;
    margin: 0 auto;
    color: #ccc;
    font-size: 15px;
    padding-top: 30px;
}
```

```
#index_footer .f1 .top1 .row{
    padding: 0;
}

#index_footer .f1 .top1 .l1 {
    float: left;
    padding: 0;
    padding-top: 25px;
}

.top1 a {
    color: #fff;
    text-decoration: none;
    font-weight: bold;
}

.lb{
    padding-top: 18px;


}

.lb a {
    color: #ccc;
    text-decoration: none;
    font-weight: normal;
    line-height: 25px;
}

#index_footer .copyright {
    text-align: center;
    color: #ccc;
    line-height: 25px;
    font-size: 14px;
}

#index_footer .copyright .copyright-1 a{
    color:#ccc ;
}

#index_footer .copyright .copyright-1 span{
    padding: 0 5px;
```

```
}

@ media screen and (min -width:0px) {
    #index_footer . f1 . top1 . l1 img{
        display: block;
        padding: 0;
        width: 320px;
        margin: 0 auto;
    }
    #index_footer . f1 . top1 . l2,
    #index_footer . f1 . top1 . l3,
    #index_footer . f1 . top1 . l4,
    #index_footer . f1 . top1 . l5{
        float: left;
        padding: 0;
        padding -top: 30px;
        text -align: center;

    }
}
@ media screen and (min -width:992px) {
    #index_footer . f1 . top1 . l1 img{
        width: 320% ;
        position: relativc;
        top: 0px;
    }
    #index_footer . f1 . top1 . l2,
    #index_footer . f1 . top1 . l3,
    #index_footer . f1 . top1 . l4,
    #index_footer . f1 . top1 . l5{
        float: left;
        padding: 0;
        text -align: right;
    }
}
/* 底部 结束 * /
```

6.5　任务5　制作首页

大屏幕下首页效果图如图5－3所示。

小屏幕下首页效果图如图6－16所示。

图6－16　小屏幕下首页效果图

6.5.1　轮播图

轮播图的轮播效果和左右切换效果均由 Bootstrap 提供，为了在各种屏幕上都能有合适的网页效果呈现在浏览者面前，这里使用了 JavaScript 代码，使网页轮播图中的图片可以随着浏览器的宽度而改变。

HTML 代码如下：

```
<!-- 轮播图 开始 -->
<section id="index_carousel" class="carousel slide" data-ride="car-
ousel">
    <!-- 指示器 -->
    <ol class="carousel-indicators">
        <li data-target="#index_carousel" data-slide-to="0" class
="active"></li>
        <li data-target="#index_carousel" data-slide-to="1"></li>
        <li data-target="#index_carousel" data-slide-to="2"></li>
    </ol>

    <!-- 滚动的画面 -->
    <div class="carousel-inner" role="listbox">
        <!-- 每个轮播图 需要 2 张图,大图通栏效果 左右接近纯色 内容集中在中间,小图比
例需要接近方形 方便平板手机观看 -->
        <!-- 窗口小显示 date-sm-img,窗口大显示 date-lg-img -->
        <div class="item active" data-sm-img="img/banner1_sm.jpg"
data-lg-img="img/banner1.jpg">
        </div>
        <div class="item" data-sm-img="img/banner2_sm.jpg"
data-lg-img="img/banner2.jpg">
        </div>
        <div class="item" data-sm-img="img/banner3_sm.jpg"
data-lg-img="img/banner3.jpg">
        </div>
    </div>

    <!-- 左右控制 -->
    <a class="left carousel-control" href="#index_carousel" role=
"button" data-slide="prev">
        <span class="glyphicon glyphicon-chevron-left"
aria-hidden="true"></span>
        <span class="sr-only">Previous</span>
```

```
    </a>
    <a class="right carousel-control" href="#index_carousel" role="
button" data-slide="next">
        <span class="glyphicon glyphicon-chevron-right"
aria-hidden="true"></span>
        <span class="sr-only">Next</span>
    </a>
</section>
<!-- 轮播图 结束 -->
```

CSS 代码如下：

```
/* 轮播图开始* /
#index_carousel.item{
    background:no-repeat center center;
    -webkit-background-size:cover;
    background-size:cover;
}

@mediascreenand(min-width:768px){
    #index_carousel.item{
        background-color:#000000;
        height:410px;
    }
}
/* 轮播图结束* /
```

JavaScript 代码如下：

```
$(function(){
    $(window).on("resize",function(){
        letclientW = $(window).width();//1. 获取窗口宽度
        let isShowBigImage =clientW >=768;//2. 设置临界值
        let $allItems = $("#index_carousel.item");//3. 获取 item
        //4. 遍历
        $allItems.each(function(index,item){
        letsrc = isShowBigImage? $(item).data("lg-img"): $(item)
.data("sm-img");
            letimgUrl ='url("'+src+'")';
            $(item).css({
                backgroundImage:imgUrl
```

```
            });
            if(! isShowBigImage){
                let $img = "<imgsrc = '" + src + "' >";
                $(item).empty().append($img);
            }else{
                $(item).empty();
            }
        });
    });
    $(window).trigger("resize");
});
```

6.5.2　资讯热点

资讯热点效果图如图 6 – 17 所示。

图 6 – 17　资讯热点效果图

这一块内容是由左中右三部分组成的，根据之前分析排版的方法，尝试分析一下这一模块的结构，并把它做出来。

其中标题部分的样式在浙方基金网站中几乎相同，此类有相同样式的部分，其 CSS 代码可以统一放在 style. css 文件中，供所有网页使用。

网站统一标题相关 HTML 代码如下：

```
<! -- 资讯热点 hotspot 开始 -- >
<section id = "index_hotspot" class = "container" >
    <div class = "index - title" >
        <div class = "index - title - img" >
            <img src = "img/hotspot.gif" / >
        </div >
        <div class = "index - title - text" >
            资讯热点
        </div >
```

```
        <div class="index-title-add">
            More +
        </div>
    </div>

    <div class="hotspot row">
        <div class="hotspot-1 col-lg-3 col-md-6 col-sm-11 col-xs
-11">
            <div class="hotspot-1-top">
                <img src="img/hotspot-1-top.gif" />
            </div>
            <div class="hotspot-1-mid1 ">
                上证指数(000001)
            </div>
            <div class="hotspot-1-mid2">
                3536.79
            </div>
            <div class="hotspot-1-bottom">
                -2.33[-0.07%]
            </div>
        </div>
        <!--每周策略-->
        <div class="hotspot-2 hidden-md hidden-sm hidden-xs">
            <div class="hotspot-2-top long-text">
                <a href="#">每周策略 | 二季报业绩预喜占比高,中游制...</a>
            </div>
            <div class="hotspot-2-mid long-text">
                下半年,假设原材料价格上行空间有限,则中游制造板块的盈利修复
                值得关注。综合此次二季报披露率较高、预告业绩增...
            </div>
            <div class="hotspot-2-bottom">
                <img src="img/hotspot-2-bottom.gif" />
            </div>
        </div>
        <!--四条新闻-->
        <div class="hotspot-3 hidden-sm hidden-xs">
            <div class="t1">
                <div class="left">
                    <div class="big">20</div>
                    <div class="small">7 月</div>
                </div>
```

```
                <div class="right long-text">
                    <a href="#">LPR 报价连续 15 个月“原地踏… </a>
                    <br />
                    <a href="#"> <font>全面降准落地后的首期贷款... </font
> </a>
                </div>
            </div>
            <div class="t2">
                <div class="left">
                    <div class="big">16 </div>
                    <div class="small">7 月 </div>
                </div>
                <div class="right long-text">
                    <a href="#">券商晨会精华:A 股基本面支撑较… </a>
                    <br />
                    <a href="#"> <font>财联社 7 月 16 日讯,今日券商晨会...
</font> </a>
                </div>
            </div>
            <div class="t3">
                <div class="left">
                    <div class="big">15 </div>
                    <div class="small">7 月 </div>
                </div>
                <div class="right long-text">
                    <a href="#">央行实施降准并续做 MLF 释放 7,000 亿… </a>
                    <br />
                    <a href="#"> <font>财联社(北京,记者 张晓翀)讯,…… </
font> </a>
                </div>
            </div>
            <div class="t4">
                <div class="left">
                    <div class="big">14 </div>
                    <div class="small">7 月 </div>
                </div>
                <div class="right long-text">
                    <a href="#">重大信号! 全国碳市场启动在即,如… </a>
                    <br />
                    <a href="#"> <font>7 月 14 日,国务院新闻办公室举行国务院
... </font> </a>
```

```
                </div>
            </div>
        </div>
    </div>
</section>
<!-- 资讯热点 结束 -->
```

CSS 代码如下:

```
/* 资讯热点 开始 */
#index_hotspot {
    margin-top: 30px;
    height: 333px;
    background-color: #fff;
    box-shadow: 0px 0px 3px #ddd;
}

/* 市场行情*/
.hotspot .hotspot-1 {
    float: left;
    height: 238px;
    background-color: #c12f24;
    margin-top: 18px;
    margin-left: 20px;
}

.hotspot-1 .hotspot-1-top {
    padding-top: 35px;
    width: 270px;
    margin: 0 auto;
}

.hotspot-1 .hotspot-1-mid1 {
    width: 116px;
    margin: 0 auto;
    font-family: "微软雅黑";
    font-size: 8px;
    color: #fff;
    padding-top: 8px;
}
```

```
.hotspot-1 .hotspot-1-mid2 {
    width: 180px;
    margin: 0 auto;
    padding-top: 1px;
    font-family: "微软雅黑";
    font-size: 48px;
    color: #fff;
}

.hotspot-1 .hotspot-1-bottom {
    width: 80px;
    margin: 0 auto;
    padding-top: 8px;
    font-family: "微软雅黑";
    font-size: 10px;
    color: #fff;
}

/* 每周策略*/
.hotspot .hotspot-2 {
    float: left;
    width: 460px;
    height: 235px;
    margin-top: 18px;
    margin-left: 20px;
}

.hotspot-2 .hotspot-2-top a {
    font-family: "微软雅黑";
    font-size: 23px;
    color: #ab0c00;
    /* text-decoration:none;*/
}

.hotspot-2 .hotspot-2-mid {
    font-family: "微软雅黑";
    font-size: 15px;
    padding-top: 10px;
}

.hotspot-2 .hotspot-2-bottom {
```

```
    padding-top: 10px;
}

/* 四条新闻 */
.hotspot .hotspot-3 {
    float: left;
    height: 235px;
    margin-top: 18px;
    margin-left: 10px;
}

.hotspot-3 .t1,
.t3,
.t2,
.t4 {
    width: 350px;
    height: 40px;
    margin-bottom: 25px;
}

.t1 .left,
.t2 .left,
.t3 .left,
.t4 .left {
    float: left;
    width: 40px;
    height: 40px;
    border-right: 2px solid #cccccc;
}

.t1 .right,
.t2 .right,
.t3 .right,
.t4 .right {
    float: left;
    font-family: "微软雅黑";
    font-size: 16px;
    margin-left: 6px;
    line-height: 21px;
}
```

```
.right a {
    color: #000;
    /* text-decoration:none;*/
}

.right a font {
    color: #ccc;
    /* text-decoration:none;*/
}

.left .big {
    font-size: 20px;
    color: #ab0c00;
    padding-left: 10px;
}

.left .small {
    font-size: 13px;
    color: #cccccc;
    padding-left: 12px;
}

/* 资讯热点 结束 */
```

网页内容模块通用头部 CSS 代码如下：

```
/* 内容模块通用头部 开始 */
.index-title {
    width: 100%;
    float: left;
    border-bottom: 2px solid #dabf90;
}

.index-title-img {
    float: left;
    padding-left: 20px;
    padding-top: 10px;
}

.index-title-text {
    float: left;
```

```
    padding-top: 12px;
    padding-left: 8px;
    padding-bottom: 10px;
    font-family: "微软雅黑";
    font-size: 25px;
    font-weight: bold;
    color: #c12f24;
}

.index-title-add {
    float: right;
    padding-top: 30px;
    padding-right: 20px;
    font-family: "微软雅黑";
    font-size: 13px;
    font-weight: bold;
    color: #c12f24;
}

.now-position{
    margin: 0 auto;
    height: 35px;
    border-left: 5px solid #c12f24;
    line-height: 35px;
    padding-left: 25px;
    color: #999;
    font-size: 15px;
    letter-spacing: 1.8px;
    margin-top: 15px;
}

/* 内容模块通用头部 结束*/
```

6.5.3 四大模块

四大模块任意一个的排版都非常简单，主要是使用 Bootstrap 的栅格系统和媒体查询进行排版。

首先，这四大模块的构成都是一样的。头部有图标、标题、分割线，中间有标语、基金名称、收益率和收益率的类型，底部是一个按钮。对于这种完全相同的排版和样式，它们的 CSS 可以共用。

Bootstrap 的栅格系统是将一行分成至多 12 列，在这里只需要把版心分成 4 列，其中白色的内容部分的宽度稍窄一些，然后再使用内边距让其中的 3 个间隔看起来一样宽，再使用媒体查询给不同屏幕下设置不同的 CSS 就好了。

```
<!--四大模块-->
<section id="index_panel" class="container">
    <div class="row init">
    <!--精品策略-->
    <div class="col-xs-6 col-md-3">
        <div class="row">
            <div class="panel-1">
                <img src="img/panel-1.gif" />
                <hr />
                <div class="panel-font1 long-text">
                    市场前瞻 聚焦中长期板块
                </div>
                <div class="panel-font2 long-text">
                    浙方成长价值混合 A
                </div>
                <div class="panel-font3">
                    332.02%
                </div>
                <div class="panel-font4">
                    成立以来收益
                </div>
                <div class="shopping">
                    <a href="#"><img src="img/shopping.gif" align=
"center" /></a>
                </div>
            </div>
        </div>

    </div>
    <!--周期热点-->
    <div class="col-xs-6 col-md-3 ">
        <div class="row">
            <div class="panel-2">
                <img src="img/panel-2.gif" />
                <hr />
                <div class="panel-font1 long-text">
                    把握“碳中和”时代机遇
```

```
                </div>
                <div class="panel-font2 long-text">
                    浙方光伏新能源C
                </div>
                <div class="panel-font3">
                    28.75%
                </div>
                <div class="panel-font4">
                    近一年收益
                </div>
                <div class="shopping">
                    <a href="#"><img src="img/shopping.gif" align=
"center"/></a>
                </div>
            </div>
        </div>
    </div>
    <!--金牌经理-->
    <div class="col-xs-6 col-md-3 ">
        <div class="row">
            <div class="panel-3">
                <img src="img/panel-3.gif"/>
                <hr/>
                <div class="panel-font1 long-text">
                    研究总监掌舵 深度挖掘牛股
                </div>
                <div class="panel-font2">
                    浙方消费升级混合
                </div>
                <div class="panel-font3">
                    39.55%
                </div>
                <div class="panel-font4">
                    近一年收益
                </div>
                <div class="shopping">
                    <a href="#"><img src="img/shopping.gif" align=
"center"/></a>
                </div>
            </div>
        </div>
```

```
    </div>
    <!--人气之选-->
    <div class="col-xs-6 col-md-3 ">
        <div class="row">
            <div class="panel-4">
                <img src="img/panel-4.png" />
                <hr />
                <div class="panel-font1">
                    均衡稳健长跑基
                </div>
                <div class="panel-font2">
                    均衡稳健长跑基
                </div>
                <div class="panel-font3">
                    45.03%
                </div>
                <div class="panel-font4">
                    近一年收益
                </div>
                <div class="shopping">
                    <a href="#">
                        <img src="img/shopping.gif" align="center" />
                    </a>
                </div>
            </div>
        </div>

    </div>
    </div>
</section>
```

CSS代码如下:

```
/* 第二个板块 四大模块* /
#index_panel {
    min-height: 333px;
    padding: 0px;
    padding-top: 15px;
}

#index_panel .panel-1,
```

```
#index_panel .panel-2,
#index_panel .panel-3{
    float: left;
    height: 320px;
    background-color: #fff;
    box-shadow: 0px 0px 3px #ddd;
}

#index_panel .panel-4{
    float: right;
    height: 320px;
    background-color: #fff;
    box-shadow: 0px 0px 3px #ddd;
}

#index_panel hr {
    margin: 0;
    padding: 0;
    border-top: 3px solid #d0ae6c;
}


.panel-font1 {
    width: auto;
    font-family: "微软雅黑";
    font-size: 18px;
    padding-top: 12px;
    color: #999;
    text-align: center;
}

.panel-font2 {
    font-family: "微软雅黑";
    font-size: 24px;
    text-align: center;
    padding-top: 15px;
    white-space: nowrap;
}

.panel-font3 {
    font-family: "微软雅黑";
```

```
    font-size: 36px;
    text-align: center;
    padding-top: 15px;
    color: #c65d4a;
    font-weight: bold;
}

.panel-font4 {
    font-family: "微软雅黑";
    font-size: 13px;
    text-align: center;
    padding-top: 15px;
    color: #a6a6a6;
}

.shopping {
    text-align: center;
    padding-top: 15px;
}

@media screen and (min-width:0px) {
    #index_panel .panel-1,
    #index_panel .panel-2,
    #index_panel .panel-3,
    #index_panel .panel-4{
        width: 97%;
    }
    #index_panel .panel-2{
        float: right;
        margin-left: 0px;
    }
    #index_panel .panel-3{
        margin-left: 0px;
    }

    #index_panel .panel-3,#index_panel .panel-4{
        margin-top: 20px;
    }
}

@media screen and (min-width:768px) {
```

```
    #index_panel .panel -2{
        float: right;
        margin -left: 0px;
    }
    #index_panel .panel -3{
        margin -left: 0px;
    }

}

@ media screen and (min -width:992px) {
    #index_panel .panel -1,
    #index_panel .panel -2,
    #index_panel .panel -3,
    #index_panel .panel -4{
        width: 91.6667% ;
    }
    #index_panel .panel -2{
        float: left;
        margin -left: 10px;
    }
    #index_panel .panel -3{
        margin -left: 16px;
    }
    #index_panel .panel -3,#index_panel .panel -4{
        margin -top: 0px;
    }
}

@ media screen and (min -width:1200px) {
    #index_panel .panel -2{
        float: left;
        margin -left: 10px;
    }
    #index_panel .panel -3{
        margin -left: 16px;
    }
```

6.5.4 热销基金

热销基金采用表格的方式，填充各个基金的相关数据（见图 6 – 18）。

基金名称	单位净值	累计净值	净值日期	日涨跌幅	最近半年	最近一年	今年以来	成立以来
浙方成长价值混合A 001875	2.5300	3.4500	2021-07-20	-0.32%	-9.06%	24.29%	3.39%	332.02%
浙方医疗健康A 005453	3.2638	3.2638	2021-07-20	0.13%	4.99%	47.20%	13.36%	226.38%
浙方消费升级混合 000689	2.7350	2.8450	2021-07-20	1.22%	-9.06%	50.27%	62.03%	200.65%
浙方新蓝筹精选混合 000788	2.5230	2.6030	2021-07-20	0.92%	20.43%	42.95%	24.29%	171.29%
浙方沪深300指数 000656	1.9620	2.3320	2021-07-20	-0.05%	-0.96%	21.64%	4.08%	170.02%
浙方周期优选混合 003857	2.4529	2.4529	2021-07-20	0.05%	14.59%	44.82%	20.06%	145.29%

图6－18　热销基金表格效果图

热销基金代码如下：

```
<!-- 热销基金 开始 -->
<section id="index_product" class="container">
    <div class="index-title">
        <div class="index-title-img">
            <img src="img/product.gif"/>
        </div>
        <div class="index-title-text">
            热销基金
        </div>
        <div class="index-title-add">
            <a href="#" class="form-title-active">混合型</a>
            <span class="form-title-joint">|</span>
            <a href="#">股票型</a>
            <span class="form-title-joint">|</span>
            <a href="#">指数型</a>
            <span class="form-title-joint">|</span>
            <a href="#">债券型</a>
            <span class="form-title-joint">|</span>
            <a href="#">货币型</a>
        </div>
    </div>

    <div class="product-box">…
    </div>
</section>
<!-- 热销基金 结束 -->
```

使用 CSS 选择器改变表格奇数行的背景颜色代码如下：

```
/* 改变奇数行的背景颜色* /
.form table tr:nth-child(odd){
    background-color:#fcebe7;
}
```

6.5.5 网站广告

广告的模块由左右两张不同的图片组成，在网页缩小的时候，从两张并列的图片变成一张图片。

广告部分 HTML 代码如下：

```
<! --广告开始-->
<section id="index_advert" class="container">
    <div class="rowinit">
        <div class="advert-left col-sm-6 hidden-xs">
            <a href="#" class="advert-img"><img src="img/advert-
1.gif"/></a>
        </div>
        <div class="advert-right col-sm-6 col-xs-12">
            <a href="#" class="advert-img"><img src="img/advert-
2.gif"/></a>
        </div>
    </div>
</section>
<! --广告结束-->
```

CSS 样式代码如下：

```
#index_advert{
    margin:0 auto;
    height:210px;
    padding:0;
    margin-top:15px;
}
```

```
#index_advert .advert-right,
#index_advert .advert-left{
    overflow:hidden;
    height:100%;
    padding:0;
    float:left;
    box-shadow:0px 0px 3px #ddd;
}
```

```
@ media screen and (min - width:
0px){
    #index_advert .advert - right{
        background - color:white;
    }
}
```

```
@ media screen and (min - width:
768px){
    #index _advert .advert - right
img{
        float:left;
        margin - left:10px;
    }
    #index_advert .advert - right{
        background - color: # fff-
bf9;
    }
}
```

6.5.6　理财课堂

理财课堂模块左边是一个图文并茂的网页组合，右边由二上三下的 5 个小模块组成，在网页缩小时，左右两部分会变成上下结构（见图 6 – 19）。

图 6 – 19　理财课堂效果图

理财课堂左侧模块相对简单，此处简单介绍右边的部分。

右侧 5 个小模块的 HTML 代码如下：

```
<div class = "course - right col - lg - 4 col - md - 12 col - sm - 12 col - xs -
12" >
    <div class = "row" >
        <div class = "d1" >
            <a href = "#" >
                <img src = "img/course -1.gif" >
            </a >
        </div >
        <div class = "d2" >
```

```
            <a href="#">
                <img src="img/course-2.gif">
        </div>
    </div>
    <div class="row">
        <div class="d3">
            <a href="#">
                <img src="img/course-3.gif"> </a>
        </div>
        <div class="d4">
            <a href="#">
                <img src="img/course-4.gif"> </a>
        </div>
        <div class="d5">
            <a href="#">
                <img src="img/course-5.gif"> </a>
        </div>
    </div>
</div>
```

以上代码辅之以下的媒体查询和CSS代码即可做出右边部分。

CSS代码如下：

```
#index_course .course-right {
    float: right;
    height: 380px;
}

#index_course .course-right .d1 ,
#index_course .course-right .d2 {
    width: 49% ;
    height: 200px;
    background-color: #fff;
    text-align: center;
    box-shadow: 0px 0px 3px #ddd;
}
#index_course .course-right .d1,
#index_course .course-right .d3,
#index_course .course-right .d4{
    float: left;
}
```

```
#index_course .course-right .d2,
#index_course .course-right .d5{
    float: right;
}

#index_course .course-right .d3 ,
#index_course .course-right .d4 ,
#index_course .course-right .d5 {
    margin-top: 10px;
    height: 170px;
    width: 32.334% ;
    background-color: #fff;
    text-align: center;
    box-shadow: 0px 0px 3px #ddd;
}

@media screen and (min-width:0px) {
    #index_course .course-right .d4{
        margin-left: 1rem;
    }
}
@media screen and (min-width:768px) {
    #index_course .course-right .d4{
        margin-left: 1.2rem;
    }
}
@media screen and (min-width:992px) {
    #index_course .course-right .d4{
        margin-left: 1.5rem;
    }
}
@media screen and (min-width:1200px) {
    #index_course .course-right .d4{
        margin-left: 0.6rem;
    }
}
#index_course .course-right a img {
    position: relative;
    top: 30px;
    transition: all 0.4s ease-in 0s;
}
```

```
#index_course .course-right a:hover img {
    transform: scale(1.2, 1.2);
}

.course-time{
    color: #999;
    float: right;
}

@media screen and (min-width:0px) {
    .midd{
        width: 93% ;
    }
    #index_course .course-right{
        margin-top: 10px;
    }
    #index_course .course-left .top1 {
        width: 100% ;
    }
}

@media screen and (min-width:768px) {
    .midd{
        width: 95% ;
    }

}

@media screen and (min-width:992px) {
    .midd{
        width: 100% ;
    }
    .midd img{
        width: 95% ;
    }

}

@media screen and (min-width:1200px) {
    .midd{
```

```
        width: 730px;
    }
    .midd img{
        width: 100%;
    }
    #index_course .course-right{
        margin-top: 0px;
    }
    #index_course .course-left .top1 {
        width: 98%;
    }
}
```

6.5.7　基民论坛

基民论坛属于浙方基金首页中相对简单的一个板块。它由并列的5个分区组成（见图6-20）。

图6-20　基民论坛效果图

基民论坛HTML代码如下：

```
<!--基民论坛开始-->
<section id="index_forum" class="hidden-sm hidden-xs container">
    <div class="index-title">
        <div class="index-title-img">
            <img src="img/forum.gif"/>
        </div>
        <div class="index-title-text">
            基民论坛
        </div>
        <div class="index-title-add">
        </div>
    </div>
    <div class="index_forum-boxrow">
        <div class="q1">
            <span class="forum-title">今日发帖数</span>
            <br/>
            <span class="forum-txt">6</span>
```

```
        </div>
        <div class="q2">
            <span class="forum-title">今日发帖数</span>
            <br/>
            <span class="forum-txt">66</span>
        </div>
        <div class="q3">
            <span class="forum-title">总帖数</span>
            <br/>
            <span class="forum-txt">666</span>
        </div>
        <div class="q4">
            <span class="forum-title">会员总数</span>
            <br/>
            <span class="forum-txt">66</span>
        </div>
        <div class="q5">
            <span class="forum-title">欢迎新会员</span>
            <br/>
            <span class="forum-txt">6666</span>
        </div>
    </div>
</section>
<!--基民论坛结束-->
```

基民论坛的 CSS 代码如下：

```
/*基民论坛开始*/
#index_forum{
    margin:0 auto;
    height:150px;
    margin-top:15px;
    background-color:#fff;
    box-shadow:0px 0px 3px #ddd;
}
.index_forum-box{
    float:left;
    width:100%;
}
#index_forum.q1,
#index_forum.q2,
```

```
#index_forum.q3,
#index_forum.q4,
#index_forum.q5{
    width:20%;
    margin:10px 0 0 0;
    float:left;
    height:60px;
    text-align:center;
}

#index_forum.q1,
#index_forum.q2,
#index_forum.q3,
#index_forum.q4{
    border-right:1px solid #ccc;
}
.forum-title{
    color:#999;
    font-size:1.6rem;
}
.forum-txt{
    color:#c65d4a;
    font-size:36px;
}
/* 基民论坛结束* /
```

6.5.8 关于浙方

关于浙方是图文并茂的结构，左边是文章的标题和部分内容，右边是一张图片，在网页缩小时右边的图片会消失（见图6-21和图6-22）。

图6-21　大屏幕下关于浙方效果图

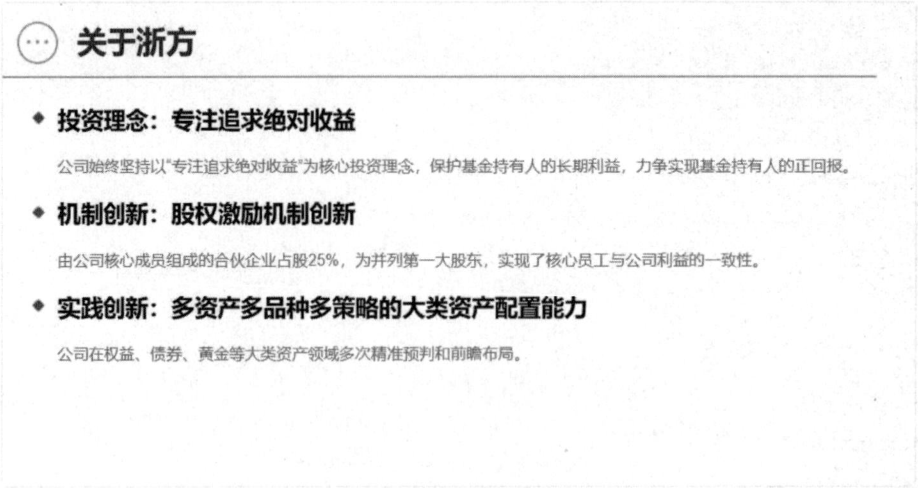

图 6－22　小屏幕下关于浙方效果图

经过前面的学习，相信同学们已经对响应式网页的制作有了一定的了解，那么就用这一块来练习一下吧！

6.6　任务 6　制作其他网页

6.6.1　制作基金产品列表页

大屏幕下基金产品页效果图如图 5－4 所示。

小屏幕下基金产品页效果图如图 6－23 所示。

（1）Banner。基金产品页的 Banner 不同于首页，是由 4 个图片水平排列形成的。

HTML 代码如下：

```
<!--banner begin-->
<div id="product_banner">
    <div class="container row banner-box">
        <div class="col-xs-3 padding-0">
            <a href="#"><img class="banner-box-1" src="img/prod-
uct-banner-1.gif" /></a>
        </div>
        <div class="col-xs-3 padding-0">
            <a href="#"><img class="banner-box-1" src="img/prod-
uct-banner-2.gif" /></a>
        </div>
        <div class="col-xs-3 padding-0">
```

```
                <a href = "#" > <img class = "banner - box -1" src = "img/prod-
uct -banner -3.gif" / > </a >
            </div >
            <div class = "col -xs -3 padding -0" >
                <a href = "#" > <img class = "banner - box -1" src = "img/prod-
uct -banner -4.gif" / > </a >
            </div >
        </div >
</div >
<! - -banner end - - >
```

CSS 代码如下：

```
/* 轮播图 banner 开始 * /
#product_banner{
    max -height: 350px;
    background: url(../img/product -banner.png) no -repeat center;
}
.banner -box{
    margin: 0 auto;
    padding: 0;
}

.banner - box -1{
    padding: 0;
    display: block;
    width: 90% ;
    margin:30px auto;
}
/* 轮播图 banner 结束 * /
```

其中部分 CSS 样式与首页相同。

（2）面包屑导航（Breadcrumbs）。当前位置**当前位置：首页 >基金产品**，网页制作者们往往称其为“面包屑导航”，虽然眼下很多网站都流行使用面包屑导航，但是并不是所有的网站都适用。层级较深且路径规范的网站才适合使用面包屑导航。

面包屑导航的作用非常重要，主要体现在以下几点。

①方便用户，让用户了解当前所处位置，以及当前页面在整个网站中的位置。用户可以更容易地定位到上一层目录，引导用户通行。

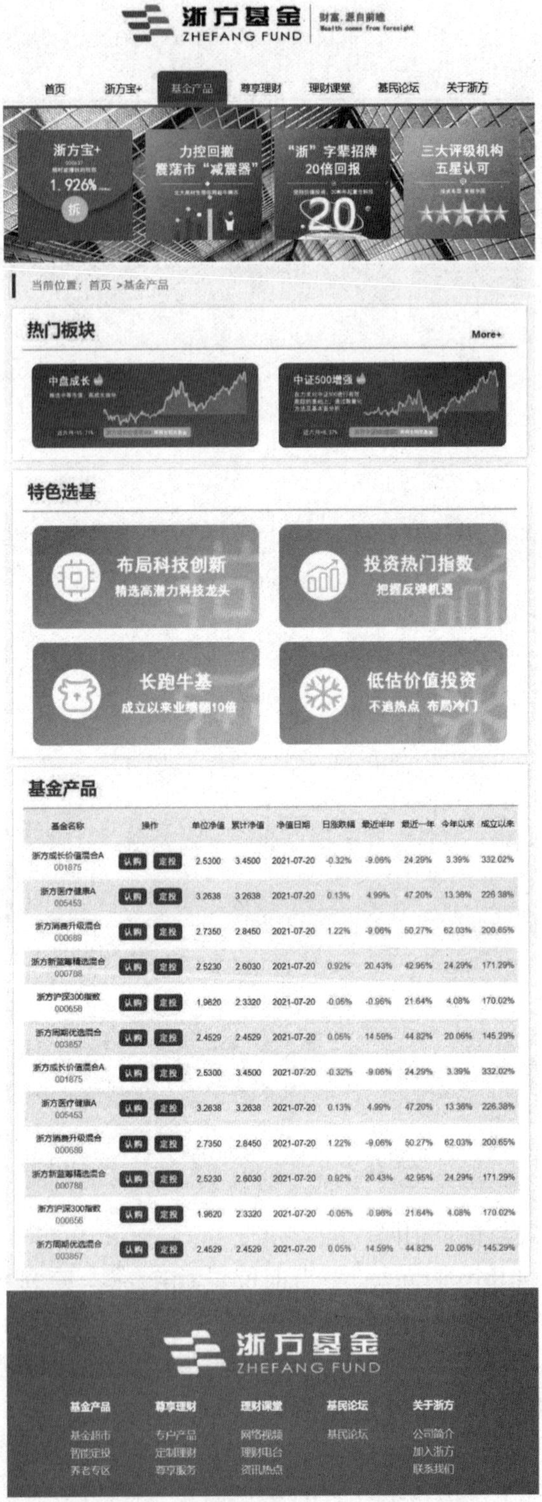

图 6-23　小屏幕下基金产品页效果图

②体现了网站的架构层级，能够帮助用户快速学习和了解网站内容和组织方式，从而形成很好的位置感。

③提供返回各个层级的快速入口，方便用户操作。

④利用搜索引擎的规则提高网站在有关搜索引擎内的自然排名，即 SEO 优化。

⑤减少返回到上一级页面的点击或操作，不用使用浏览器的“返回”按钮或网站的主要导航来返回到上一级页面；

在 Bootstrap 中也有自带的面包屑导航。Bootstrap 中文网将其翻译为“路径导航”，描述功能为“在一个带有层次的导航结构中标明当前页面的位置”。

```
<ol class="breadcrumb">
  <li><a href="#">Home</a></li>
  <li><a href="#">Library</a></li>
  <li class="active">Data</li>
</ol>
```

Bootstrap 中内置的 CSS 样式使得各路径间的分隔符已经自动通过 CSS 的 :before和 content 属性添加了。

浙方基金项目中，面包屑导航并没有使用 Bootstrap 的组件，仅仅使用了固定的文字，可根据 Bootstrap 的相关组件自行添加效果。

对页面的结构有所了解后，就可以开始编写代码来实现它。因为基金产品页中“基金产品”板块代码量大、内容简单，与首页“热销基金”板块相似度高，这里便不再展示“基金产品”板块的代码。

部分 HTML 代码如下：

```
<div class="container now-position">
    当前位置:首页 >基金产品
</div>
<!--热门板块 开始-->
<div id="product_hot" class="container">
    <div class="index-title">
        <div class="index-title-text">
            热门板块
        </div>
        <div class="index-title-add">
            More +
        </div>
    </div>

    <div class="row init">
        <div class="col-sm-6 col-xs-12">
```

```
            <a href="#"><img class="hot-img" src="img/product-hot-1.gif" /></a>
        </div>
        <div class="col-sm-6 col-xs-12">
            <a href="#"><img class="hot-img" src="img/product-hot-2.gif" /></a>
        </div>
    </div>
</div>
<!--热门板块 结束-->

<!--特色选基 开始-->
<div id="product_feature" class="container">
    <div class="index-title">
        <div class="index-title-text">
            特色选基
        </div>
        <div class="index-title-add">
        </div>
    </div>

    <div class="row init">
        <div class="col-md-3 col-xs-6">
            <a href="#"><img class="feature-img" src="img/product-feature-1.gif" /></a>
        </div>
        <div class="col-md-3 col-xs-6">
            <a href="#"><img class="feature-img" src="img/product-feature-2.gif" /></a>
        </div>
        <div class="col-md-3 col-xs-6">
            <a href="#"><img class="feature-img" src="img/product-feature-3.gif" /></a>
        </div>
        <div class="col-md-3 col-xs-6">
            <a href="#"><img class="feature-img" src="img/product-feature-4.gif" /></a>
        </div>
    </div>
</div>
<!--特色选基 结束-->
```

“当前位置”的 CSS 样式放在了网页内容模块通用头部 CSS 代码中，其余对应的 CSS 代码如下：

```
/* 热门板块 product_hot 开始 */
.hot-img{
    border-radius: 10px;
    width: 100%;
    margin-top: 20px;
}

/* 热门板块 product_hot 结束 */

/* 特色选基 feature 开始 */
.feature-img{
    width: 100%;
    margin-top: 20px;
}
/* 特色选基 feature 结束 */
```

6.6.2　制作尊享理财页

大屏幕下尊享理财页效果图如图 5-5 所示。

小屏幕下尊享理财页效果图如图 6-24 所示。

（1）表单。尊享理财的网页专户产品板块使用了表单功能。

表单在网页中主要负责数据采集功能。一个表单有三个基本组成部分：表单标签；表单域，包含了文本框、密码框、隐藏域、多行文本框、复选框、单选框、下拉选择框和文件上传框等；表单按钮，包括提交按钮、复位按钮和一般按钮。

（2）服务流程。服务流程模块的响应式变化是水平的 4 个板块变成顺时针的排列方式（见图 6-25 和图 6-26）。

主要的 HTML 代码如下：

```
<!-- 服务流程 开始 -->
<div id="service_process" class="container">
    <div class="row init process-box">
        <div class="col-xs-12">
            <div class="form-text-title">
```

```
                    服务流程
                </div>
                <div class="form-text-2">
                    严格遵照法律法规规定,充分了解客户需求,构建科学服务流程
                </div>

            </div>
            <div class="row init">
                <div class="col-md-3 col-xs-6 process-box-1">
                    <a href="#"><img class="process-box-img"
src="img/service-product-1.png"></a>
                    <div class="bg-arrows-1"></div>
                </div>
                <div class="col-md-3 col-xs-6 process-box-2">
                    <a href="#"><img class="process-box-img"
src="img/service-product-2.png"></a>
                    <div class="bg-arrows-2"></div>
                </div>
                <div class="col-md-3 col-xs-6 process-box-3">
                    <a href="#"><img class="process-box-img"
src="img/service-product-3.png"></a>
                    <div class="bg-arrows-3"></div>
                </div>
                <div class="col-md-3 col-xs-6 process-box-4">
                    <a href="#"><img class="process-box-img"
src="img/service-product-4.png"></a>
                </div>
            </div>
        </div>
</div>
<!--服务流程 结束-->
```

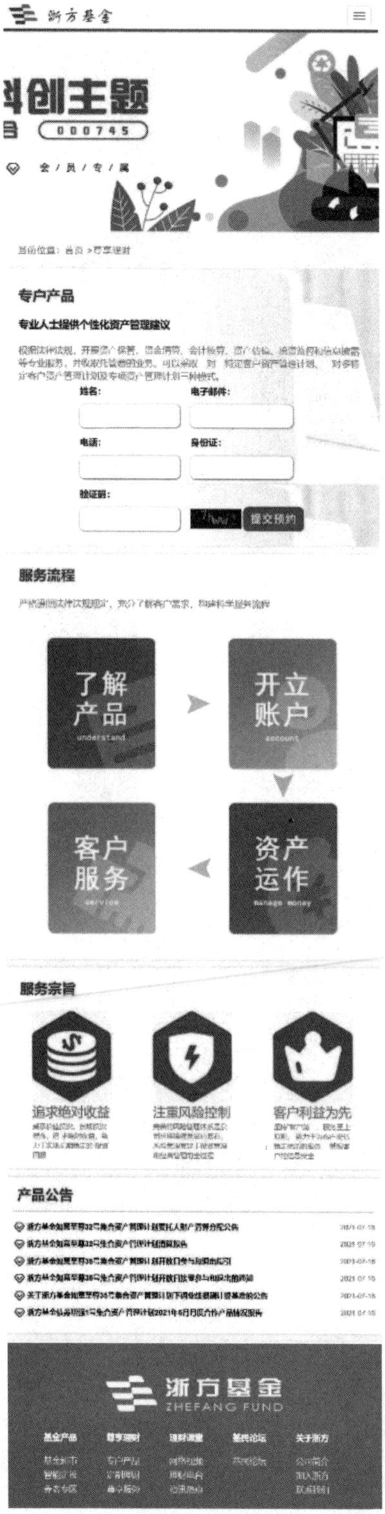

图6－24　小屏幕下尊享理财页效果图

图 6－25　大屏幕下服务流程效果图

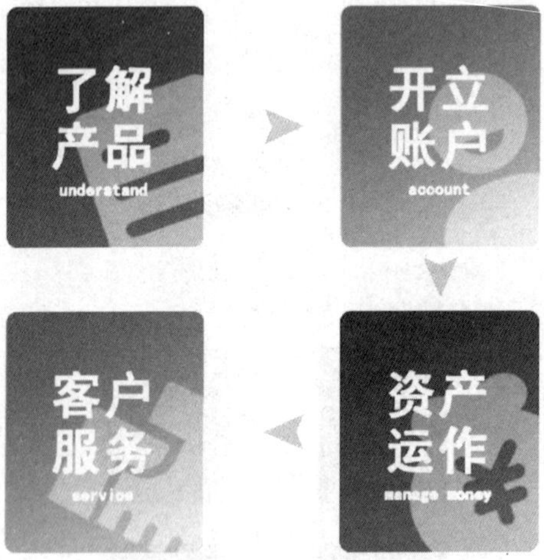

图 6－26　小屏幕下服务流程效果图

排序的变化主要由以下的 CSS 代码实现：

```
/* 服务流程 开始 */
.process-box .col-xs-12 .form-text-title{
    margin-top: 20px;
}
.process-box .col-xs-12 .form-text-2{
    margin: 20px 0;
}
.process-box-1,
.process-box-2,
.process-box-3,
.process-box-4{
    margin-top: 30px;
    margin-bottom: 30px;
```

```
}
.process-box-img{
    display: block;
    margin: 0 auto;
}

@media screen and (min-width:0px) {
    .bg-arrows-1{
        position: absolute;
        width: 110%;
        height: 100%;
        overflow:visible;
        top: 0;
        left: 0;
        background: url(../img/arrows-right.png) no-repeat center;
        background-position: right 0px center;
    }
    .bg-arrows-2{
        position: absolute;
        width: 100%;
        height: 122%;
        overflow:visible;
        top: 0;
        left: 0;
        background: url(../img/arrows-down.png) no-repeat center;
        background-position: bottom 0px center;
    }
    .bg-arrows-3{
        position: absolute;
        width: 110%;
        height: 100%;
        overflow:visible;
        top: 0;
        left: 0;
        background: url(../img/arrows-left.png) no-repeat center;
        background-position: right 0px center;
    }
    .process-box-3 a img{
        content:url(../img/service-product-4.png);
    }
```

```
    .process-box-4 a img{
        content:url(../img/service-product-3.png);
    }
}
@media screen and (min-width:992px) {
    .bg-arrows-2,
    .bg-arrows-3{
        position: absolute;
        width: 110%;
        height: 100%;
        overflow:visible;
        top: 0;
        left: 0;
        background: url(../img/arrows-right.png) no-repeat center;
        background-position: right 0px center;
    }
    .process-box-3 a img{
        content:url(../img/service-product-3.png);
    }
    .process-box-4 a img{
        content:url(../img/service-product-4.png);
    }
}
/* 服务流程 结束 */
```

6.6.3 制作理财课堂页

大屏幕下理财课堂页效果图如图 5-6 所示。

小屏幕下理财课堂页效果图如图 6-27 所示。

理财课堂页的样式相对于前面的其他页面而言，是一个比较简单的页面，其中所用到的结构在之前的页面中均已提及，可以根据自己的理解用代码实现。

6.6.4 制作基民论坛页

大屏幕下基民论坛页效果图如图 5-7 所示。

小屏幕下基民论坛页效果图如图 6-28 所示。

图 6－27　小屏幕下理财课堂页效果图

图 6－28　小屏幕下基民论坛页效果图

基民论坛页中值得关注的是发表评论的板块，其他板块难度不高。

发帖板块的HTML代码如下：

```
<div id="forum_forum" class="container">
    <div class="row forum-box">

        <div id="forum_forum_left" class="col-md-9">
            <form action="#" method="post">
                <div class="user-photo">
                    <img src="img/user.png">
                </div>
                <div class="user-name">
                    小绿豆：
                </div>
                <input type="text" class="forum-text-title" place-
holder=" 请输入帖子标题..." >
                <select class="forum-type">
                    <option>选择发帖板块</option>
                    <option>板块1</option>
                    <option>板块2</option>
                </select>
                <input type="button" class="forum-btn">
                <label for="textfield"></label>
                <textarea name="textfield" id="textfield" class="fo-
rum-text" placeholder=" 请输入你要发表的内容..."></textarea>
            </form>
        </div>
        <div id="forum_forum_right" class="col-md-3">
            <div class="forum-right-box">
                <div class="forum-right-1">
                    <div class="forum-discussion">
                        <img class="forum-discussion-img"
src="img/forum-discussion.png">
                        <div class="discussion-number">1954人</
div>
                        <div class="discussion-add hidden-md hidden
-sm hidden-xs">讨论中</div>
                    </div>
                </div>
                <div class="forum-right-2">
                    <div class="forum-discussion-title">
```

```
                    明天看涨还是看跌
                </div>
                <div class="forum-discussion-user">
                    <div class="user-photo">
                        <img src="img/user.png" >
                    </div>
                    <div class="user-name">
                        童心客
                    </div>
                </div>
                <div class="forum-discussion-add">
                    <div class="eye">
                        12354
                    </div>
                    <div class="talk">
                        545
                    </div>
                </div>
            </div>
            <div class="forum-right-2">
                <div class="forum-discussion-title">
                    最近行情不好是因为什么？
                </div>
                <div class="forum-discussion-user">
                    <div class="user-photo">
                        <img src="img/user.png" >
                    </div>
                    <div class="user-name">
                        乡下香
                    </div>
                </div>
                <div class="forum-discussion-add">
                    <div class="eye">
                        12354
                    </div>
                    <div class="talk">
                        545
                    </div>
                </div>
            </div>
        </div>
    </div>
  </div>
</div>
```

相关 CSS 代码如下：

```
/* 论坛发文 开始 */
#forum_forum{
    margin-top: 15px;
    padding: 0;
}
#forum_forum_left
{
    background-color: white;
    padding-top: 10px;
    box-shadow: 0px 0px 4px #ddd;
    height: 250px;
}
.user-photo{
    float: left;
    margin-left: 10px;
    height: 40px;
}
.user-photo img{
    height: 100%;
    border-radius:50%
}
.user-name{
    font-size: 3.5em;
    height: 40px;
    line-height: 40px;
    margin-left: 10px;
    float: left;
    font-weight: bold;
}
.forum-text-title{
    background-color: white;
    height: 40px;
    border: 1px solid #e4bb95;
    font-size: 16px;
    width: 31%;
}
.forum-type{
    background: -webkit-gradient(linear, left top, right top, from(#
cccccc), to(#fff), color-stop(0.85, #cccccc), color-stop(0.85, #fff));
```

```
    color: #999;
    width: 21% ;
    height: 40px;
    border: 1px solid #e4bb95;
    font-size: 16px;
}
.forum-btn{
    float: right;
    width: 18% ;
    height: 40px;
    background: #c12e24 url(../img/shopping.gif) no-repeat center;
    vertical-align: bottom;
    border: none;
}
.forum-text{
    margin-top: 20px;
    background-color: #fffbf9;
    font-size: 15px;
    width: 100% ;
    height: 160px;
    border: 1px solid #e4bb95;
    font-size: 16px;
    padding: 10px;
}

.forum-box{
    margin: 0;
    width: 100% ;
}
#forum_forum_right{
    padding: 0;
}

#forum_forum_right .forum-right-box{
    height: 250px;
    float: right;
    background-color: white;
    box-shadow: 0px 0px 4px #ddd;
}
.forum-right-1{
    padding: 0;
```

```
    height: 71px;
    background-color: #cd4646;
    color: #fff;
}
.forum-discussion{
    width: 80%;
    margin: 0 auto;
    padding-top: 10px;
}
.forum-discussion-title{
    font-size: 2.5em;
    font-weight: bold;
}
.forum-discussion-user .user-name {
    font-size: 2em;
}
.forum-discussion-img{
    float: left;
}
.discussion-number{
    float: left;
    font-size: 30px;
    font-weight: bold;
    text-align: center;
}
.discussion-add{
    float: left;
    margin-top: 20px;
}
.forum-right-2{
    width: 90%;
    height: 70px;
    margin: 0 auto;
    margin-top: 10px;
    border-bottom: 1px dashed #ccc;
}
.forum-discussion-title{
    font-weight: bold;
}
.forum-discussion-user{
    float: left;
```

```
}
.forum-discussion-user .user-photo{
    width: 35px;
    height: 35px;
    margin-left: 0;
    margin-top: 5px;
}
.forum-discussion-user .user-photo img{
    width: 100%;
    height: 100%;
}
.forum-discussion-add{
    float: right;
    padding-top: 16px;
}
.forum-discussion-add .eye{
    float: left;
    background: url(../img/eye.png) no-repeat left;
    padding-left: 20px;
    color: #999;
}
.forum-discussion-add .talk{
    float: left;
    margin-left: 5px;
    background: url(../img/talk.png) no-repeat left;
    padding-left: 20px;
    color: #999;
}

@media screen and (min-width:0px) {
    #forum_forum_right .forum-right-box{
        width: 100%;
        margin-top: 15px;
    }
}
@media screen and (min-width:992px) {
    #forum_forum_right .forum-right-box{
        width: 97%;
        margin: 0;
    }
}
/* 论坛发文 结束 */
```

6.6.5　制作基金详情页

基金详情页是点击进入一个具体的基金，查看该基金内容的一个网页（见图6－29）。基金详情页属于基金产品页的衍生页面。

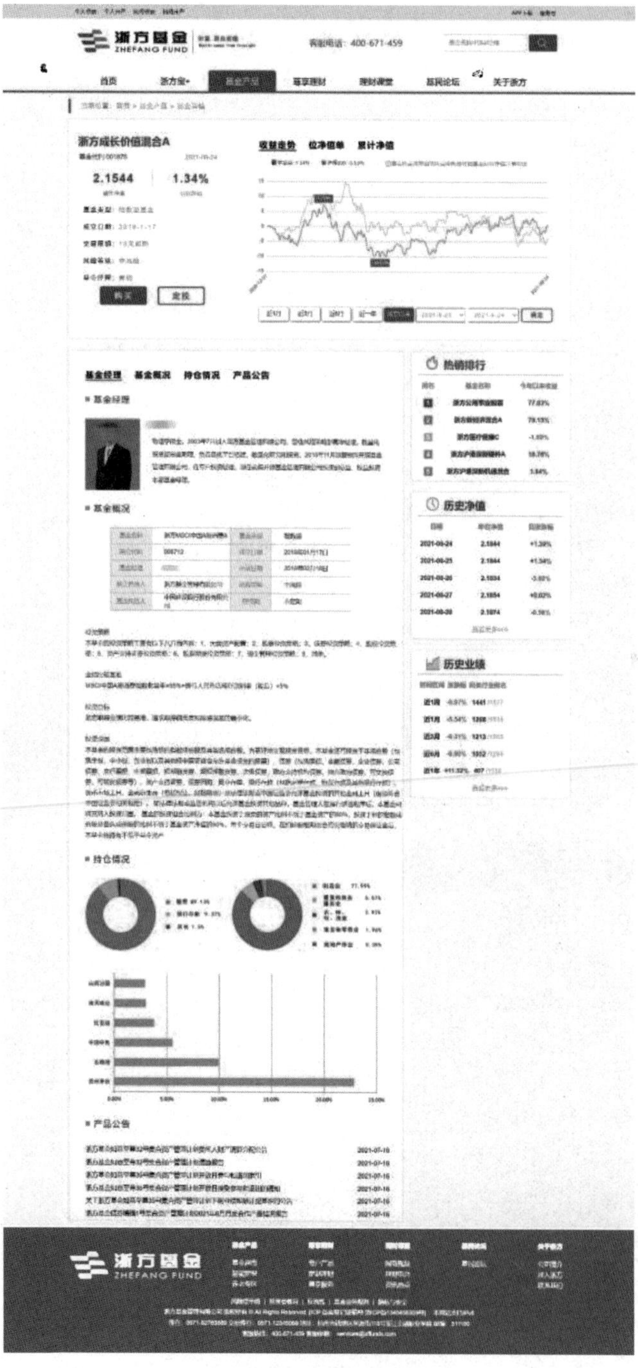

图6－29　基金详情页

这个页面内容丰富，代码量很大，但是结构并不复杂，非常适合阶段性的巩固学习。

基金详情页主体代码结构如下：

```
<! - - 头部 开始 - - >
<header id = "login_header" > …
<! - - 头部 结束 - - >

<! - - 当前位置 开始 - - >
<div class = "container now - position" > …
<! - - 当前位置 结束 - - >

<! - - 基金详情 顶部 开始 - - >
<div id = "fund_product_top" class = "container" >
    <div class = "topbox - left col - md - 4 " > …
    <div class = "topbox - right col - md - 8 hidden - sm hidden - xs" > …
</div >
<! - - 基金详情 顶部 结束 - - >

<div id = "fund_product_down" class = "container" >
<! - - 基金详情 左部 开始 - - >
<div id = "fund_product + left" class = "col - lg - g" >
    <ul class = "topbox - right - ul" > …
    <div class = "fund - manager hidden - xs" > …
    <div class = "fund - profile" > …
    <div class = "fund - profile - text" > …
    </div >
    <div class = "hold - fund - position" > …
    <div class = "product - notice hidden - xs" > …
</div >
<! - -基金详情 左部 结束 - - >

<! - -基金详情 右部 开始 - - >
<div id = "fund_product_right" class = "col - lg - 4 hidden - md hidden - sm
hidden" >
    <div class = "right - 1" > …
    <div class = "right - 1" > …
    <div class = "right - 1" > …
</div >
<! - - 基金详情 右部 结束 - - >
```

6.6.6　制作注册登录页

注册登录页效果图如图 6 – 30 和图 6 – 31 所示。

图6－30　注册页

图6－31　登录页

注册登录页的结构相对简单，根据用户的需求，适当改变注册登录页的头部。注册登录页头部的 HTML 代码如下：

```
<!--头部 开始-->
<header id="login_header" class="container">
    <ul class="header-left col-md-6 col-xs-12">
        <li><img src="img/big_logo.png"/></li>
    </ul>

    <!--大屏幕下的3个连接-->
    <ul class="header-right col-md-6 hidden-sm hidden-xs">
        <li><a href="#">在线客服</a></li>
        <li><a href="#">常见问题</a></li>
        <li><a href="index.html">网站首页</a></li>
    </ul>

    <!--中小屏幕下的3个连接-->
    <div class="header-bottom">
        <ul class="hidden-lg hidden-md">
            <li><a href="index.html">网站首页</a></li>
            <li><a href="#">常见问题</a></li>
            <li><a href="#">在线客服</a></li>
        </ul>
    </div>
</header>
<!--头部 结束-->
```

头部相关 CSS 代码如下：

```
body{
    background-color: white;
}

/* 头部 */
#login_header{
    background-color: white;
    padding: 0;
}

#login_header ul{
    padding-inline-start:0px
}
```

```
#login_header ul li{
    list-style: none;
}

#login_header .header-left{
    float: left;
    margin-top: 40px;
}

#login_header .header-left li img{
    display: block;
    margin: 0 auto;
}

#login_header .header-right {
    margin-top: 0px;
}
#login_header .header-right li{
    float: right;
    margin-left: 55px;
    margin-top: 55px;
}
#login_header .header-right li a,
#login_header .header-bottom ul li a{
    color: #000000;
    font-size: 16px;
    font-weight: bold;
}

#login_header .header-bottom{
    width: 480px;
    display: block;
    margin: 0 auto;
}
#login_header .header-bottom ul{
    float: left;
}
#login_header .header-bottom ul li{
    float: left;
    margin: 10px 50px;
    font-size: 16px;
```

```
}

#login_header .header-bottom ul li:first-child{
    margin-left: 30px;
}

#login_header .header-bottom ul li:last-child{
    margin-right: 30;
}

@media screen and (min-width:992px){
    #login_header{
        padding-bottom: 20px;
    }
}
```

注册登录页往往要集注册和登录两个功能于一身，这样做的好处是一方面用户不必在注册页和登录页之间切换网页，另一方面也可以减少前端工程师的工作量。在浙方基金的注册登录页中，点击“前往注册”和“返回登录”即可在注册和登录的功能之间进行切换（见图6－32）。

图6－32　注册表单

实现上述功能的主要HTML代码如下：

```
<!-- 内容 开始 -->
<div id="login_container">
```

```
    <div class = "login - container container" >
        <div class = "row init" >
        <p class = "float - font col - md - 6 hidden - sm hidden - xs" >财富,源自
前瞻 </p>
        <div class = "login - box" id = "login - box" >
            <p class = "login - box - title" >欢迎登录 </p>
            <form action = "" method = "post" >
                <input type = "text" class = "login - box - text" place-
holder = "手机号/身份证号" />
                <input type = "password" class = "login - box - text"
placeholder = "密码" />
                <a href = "index.html" > <input type = "button" class =
"login - box - text login - box - button"/> </a>
            </form>
            <div class = "login - box - buttom row init" >
                <p >
                    没有账号? <a onclick = "show_register()" >前往注册 </a >
                </p >
                <p >
                    <a href = "" >忘记密码? </a >
                </p >
            </div >
        </div >

        <div class = "login - box" id = "register - box" >
            <p class = "login - box - title" >注册 </p >
            <form action = "" method = "post" >
                <input type = "text" class = "login - box - text" place-
holder = "手机号" />
                <input type = "password" class = "login - box - text regis-
ter - password - box" placeholder = "验证码" />
                <input type = "button" class = "login - box - text checking
 - button" value = "获取验证码"/ >
                <a href = "index.html" > <input type = "button" class =
"login - box - text register - box - button" value = "注册"/ > </a >
            </form >
            <div class = "login - box - buttom row init" >
                <p >
                    <a onclick = "show_login()" >返回登录 </a >
                </p >
                <p >
```

```
                    <a href="">已有账号</a>
                </p>
            </div>
        </div>

        </div>
    </div>

</div>
<!--内容结束-->
```

主要 CSS 代码如下：

```
/* 内容 */
#login_container{
    width:100%;
    overflow:hidden;
    min-height:777px;
    background-color:#371212;
    background:url(../img/login-bg.jpg) no-repeat center;
    background-size:1920px 100%;
    /* 背景长度1920px,高度100% */
}

@media screen and (min-width:1920px){
    #login_container{
        /* 屏幕大于1920时,背景长度从1920px改为100vw,高度100% */
        background-size:100vw, 100%;
    }
}
.login-container{
    margin:0 auto;
    margin-top:200px;
}
.login-box{
    width:438px;
    height:350px;
    background-color:#FFFFFF;
    border-radius:10px;
    text-align:center;
    display:block;
```

```
    margin: 0 auto;
    padding-top: 20px;
}
.float-font{
    font-size: 50px;
    color: white;
    letter-spacing: 10px;
    line-height: 300px;
}
.login-box-title{
    margin-top: 20px;
    font-size: 35px;
    font-weight: bold;
    letter-spacing: 4px;
}
.login-box-text{
    width: 285px;
    height: 45px;
    border-radius: 0.5em;
    border: 1px #999 solid;
    margin-top: 20px;
    padding-left: 10px;
    font-size: 15px;
}
.login-box-button{
    width: 285px;
    background: url(../img/login.jpg);
    border: 0;
}
.login-box-buttom{
    width: 285px;
    margin-left: 75px;
    margin-top: 15px;
    font-size: 13px;
    color: #ccc;
}
.login-box-buttom p:first-child{
    float: left;
}
.login-box-buttom p:last-child{
    float: right;
```

```
}

.login-box-buttom a{
    color: #c12f24;
}

@media screen and (min-width:992px){
    .login-box{
        float: right;
    }
}

/* 注册模块 */
#register-box{
    display: none;
}

#register-box .register-password-box{
    width: 180px;
    padding-right: 10px;

}

#register-box .checking-button{
    width: 100px;
    background-color: #c12f24;
    color: white;
}

#register-box .register-box-button{
    background-color: #c12f24;
    color: white;
    font-size: 18px;
}
```

6.6.7 制作关于浙方页

关于浙方页效果图如图 6-33 和图 6-34 所示。

图 6－33　大屏幕下关于浙方页效果图

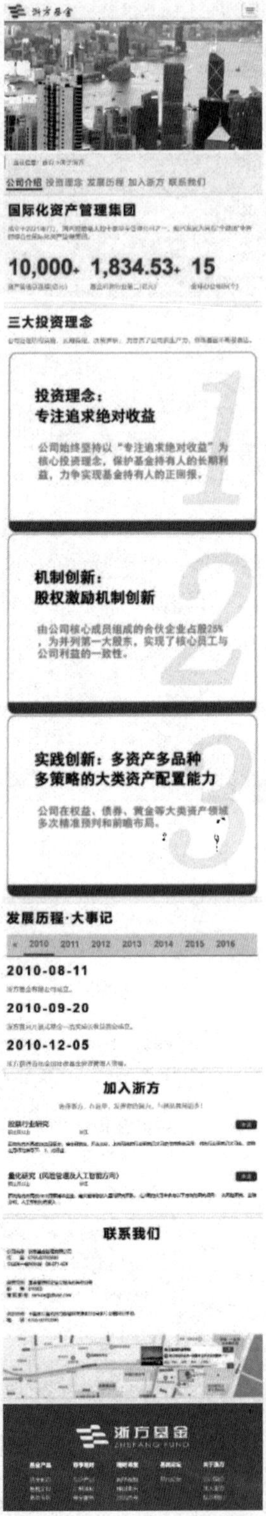

图 6-34 小屏幕下关于浙方页效果图

（1）锚点链接。锚点链接（也叫书签链接）常常用于那些内容庞大烦琐的网页，通过点击命名锚点，不仅能指向文档，还能指向页面里的特定段落，更能当作“精准链接”的便利工具，让链接对象接近焦点。锚点链接便于浏览者查看网页内容，类似于阅读书籍时的目录页码或章回提示。在需要指定到页面的特定部分时，标记锚点是最佳的方法。

在当前位置的下方有几个锚点链接，点击这几个锚点链接可以把网页转到同一张网页相应的位置（见图6－35）。

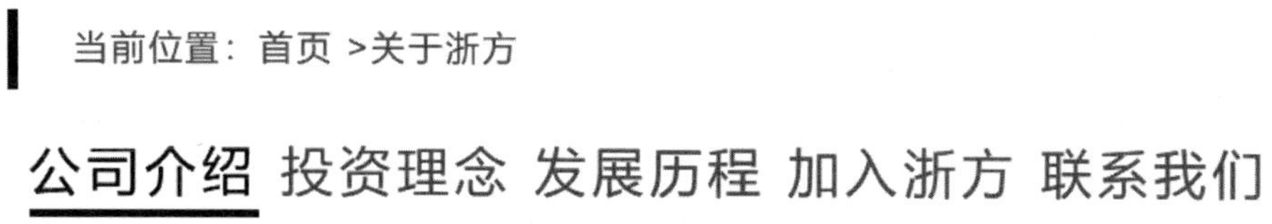

图6－35　当前位置下方的几个锚点链接

（2）发展历程。发展历程中使用了Bootstrap提供的分页功能（见图6－36）。其描述为“为您的网站或应用提供带有展示页码的分页组件，或者可以使用简单的翻页组件”。这个简单的分页组件，用在应用或搜索结果中超级棒。组件中的每个部分都很大，优点是容易点击、易缩放、点击区域大，可以在静态网页中就实现简单的网页翻页效果。

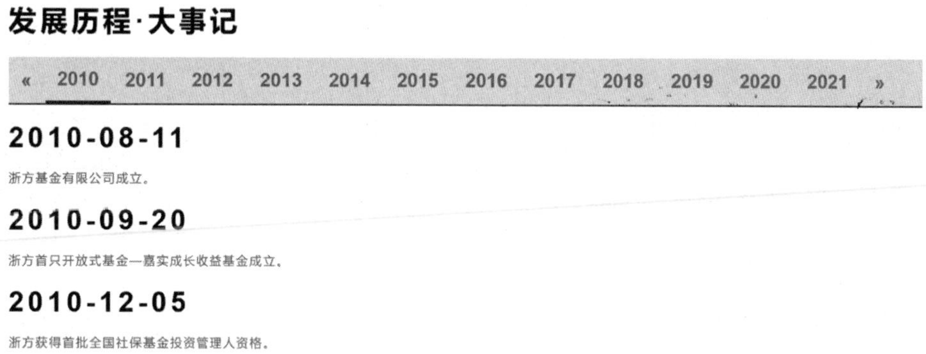

图6－36　发展历程

实现“发展历程·大事记”功能的HTML代码如下：

```
<!--发展历程·大事记 开始-->
<div id="about_path" class="container">
   <div class="about-title">
      发展历程·大事记
   </div>
   <ul id="myTab" class="nav nav-tabs">
      <li>
         <a href="#year-2010" aria-label="Previous">
```

```
                <span aria-hidden="true">&laquo;</span>
            </a>
        </li>
        <li class="active">
            <a href="#year-2010" data-toggle="tab">
                2010
            </a>
        </li>
        <li>
            <a href="#year-2011" data-toggle="tab">
                2011
            </a>
        </li>
        <li>
            <a href="#year-2012" data-toggle="tab">
                2012
            </a>
        </li>
        <li>
            <a href="#year-2013" data-toggle="tab">
                2013
            </a>
        </li>
        <li>
            <a href="#year-2014" data-toggle="tab">
                2014
            </a>
        </li>
        <li>
            <a href="#year-2015" data-toggle="tab">
                2015
            </a>
        </li>
        <li>
            <a href="#year-2016" data-toggle="tab">
                2016
            </a>
        </li>
        <li>
            <a href="#year-2017" data-toggle="tab">
                2017
```

```
            </a>
        </li>
        <li>
            <a href="#year-2018" data-toggle="tab">
                2018
            </a>
        </li>
        <li>
            <a href="#year-2019" data-toggle="tab">
                2019
            </a>
        </li>
        <li>
            <a href="#year-2020" data-toggle="tab">
                2020
            </a>
        </li>
        <li>
            <a href="#year-2021" data-toggle="tab">
                2021
            </a>
        </li>
        <li>
            <a href="#year-2021" aria-label="Next">
                <span aria-hidden="true">&raquo;</span>
            </a>
        </li>
    </ul>
    <div id="myTabContent" class="tab-content">
        <div class="tab-pane fade in active" id="year-2010">
            <div class="about-title">
                2010-08-11
            </div>
            <div class="about-text">
                浙方基金有限公司成立。
            </div>
            <div class="about-title">
                2010-09-20
            </div>
            <div class="about-text">
                浙方首只开放式基金—嘉实成长收益基金成立。
```

```
            </div>
            <div class="about-title">
                2010-12-05
            </div>
            <div class="about-text">
                浙方获得首批全国社保基金投资管理人资格。
            </div>
        </div>
        <div class="tab-pane fade" id="year-2011">
            <div class="about-title">2011</div><div class="about
-text">这是2011年发生的事</div>
        </div>
        <div class="tab-pane fade" id="year-2012">
            <div class="about-title">2012</div><div class="about
-text">这是2012年发生的事</div>
        </div>
        <div class="tab-pane fade" id="year-2013">
            <div class="about-title">2013</div><div class="about
-text">这是2013年发生的事</div>
        </div>
        <div class="tab-pane fade" id="year-2014">
            <div class="about-title">2014</div><div class="about
-text">这是2014年发生的事</div>
        </div>
        <div class="tab-pane fade" id="year-2015">
            <div class="about-title">2015</div><div class="about
-text">这是2015年发生的事</div>
        </div>
        <div class="tab-pane fade" id="year-2016">
            <div class="about-title">2016</div><div class="about
-text">这是2016年发生的事</div>
        </div>
        <div class="tab-pane fade" id="year-2017">
            <div class="about-title">2017</div><div class="about
-text">这是2017年发生的事</div>
        </div>
        <div class="tab-pane fade" id="year-2018">
            <div class="about-title">2018</div><div class="about
-text">这是2018年发生的事</div>
        </div>
        <div class="tab-pane fade" id="year-2019">
```

```
            <div class="about-title">2019</div><div class="about-text">这是2019年发生的事</div>
        </div>
        <div class="tab-pane fade" id="year-2020">
            <div class="about-title">2020</div><div class="about-text">这是2020年发生的事</div>
        </div>
        <div class="tab-pane fade" id="year-2021">
            <div class="about-title">2021</div><div class="about-text">这是2021年发生的事</div>
        </div>

    </div>
</div>
<!-- 发展历程·大事记 结束 -->
```

CSS 代码如下：

```
/* 发展历程·大事记 开始 */
#about_path{
}
#myTab{
    height: 60px;
    margin-top: 20px;
    background-color: #e6e6e6;
    position: relative;
    overflow: hidden;
    border-bottom: 2px solid #c22f25;
}
#myTab li{
    font-size: 20px;
    font-weight: bold;
    text-align: center;
}
#myTab li a{
    color: #999;
    font-size: 1.2em;
    vertical-align:middle;
}
#myTab .active a{
    background-color: transparent;
```

```
    border: none;
    border-bottom: 10px solid #c22f25;
}
#myTab li a:hover{
    box-sizing: content-box;
    border-bottom: 10px solid #c22f25;
}
/* 发展历程·大事记 结束 */
```

7. 项目5

浙方基金动态网站开发（一）

◆ 学习目标

1. 了解网站内容管理系统 CMS 的概念；
2. 了解国内外常用的网站内容管理系统；
3. 了解常见 CMS 建站系统的优缺点；
4. 掌握根据网站的具体情况选择网站 CMS 建站系统的方法；
5. 掌握网站内容管理系统 WordPress 的优缺点；
6. 了解常见的动态网站开发环境；
7. 熟练掌握 XMAPP 和 WordPress 的安装配置方法；
8. 掌握制作动态网站统一的头部、底部的方法；
9. 熟练掌握网站数据库的备份及还原方法；
10. 了解 WordPress 主题的概念、常见安装方法及设置。

◆ 工作任务

1. 安装配置 XMAPP 和 WordPress；
2. 把响应式浙方基金静态网站和 WordPress 进行整合；
3. 从零开始搭建浙方基金动态网站的主题目录框架；
4. 实现网站统一的头部和底部的动态效果；
5. 实现网站的备份及还原；
6. 利用主题实现网站的动态效果。

◆ 思维导图

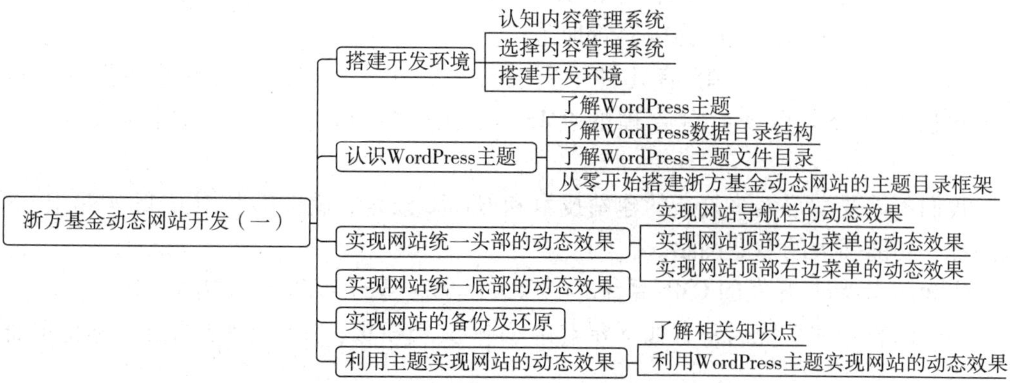

◆ 课后作业

按照第1篇的分组及所选网站主题，在项目经理的领导下，各成员分工协作完成以下任务：

1. 组内进行讨论，为自己项目组的静态网站选择一个内容管理系统CMS进行整合设置，要求提交整合后的网站文件夹；

2. 对自己项目组整合了CMS的静态网站实现网站统一头部和底部的动态效果，要求提交备份的动态网站文件夹。

7.1 任务1 搭建开发环境

• 任务介绍

现在一般都会采用CMS来建设网站，优秀的CMS很多，国外有JOOMLA!、WordPress等，国内有PageAdmin、织梦DEDECMS、JTBC、DISCUZ! 等。网上也有很多测评，那到底该如何选择合适的CMS来建设我们的网站呢？下面就来了解下如何根据网站的具体情况选择并安装合适的CMS建站系统。

• 任务目标

1. 了解什么是内容管理系统；
2. 学习如何选择内容管理系统；
3. 安装浙方基金网站选择的内容管理系统WordPress并进行配置。

• 任务实施

7.1.1 认识内容管理系统

内容管理系统（Content Management System，CMS），一般采用基于模板方式的设计思想，可以加快网站开发的速度和减少开发的成本。CMS是一种位于Web前端（Web服务器）和后端办公系统或流程（内容创作、编辑）之间的软件系统。内容的创作人员、编辑人员、发布人员使用内容管理系统来提交、修改、审批、发布内容。这里指的“内容”可能包括文件、表格、图片、数据库中的数据甚至视频等一切想要发布到Internet、Intranet以及Extranet网站的信息。

CMS其实是一个很广泛的称呼，从一般的博客程序、新闻发布程序，到综合性的网站管理程序，都可以被称为内容管理系统。

根据不同的需求，CMS有几种不同的分类方法。比如，根据应用层面的不同，CMS可以被划分为重视后台管理的CMS、重视风格设计的CMS、重视前台发布的CMS等。

我们不需要学习太多复杂的建站技术和HTML语言，就能够利用CMS构建出一个风格统一功能强大的专业网站。

作为面向Web开发的CMS系统，其开发阵营一般分为PHP、.NET、JSP。

一个内容管理系统通常有如下要素：（1）文档模板；（2）脚本语言或标记语言；

(3) 与数据库集成。

内容的包含物由内嵌入页面的特殊标记控制。这些标记对于一个内容管理系统通常是唯一的。这些系统通常有对较复杂的操作的语言支持，如 Python、Perl、Java 等。

内容管理系统对站点管理和创造编辑都有好处。这其中最大的好处是能够使用模板和通用的设计元素以确保整个网站的协调。只需在他们的文档中采用少量的模板代码，然后即可把精力集中在设计之上的内容了。要改变网站的外观，管理员只需修改模板而不是一个个单独的页面。

内容管理系统也简化了网站的内容供给和内容管理的责任委托。很多内容管理系统允许对网站的不同层面人员赋予不同等级的访问权限，这使得他们不必研究操作系统级的权限设置，只需用浏览器接口即可完成。

其他的特性如搜索引擎、日历、Web 邮件等也会内置于内容管理系统 CMS 内，或允许以第三方插件的形式集成进来。

7.1.2 选择内容管理系统

从技术的角度来说，CMS 系统就是一座桥梁，把网站的前端页面和后台管理链接起来。通过 CMS 建站系统在网站后台可以管理前台的绝大部分内容，特别方便，CMS 还大大降低了网站建设的难度。

PC 时代各大 CMS 建站系统混战的局面已经结束，目前主流的、可供选择的开源 CMS 建站系统如下。

国外：JOOMLA!、DRUPAL、WordPress。

国内：PageAdmin、织梦 DEDECMS、DISCUZ!、JTBC。

根据阿里云服务器最新安装统计，CMS 还是目前最主流的网站建设方式，那么到底大家都在用什么 CMS 呢？从所有安装的网站中发现，使用 CMS 的比例高达 58.1%。

那么该如何根据自己网站的具体情况选择合适的 CMS 系统呢？这里最核心的问题，就看究竟要建设一个什么样的网站。

可以从以下几个方面，来综合确定自己的建站需求。

(1) 根据网站主要类型来选择 CMS 系统。

企业站：PageAdmin、DedeCMS 和 DISCUZ! 都能胜任，关键在于模板，从维护和使用上来说，没必要用 DISCUZ!，因为很多功能都与企业站无关。

个人博客：WordPress、PageAdmin、DedeCMS 都可以制作，简单来说 WordPress 就是专业的个人博客系统，所以对功能操作要求简单的用户很适合。

资讯站：同上，都能用，建议 PageAdmin 和 DedeCMS，不建议采用 WordPress，大数据下 WordPress 很卡，除非自己可以优化代码。

社区论坛：DISCUZ! 是首选，就算用其他系统，交流论坛还得配套 DISCUZ!。

电商网站：另有电商系统建设较大型的电商网站，上述四个系统则可以通过插件或扩展等来实现网站的电子商务功能，建议采用专业的电商系统来搭建，比如 ECShop (收费)。

（2）根据网站第一需求来选择 CMS 系统。

信息需求：重在展示信息，上述几个都可以。

速度需求：PageAdmin 速度最快，DedeCMS 生成静态速度也很好、WordPress 最慢。

功能需求：功能扩展或开发，PageAdmin 和 DedeCMS 本身的扩展功能就很好，WordPress 功能很少，但是可以通过安装插件扩展功能，但是插件安装多了会影响速度和稳定性。

安全需求：首选 PageAdmin CMS（安全性很好、学习难度大点），DedeCMS 漏洞很多，WordPress 的漏洞主要来源于插件的参差不齐。

SEO 优化：SEO 和 CMS 的关系有，但并不大，因为大多数 CMS 系统是很利于 SEO 的，SEO 功能都很完善。相对而言，DedeCMS 和 PageAdmin 很利于做 SEO；对于 WordPress，需要安装优化插件来辅助实现；DISCUZ！的网站结构不是很利于做 SEO，需要较大工作量的调整。

因此从长远来看，建议个人博客类的用 WordPress、企业单位类的用 PageAdmin。

7.1.3 搭建开发环境

浙方基金网站选择了 XAMPP（Apache + MySQL + PHP + PERL）作为动态网站集成开发环境（下载链接：XAMPP - Browse Files at SourceForge. net）、WordPress 作为内容管理系统（下载链接：Bitnami for XAMPP Application Modules）。

（1）XAMPP 的安装配置

安装

双击应用程序 xampp-windows-x64-7.4.22-0-VC15-installer.exe 出现如图 7 - 1 所示的提示框，选择 Yes。

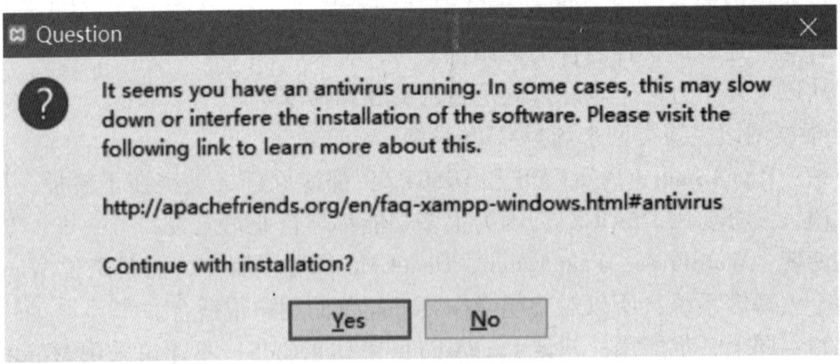

图 7 - 1 安全提示框

一路 next，如图 7 - 2 至图 7 - 7 所示。

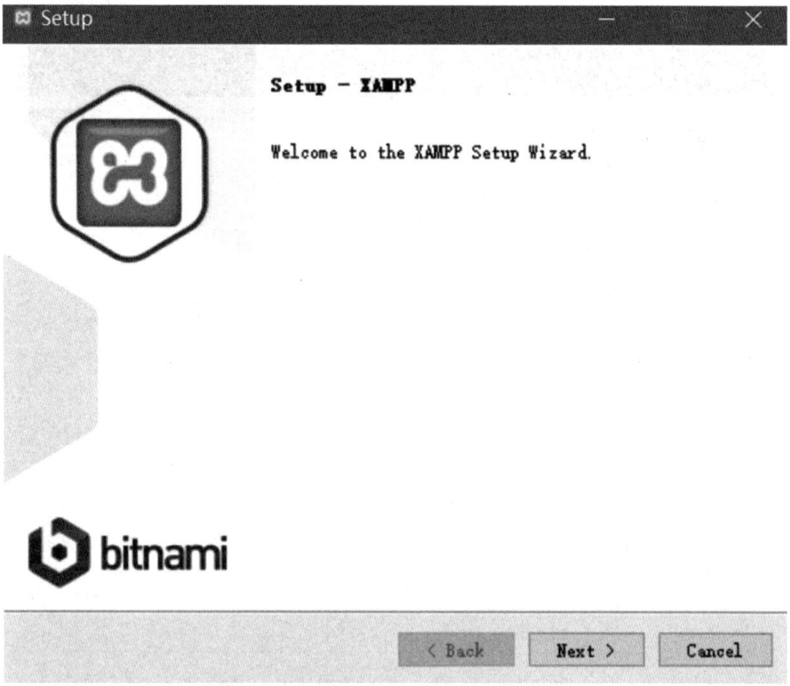

图 7－2　欢迎安装界面

选择需要安装的服务器、数据库、编程语言等。

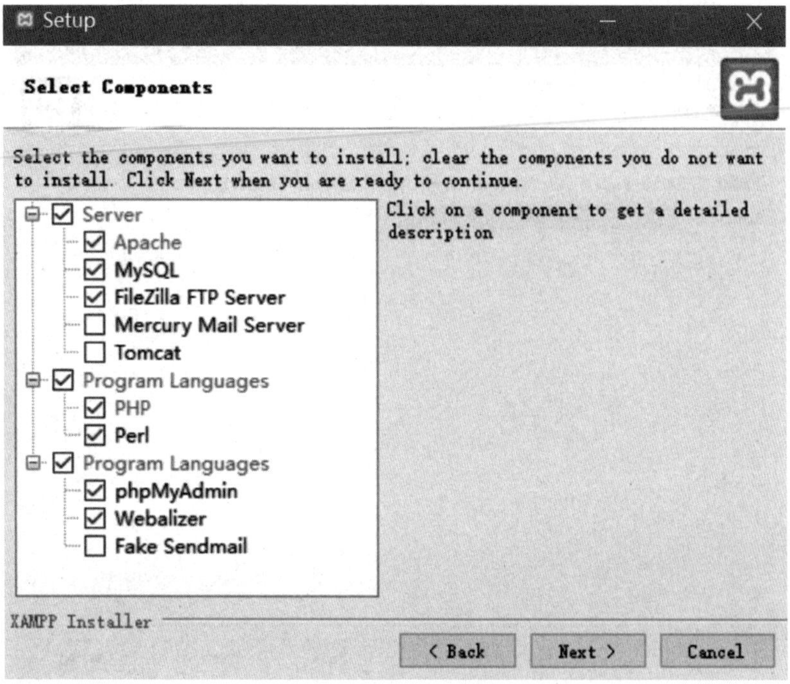

图 7－3　选择安装组件界面

选择安装路径。

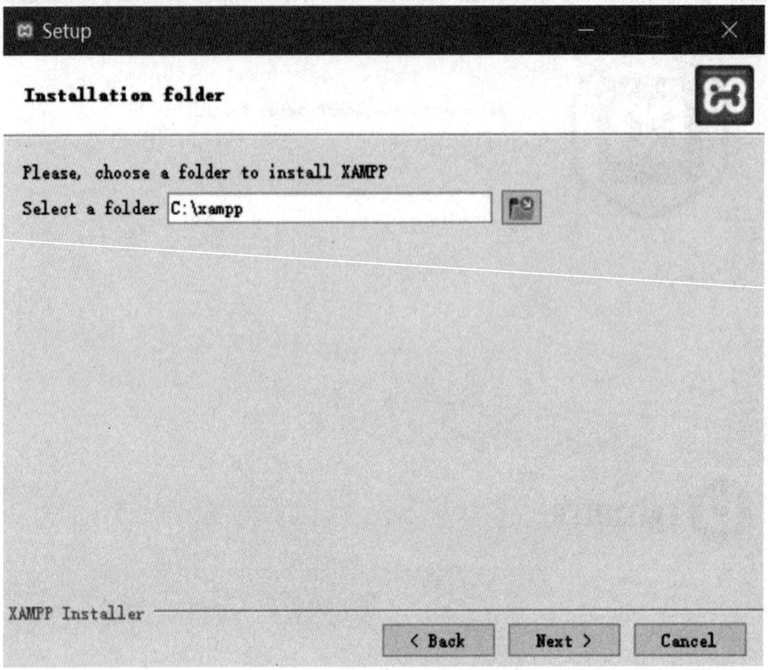

图 7-4　安装路径选择框

选择语言 English。

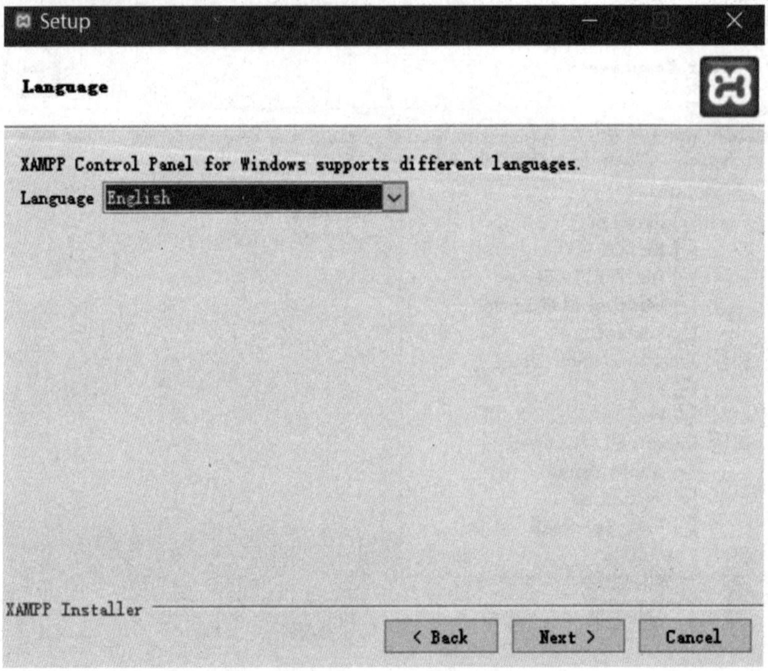

图 7-5　语言选择框

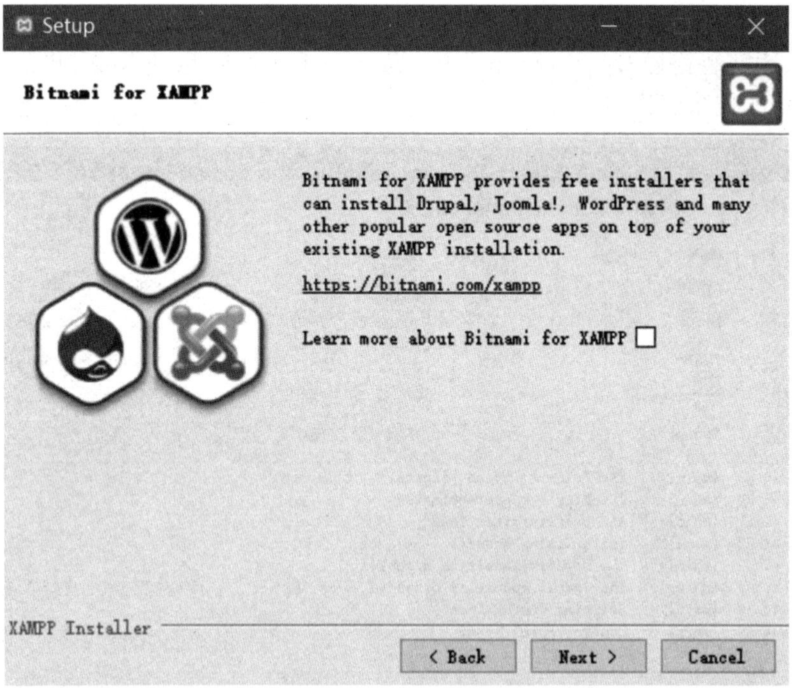

图 7－6　是否了解更多关于 XAMPP 的内容选择框

开始安装。

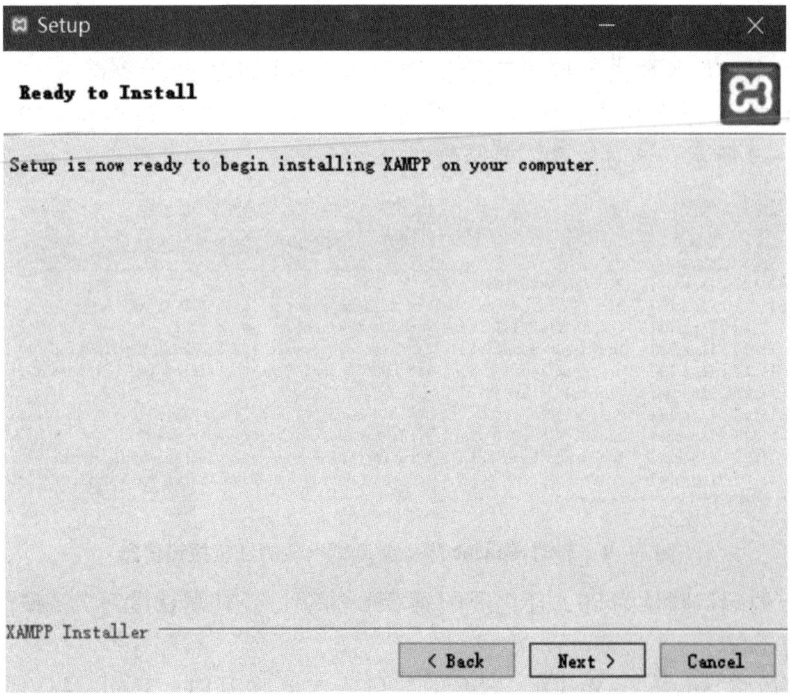

图 7－7　准备好开始安装

配置

双击上述安装路径 C:\xampp 下的 xampp-control.exe 启动 XAMPP 软件，出现如图 7－8 所示的控制面板。

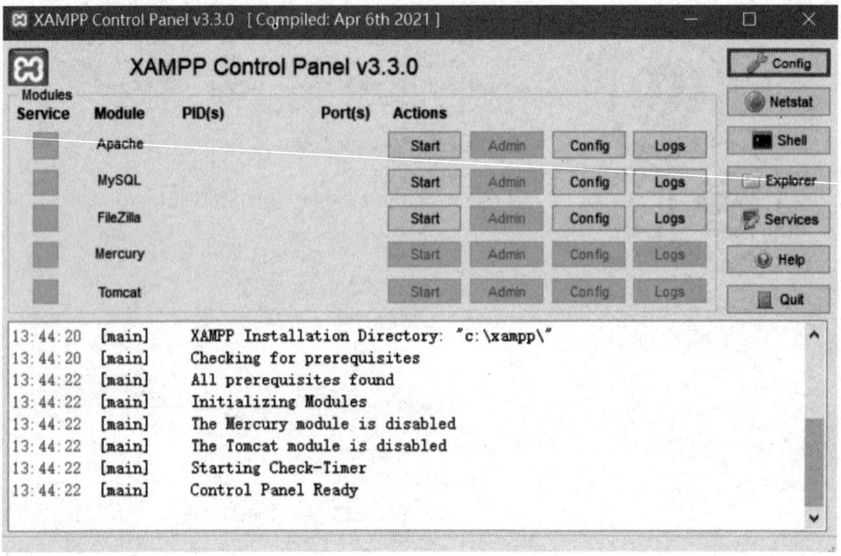

图 7－8 XAMPP 控制面板

启动 Apache 和 MySQL 各自后面的 Start 按钮，如果两个按钮都变成 Stop 或者下边没有弹出红色字体报错，那要恭喜安装成功了！

但是，对于大多数人，如果曾经安装过 SQLSERVER 或者 MySQL 或者 IIS 或者 Apache等软件，就会导致端口的复用。因此在错误窗口常看到包含 port 的红色提示信息，如图 7－9 所示，这时候就需要修改端口来解决。

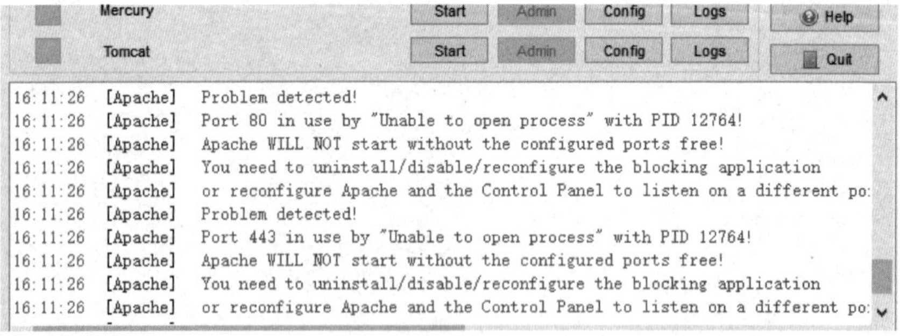

图 7－9 启动 Apache 服务器可能出现的红色报错信息

Apache 的端口默认为 80，还需要配置 SSL 的端口，其默认端口为 443；MySQL 的端口默认为 3306。

这时可以将 Apache、MySQL、SSL 的端口依次更改为 81、3366、4433，下面详细介绍如何修改配置文件来更改端口。

先配置 Apache 和 SSL。

在图 7－10 中可以很清晰地看到，Apache 的后面有一个 Config 的按钮，点击选择下面的第一个文件 Apache（httpd. conf），就是配置 Apache 端口的文件，该文件在安装路径下可以找到，如作者的在这儿：C：\ xampp \ apache \ conf \ httpd. conf。

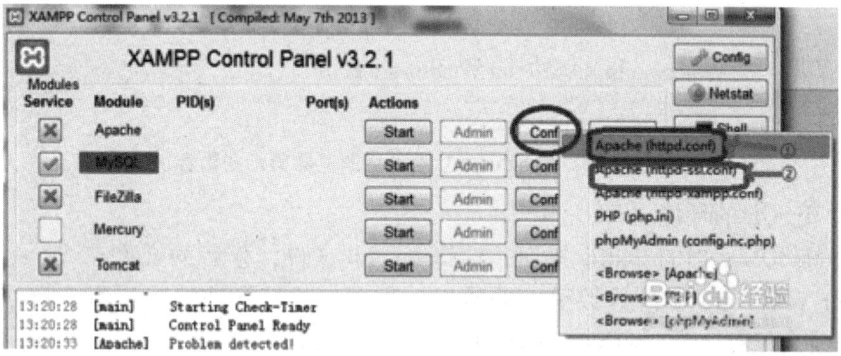

图 7－10　配置 Apache 端口的文件

打开该文件（httpd. conf），利用查找替换功能把所有 80 改为 81，修改后保存。接下来再修改 SSL，打开 Apache（httpd－ssl. conf）文件，利用查找替换功能把所有 443 改为 4433，修改后保存。然后启动 Apache，可以正常启动了（出现Apache）。详细的参数如图 7－11 所示。

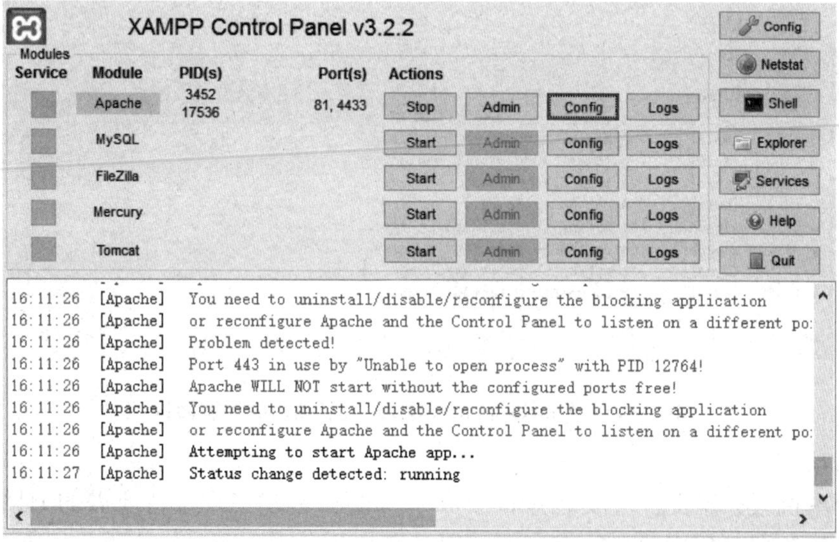

图 7－11　Apache 启动成功相应按钮显示绿色底纹

要检验 Apache 是否成功，只需要在浏览器中输入 localhost（如果端口 80 改为 81 了，就加上端口号即在浏览器中输入 localhost：81），看到如图 7－12 所示，就说明安装成功了。

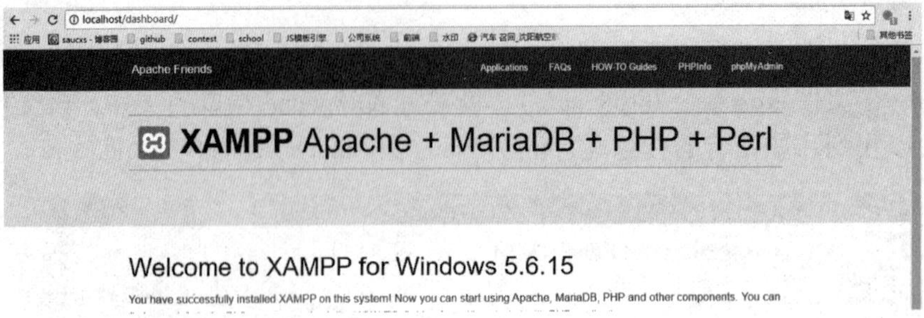

图 7－12　Apache 成功启动后浏览器显示的内容

配置 MySQL 的环境

点击 MySQL 后面的 Config 按钮，选择 my. ini 文件，作者的文件在 C：\ xampp \ mysql \ bin \ my. ini，打开修改里面的端口，利用查找替换功能将所有 3306 端口改为 3366，修改后保存。尝试启动。如果 MySQL 可以正常启动，就不需要再配置了。

Apache 和 MySQL 正常启动后的控制面板如图 7－13 所示。

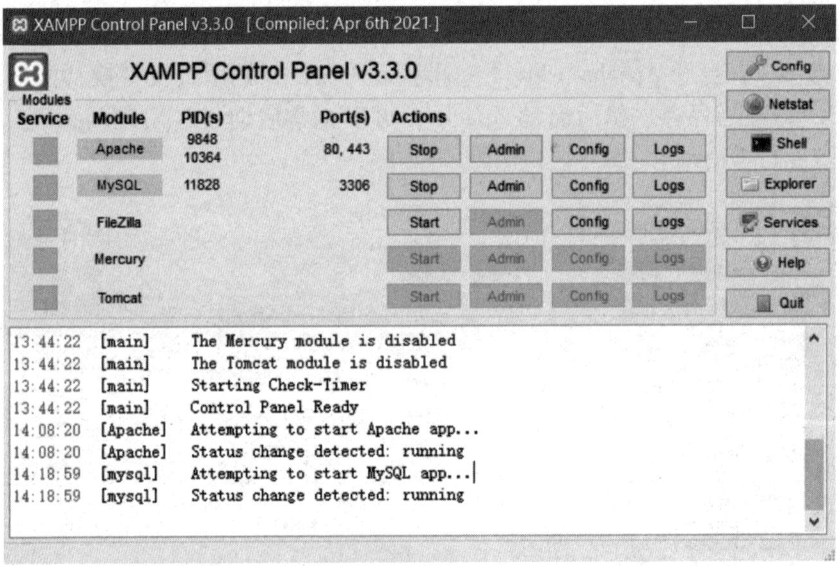

图 7－13　Apache 和 MySQL 正常启动后的控制面板

运行项目

打开本机服务器文件夹安装盘符/xampp/htdocs 创建三个项目所需的 HTML 文件、数据库 SQL 文件、PHP 文件，名字建议用英文小写，因为 htdocs 文件夹下起中文名字不利于外界访问，可能出现乱码的现象。

注意：

a. 我们自己写的文件该放在哪里才能运行呢？答案是在 xampp \ htdocs 目录下，如果存在 index. php 文件，优先执行该文件，如果不存在，则访问 localhost 将显示网站目录。

b. 当前该服务器是可以直接执行 PHP 类型的文件的。在该 xampp \ htdoc 目录下新建 a. php 文件，输入代码 <？ php echo ‘ZFC welcome you!’；？ >，打开浏览器访问 localhost/a. php。

在浏览器地址栏中输入 localhost/a. php 再运行项目，就可以看到效果了（屏幕上显示 ZFC welcome you!）。

（2）WordPress 的安装配置。

①将下载的 WordPress 压缩包 wordpress-5.8-zh_CN.zip 解压，得到一个 WordPress 文件夹。

②将 WordPress 文件夹移动到安装盘符/xampp/htdocs 下（此文件夹即 localhost），一般将 WordPress 文件夹重新命名为自己网站的名字（如 zfjj），如图 7－14 所示。

图 7－14　动态网站文件夹的存放位置

③打开 XAMPP，运行 Apache 和 MySQL，如图 7－15 所示。

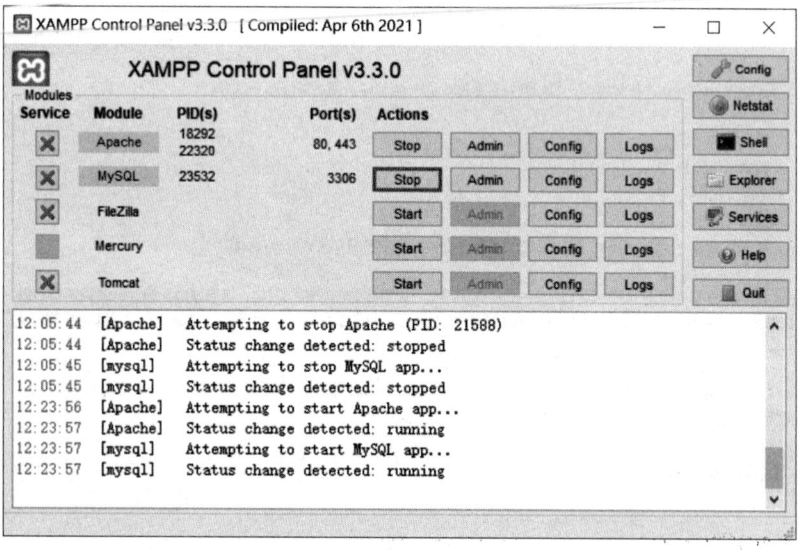

图 7－15　运行 Apache 和 MySQL

④先点击图 7－15 中 MySQL 后面的 Admin 按钮进入 phpmyadmin，新建数据库如 zfjj，如图 7－16 所示。

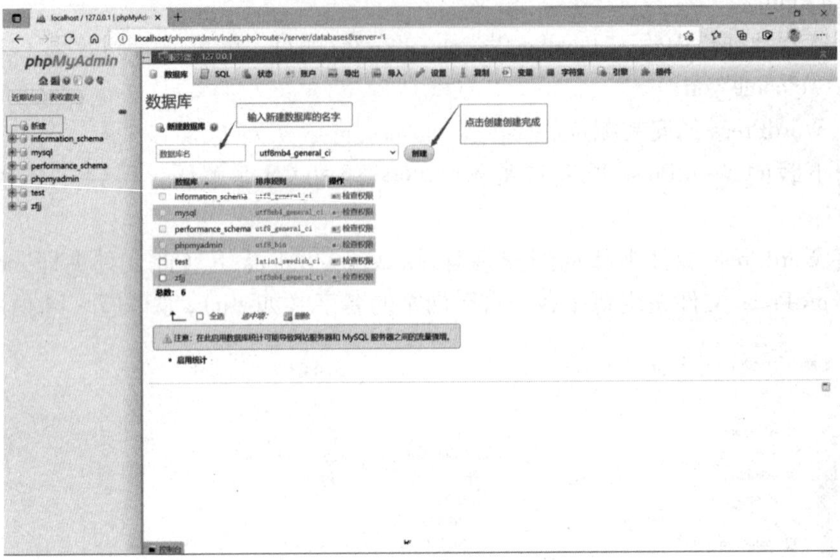

图 7－16　新建数据库 zfjj

⑤打开浏览器在地址栏输入 localhost/（WordPress 文件夹的名字）开始安装 WordPress，如图 7－17 和图 7－18 所示。

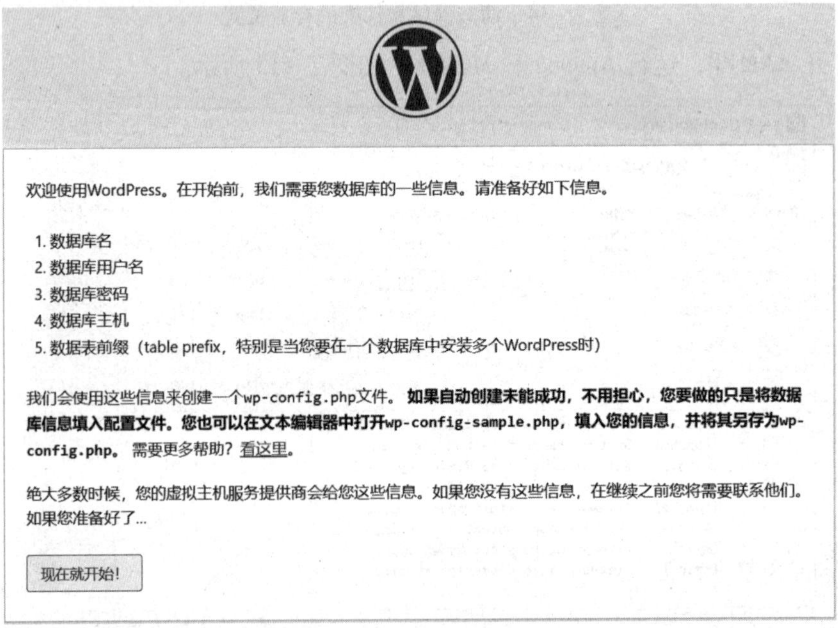

图 7－17　WordPress 安装提示界面（一）

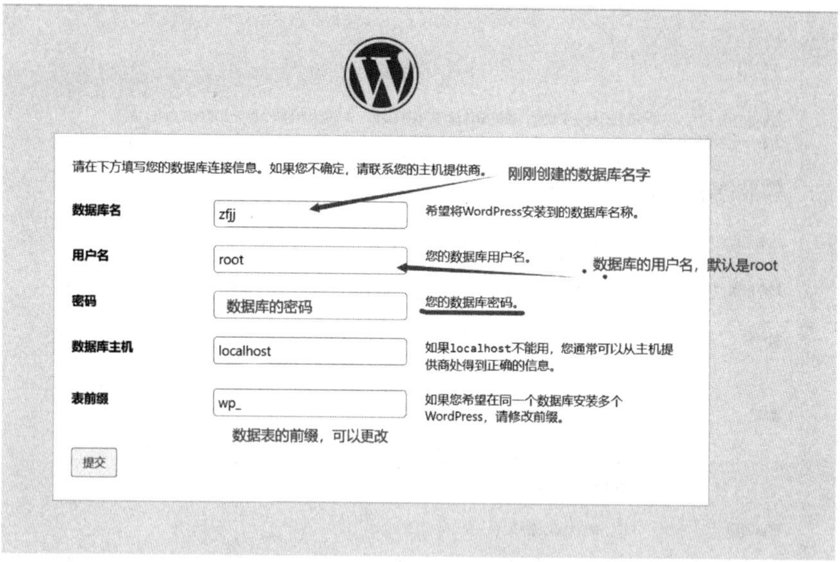

图7－18　WordPress安装提示界面（二）

单击“提交”按钮后，弹出数据库连接正确用户可以安装的提示，如图7－19所示。

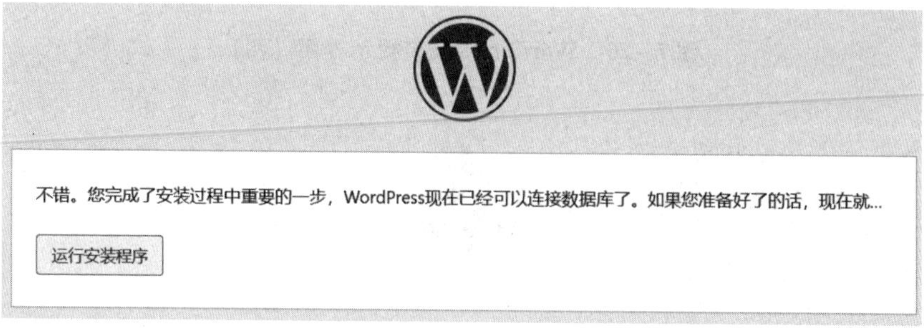

图7－19　WordPress安装提示界面（三）

单击“运行安装程序”，需要填写站点标题、用户名、密码、电子邮件，以及是否勾选“对搜索引擎的可见性”（一般选择不勾选）的内容，如图7－20所示。

⑥点击“安装WordPress”，提示安装完成，如图7－21所示。

⑦这时就可以登录到WordPress网站的管理后台，这个地址是：http：//localhost/（WordPress文件夹的名字）/wp－admin，登录成功，就表示我们的WordPress已经安装成功了，如图7－22所示。

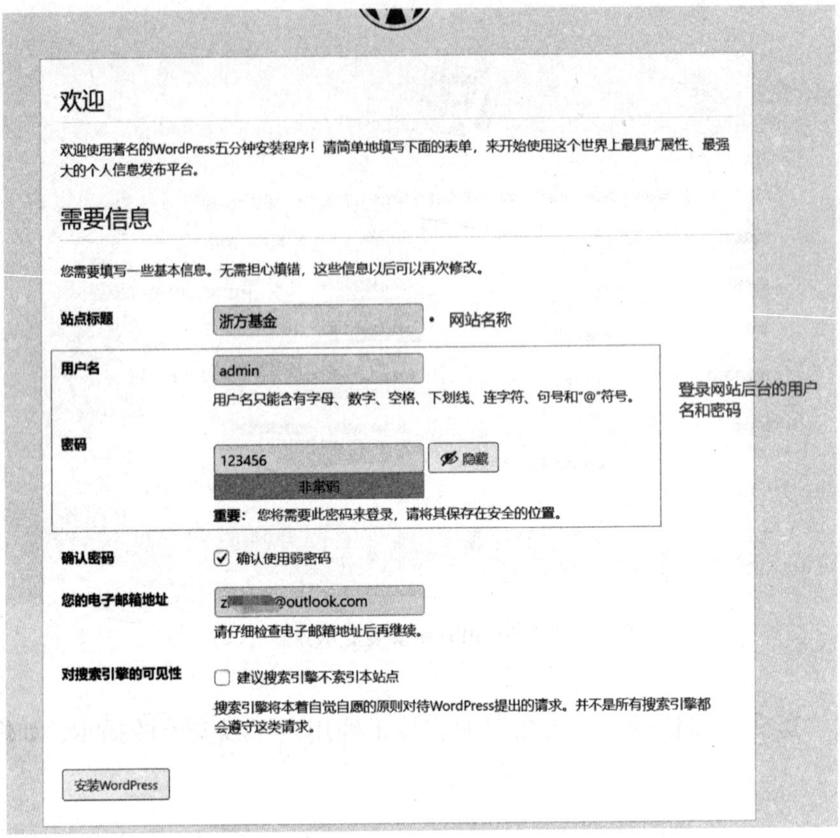

图 7 - 20　WordPress 安装提示界面（四）

图 7 - 21　WordPress 安装提示界面（五）

图 7－22　WordPress 管理后台页面

⑧浏览器地址栏输入 http：//localhost/（WordPress 文件夹的名字）/则进入网站前台页面，如图 7－23 所示。

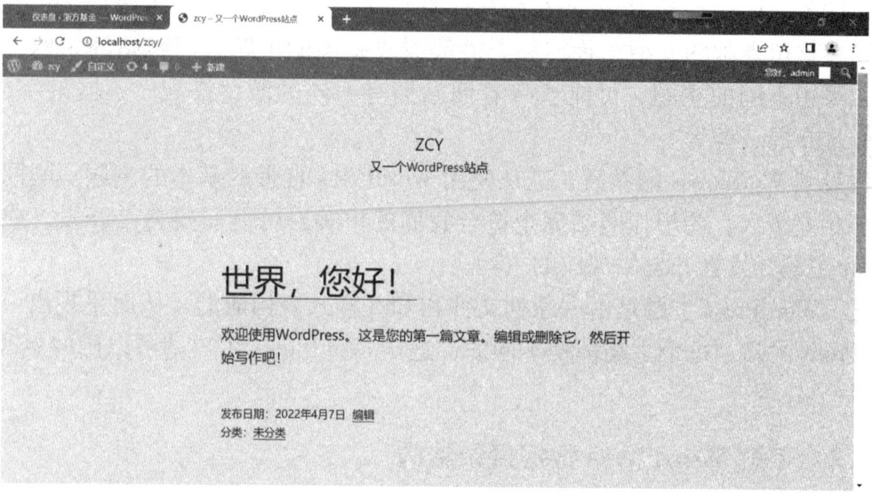

图 7－23　网站前台用户页面

需要说明两点：一是在 htdocs 目录里，可以创建无数个目录（即动态网站），也就是说可以安装无数个 WordPress，比如创建一个 snxy 的目录，那么安装地址就是http://localhost/snxy/；二是在 phpmyadmin 里，也是可以创建无数个数据库和数据库用户的，但为了不搞混，尽量每一个 WordPress 对应一个数据库和数据库用户。

7.2 任务2 认识 WordPress 主题

- **任务介绍**

采用不同的 WordPress 主题，意味着网站拥有不同的颜色搭配、不同的字体采用、不同的样式布局等。本任务就来了解 Wordpress 主题相关的数据目录结构、文件目录，学习从零开始搭建浙方基金动态网站的主题目录框架。

- **任务目标**

1. 了解什么是 WordPress 的主题；
2. 了解 Wordpress 主题数据目录结构；
3. 了解 Wordpress 主题文件目录；
4. 能够从零开始搭建浙方基金动态网站的主题目录框架。

- **任务实施**

7.2.1 了解 WordPress 主题

WordPress 的主题就是 WordPress 网站的全部外观表现（当然还有其他）。就像我们走在校园里，迎面走来一位老师，她的发型、妆容、衣着等构成了我们对这位老师的基本的印象。而这位老师不同的衣着打扮，就会给我们完全不同的印象。在这里，我们可以将这位老师的发型、妆容和衣着等看成是她的主题。而网站的主题也是同样的道理，采用不同的主题，可能意味着网站拥有不同的颜色搭配、不同的字体采用、不同的样式布局，等等。

在建设了 WordPress 网站后，默认使用 WordPress 自带的基本的主题。不同主题的样式可能相差很大，要想让网站完全符合我们的审美，可能需要自己开发，或者购买 WordPress 主题开发者开发的现成的主题。

总之，WordPress 主题是由一系列文件和 CSS 样式表构成的，从而呈现出一个漂亮的 WordPress 网站。每个主题都是不同的，这样 WordPress 用户就可以随时更改 WordPress 网站的外观。

7.2.2 了解 WordPress 数据目录结构

（1）WordPress 本地路径（如浙方基金网站目录 zfjj）是在 xampp/htdocs 这个目录下的，如图 7－24 所示。

（2）WordPress 的本地目录（如 zfjj）如图 7－25 所示。

（3）常用目录 wp_ content 如图 7－26 所示。

（4）数据库 zfjj 中 WordPress 自带的各数据表（见图 7－27）的作用。

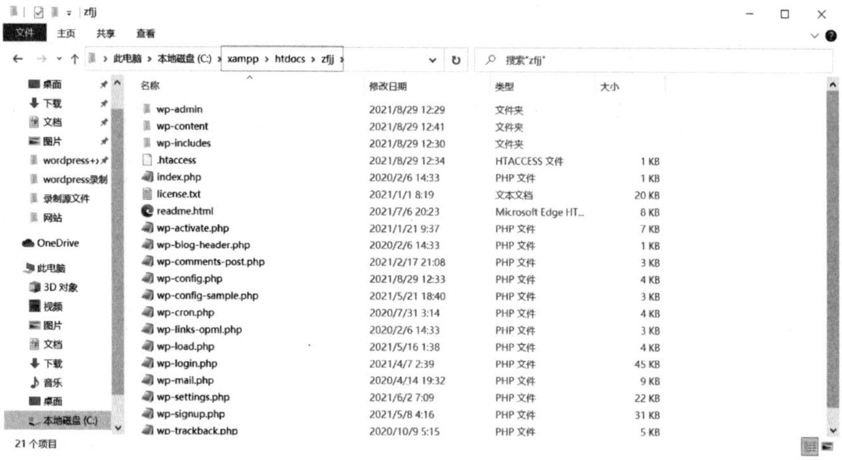

图 7-24　WordPress 本地路径

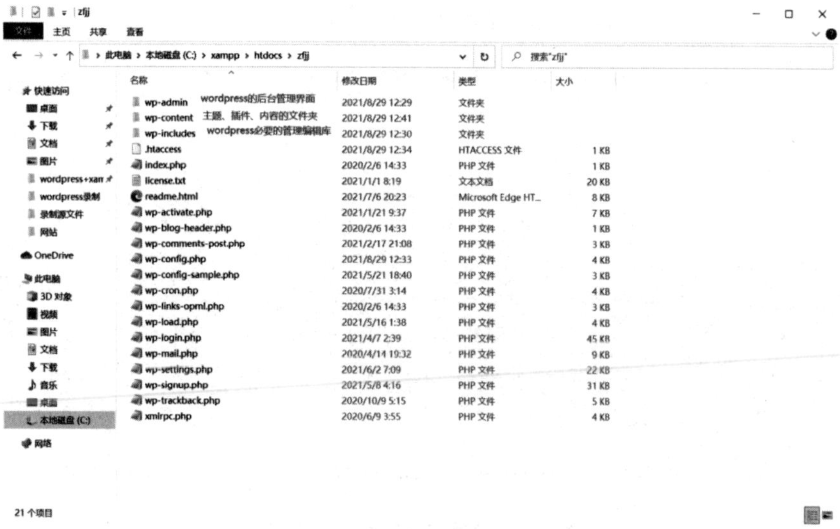

图 7-25　WordPress 的本地目录（如 zfjj）组成

wp_ commentmeta：用于保存评论的元信息（meta），在将评论放入回收站等操作时会将数据放入此表，Akismet 等插件也会生成此表的数据。

wp_ comments：用于保存评论信息的表。

wp_ links：用于保存用户输入到 WordPress 中的链接（通过 Link Manager）的表。

wp_ options：用于保存 WordPress 相关设置、参数的表，里面包括了大量的重要信息。

wp_ postmeta：用于保存文章的元信息的表。

wp_ posts：用于保存所有的文章相关信息的表，非常重要。一般它存储的数据是最多的。

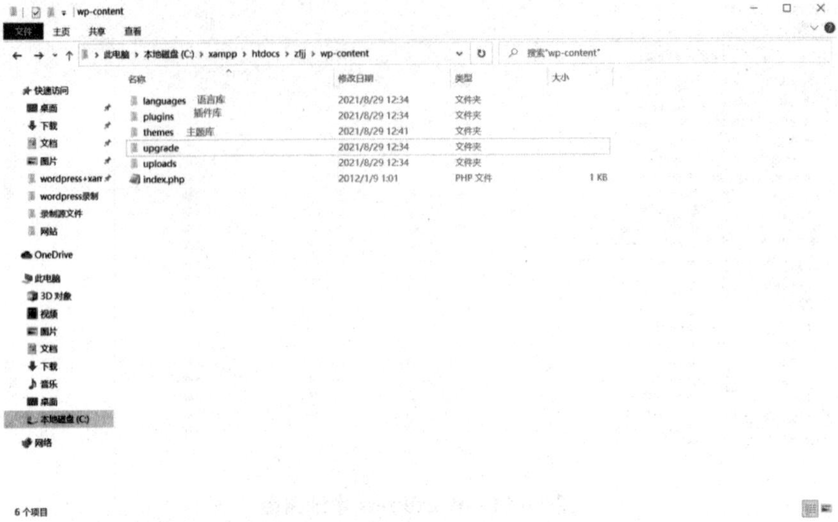

图 7-26　常用目录 wp_ content 组成

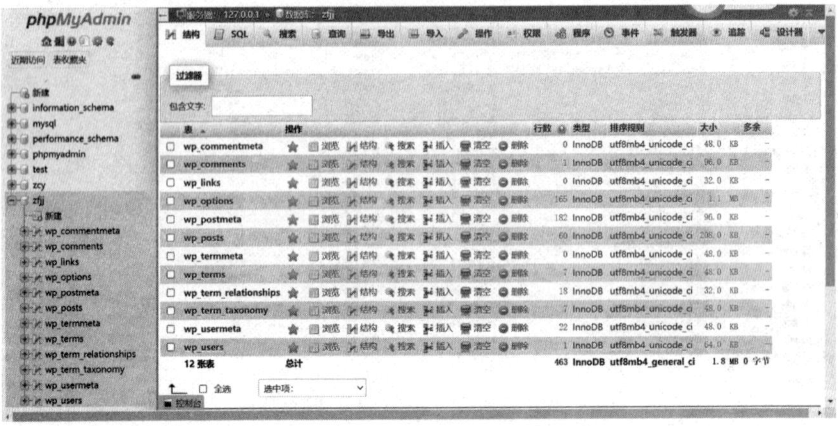

图 7-27　数据库 zfjj 中的各数据表

wp_ terms：文章和链接分类以及文章的 tag 分类可以在表里找到。

wp_ term_ relationships：日志和 wp_ terms 中的类别与标签联合起来共同存储在 wp_ terms_ relationships 表中。类别相关链接也存储在 wp_ terms_ relationships 中。

wp_ term_ taxonomy：该表格对 wp_ terms 表中的条目分类（类别、链接以及标签）进行说明。

wp_ usermeta ：用于保存用户元信息的表。

wp_ users：用于保存 WordPress 使用者的相关信息的表。

meta_ id：自增唯一 ID。

comment_ id：对应评论 ID。

meta_ key：键名。

meta_ value：键值。

7.2.3　了解 WordPress 主题文件目录

（1）主题文件存放目录。xampp/htdocs/zfjj（WordPress 文件夹）/wp - content/thems，如图 7 - 28 和图 7 - 29 所示。

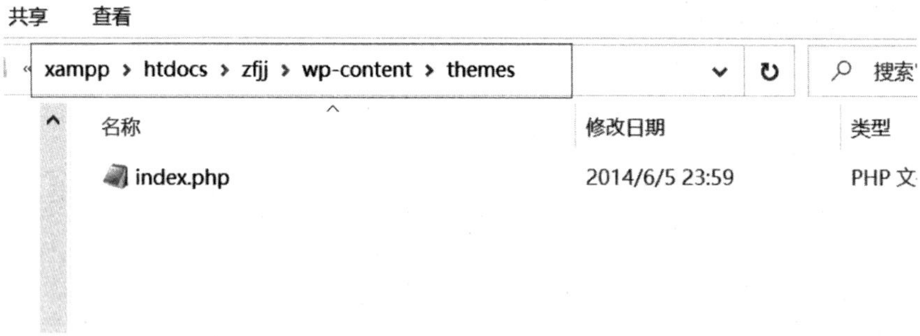

图 7 - 28　主题文件存放目录

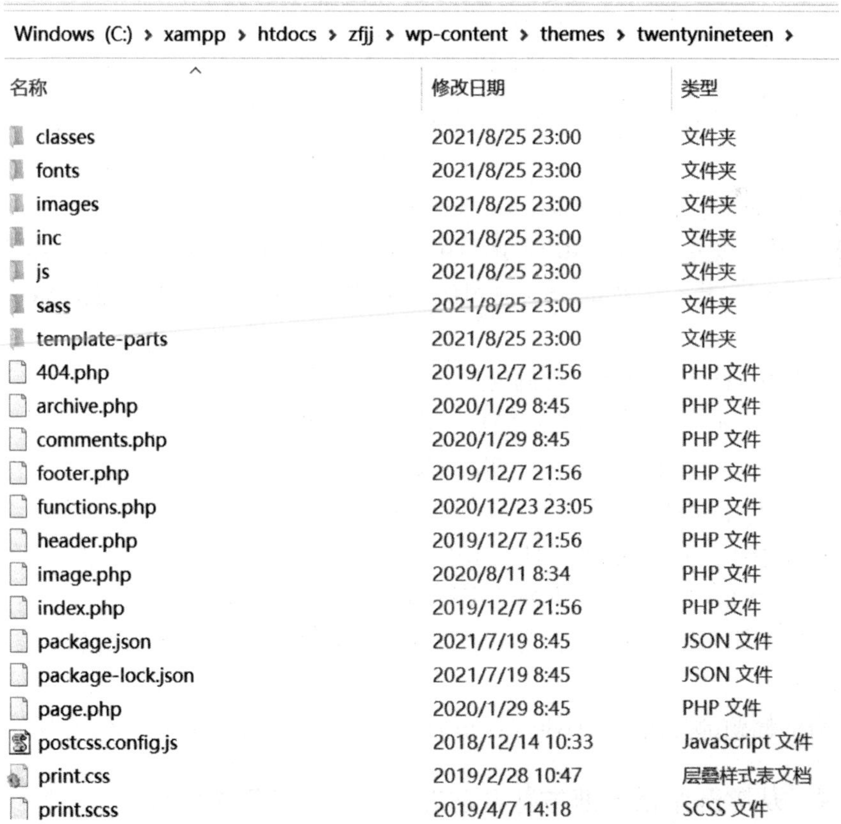

图 7 - 29　WordPress 安装后自带的主题（twentynineteen 文件夹）

（2）主题主要文件讲解。

第 1 个：404. php。当找不到被访问的页面时使用该页面展示，也就是所谓的错误页面。

第 2 个：archive. php。文档默认归档页面，用于显示文章列表。

第 3 个：comments. php。评论模板文件，用户显示评论框和评论列表。

第 4 个：footer. php。主题公用底部文件，页脚。

第 5 个：functions. php。主题核心函数文件，用于实现各种功能。

第 6 个：header. php。主题公用头部文件，通俗点就是页眉。

第 7 个：image. php。主题图片展示文件，用于显示图片。

第 8 个：index. php。默认首页文件，系统默认文件，当找不到其他页面文件时默认也使用该文件展示（必须有）。

第 9 个：page. php。默认页面文件，用于展示页面。

第 10 个：readme. txt。一般不用，用于说明主题。

第 11 个：screenshot. png。主题封面图片，后台主题列表显示的封面。

第 12 个：search. php。默认搜索结果展示页面。

第 13 个：sidebar. php。默认侧边栏文件。

第 14 个：single. php。默认文章内容页展示页面。

第 15 个：style. css。默认文章样式表文件，包含主题基本信息（必须有）。

（3）Style. css。

Theme Name（*）：主题名称。

Theme URI：公共网页的 URL，用户可以在其中找到有关该主题的更多信息。

Author（*）：开发主题的个人或组织的名称。建议使用主题作者的 wordpress. org 用户名。

Author URI：创作个人或组织的网址。

Description（*）：简短描述的主题。

Version（*）：该版本以 X. X 或 X. X. X 格式编写。

License（*）：主题的协议。

License URI（*）：主题许可证的 URL。

Text Domain（*）：用于文本域的字符串用于翻译。

Tags：允许用户使用标签过滤器查找主题的单词或短语。标签的完整列表在“主题评论手册”中。

在所需的标题部分之后，style. css 可以包含常规 CSS 文件中的任何内容。

7.2.4 从零开始搭建浙方基金动态网站的主题目录框架

（1）在 Windows（C：）> xampp > htdocs > zfjj > wp－content > themes 创建 zfjj 主题目录，如图 7－30 所示。

图 7－30　zfjj 主题目录

这时 themes 目录下有 4 个主题目录（twentynineteen、twentytwenty、twentytwenty-one、zfjj）。

（2）在 google 浏览器中输入 http：//localhost/zfjj/wp－admin/登录网站后台（一般用户名和密码都是 admin），如图 7－31 所示。

图 7－31　登录界面

在后台选择"外观" > "主题"启用"浙方基金"主题，左下角提示主题 zfjj 已经安装但不完整，显示如图 7－32 所示。

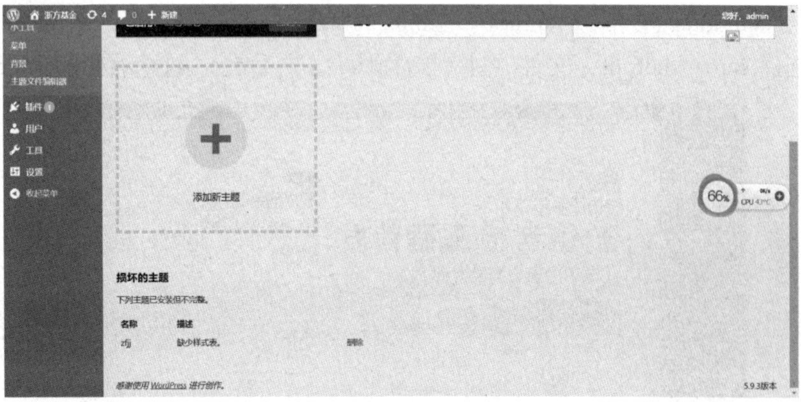

图 7－32　后台提示损坏的主题 zfjj

（3）在 Windows（C：）> xampp > htdocs > zfjj > wp－content > themes > zfjj 主题目录下创建第 1 个文件 style. css［默认文章样式表文件，包含主题基本信息（必须有）］并输入以下代码。

```
/*
Theme Name:浙方基金
Author:章和平、张佳怡、施克泳、张楚怡
Description: 金融工程专业
Requires PHP: 5.2.4
Version: 1.0
*/
```

（4）在主题目录下创建第 2 个文件 index. php［默认首页文件，系统默认文件，当找不到其他页面文件时默认也使用该文件展示（必须有）］，并输入以下代码：

```
<? php echo "浙方基金网站首页"; ? >
```

（5）在网站后台选择“外观”>“主题”启用“浙方基金”主题，显示如图 7－33 所示。

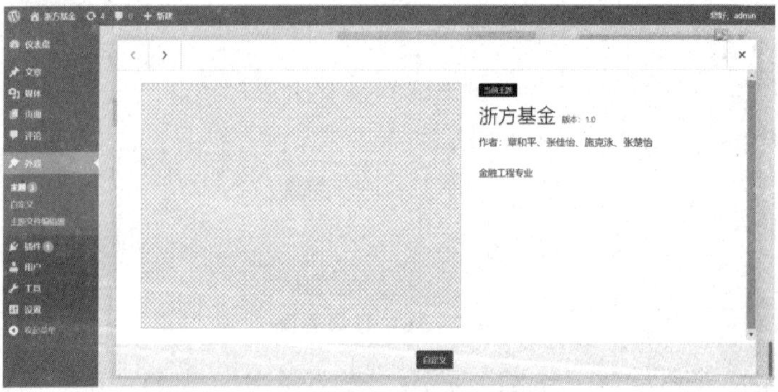

图 7－33　主题外观界面（一）

（6）在 Windows（C：）> xampp > htdocs > zfjj > wp－content > themes > zfjj 主题目录下创建 screenshot. png 文件（主题封面图片），后台主题显示如图 7－34 所示。

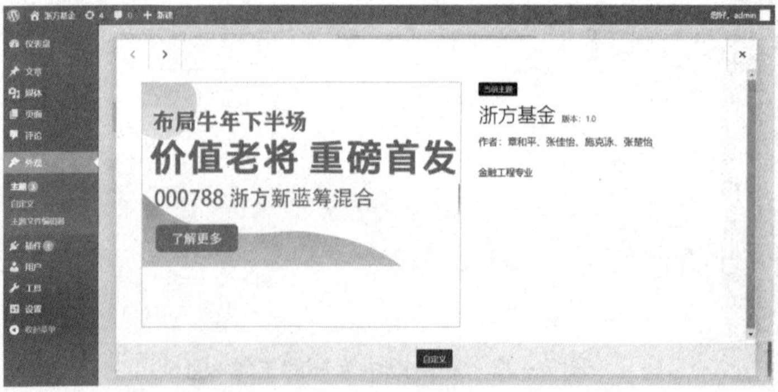

图 7－34　主题外观界面（二）

（7）在览器地址栏输入 http：//localhost/zfjj/打开网站首页可以看到“浙方基金网站首页”，如图 7－35 所示。

图 7－35　浙方基金网站首页测试

（8）制作网站统一的头部文件 header. php，并在首页 index. php 中引用。

在浙方基金的主题文件夹 Windows（C：）＞xampp＞htdocs＞zfjj＞wp－content＞themes＞zfjj 下创建 header. php 文件，如图 7－36 所示。

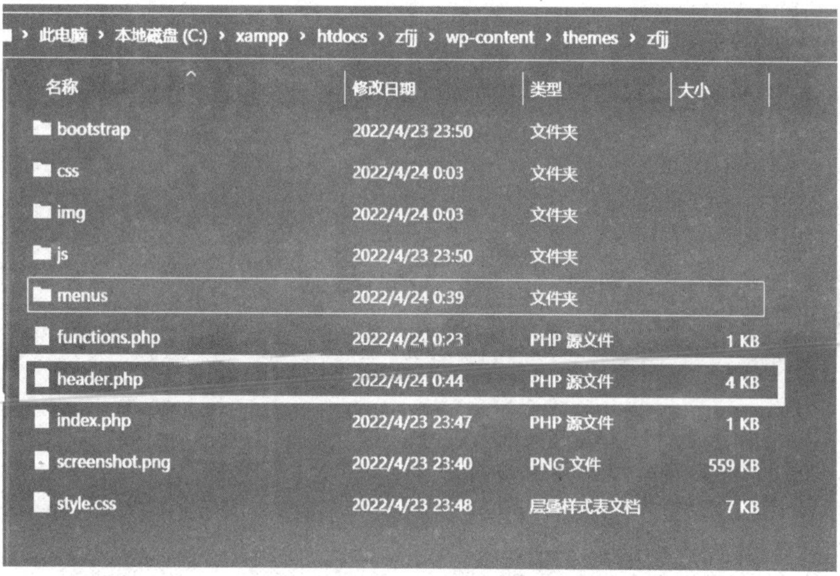

图 7－36　在浙方基金的主题文件夹下创建 header. php 文件

从静态网站中把 bootstrap、css、img、js 等资源文件夹复制到 Windows（C：）＞ xampp ＞ htdocs ＞ zfjj ＞ wp－content ＞ themes ＞ zfjj 主题文件夹目录。

使用文本编辑器 VS Code 打开浙方基金主题所在目录，并把静态网站首页 index. html中的网页头部内容相关代码（head＋头部＋JS 等引用代码）复制到 header. php 文件中。

```
<! doctype html >
<html lang ="zh -CN" >
```

```
    <head>
        <meta charset="utf-8">
        <meta http-equiv="X-UA-Compatible" content="IE=edge">
        <meta name="viewport" content="width=device-width, initial-scale=1">
        <!--上述3个meta标签*必须*放在最前面,任何其他内容都*必须*跟随其后!-->
        <title>浙方基金</title>

        <!--引用bootstrap的样式文件bootstrap.min.css-->
        <link rel="stylesheet" type="text/css" href="bootstrap/css/bootstrap.min.css"/>
        <!--引用网站的通用样式文件style.css-->
        <link rel="stylesheet" type="text/css" href="css/style.css">
<!--引用网站首页的样式文件index.css-->
        <link rel="stylesheet" type="text/css" href="css/index.css"/>
<!--给网站首页添加图标文件icon.png-->
        <link rel="shortcut icon" type="images/x-icon" href="img/icon.png">
    </head>
    <body>
        <!--头部 开始-->
        <header id="index_header">
            <!--上部分-->
            <!--响应式工具详见
https://v3.bootcss.com/css/#responsive-utilities-->
            <div class="top-bar hidden-sm hidden-xs text-center">
                <!--流式布局容器
                将最外面的布局元素.container修改为.container-fluid,就可以将固定宽度的栅格布局转换为100% 宽度的布局。-->
                <div class="con container">
                    <ul class="top-bar-left">
                        <li><a href="#">个人登录</a></li>
                        <li><a href="#">个人开户</a></li>
                        <li><a href="#">机构登录</a></li>
                        <li><a href="#">机构开户</a></li>
                    </ul>
                    <ul class="top-bar-right">
```

```
                    <li><a href="#">服务号</a></li>
                    <li><a href="#">App 下载</a></li>
                </ul>
            </div>

        </div>
        <!-- 中部分 -->
        <div class="top-mid hidden-xs">
            <div class="container">
                <div class="top-mid-box">
                    <div class="top-mid-1">
                        <img src="img/big_logo.png" id="logo">
                    </div>

                    <div class="top-mid-2 hidden-md hidden-sm">
                        <span class="main-color">客服电话:
400-671-459</span>
                    </div>
                    <!-- 查询栏 -->
                    <div class="top-mid-3 pull-right hidden-sm">
                        <form class="navbar-form navbar-left"
role="search">
                            <div class="form-group">
                                <input type="text" class="form-
control search-box" placeholder="基金名称/代码/经理" name="s"
                                    id="s">
                            </div>
                            <button type="submit" class="btn btn-
default">
                                <img src="img/search.gif">
                            </button>
                        </form>
                    </div>
                </div>
            </div>
        </div>

        <!-- 下部分 -->
        <nav class="navbar navbar-default navbar-static-top
index-navbar">
            <div class="container index-navbar-box">
```

```
                    <!-- Brand and toggle get grouped for better mo-
bile display -->
                    <div class="navbar-header">
                        <!-- 汉堡/三层/三线 按钮 -->
                        <button type="button" class="navbar-toggle
collapsed" data-toggle="collapse"
                            data-target="#index-nav" aria-expanded
="false">
                            <span class="sr-only">Toggle navigation
</span>
                            <span class="icon-bar"></span>
                            <span class="icon-bar"></span>
                            <span class="icon-bar"></span>
                        </button>
                        <a class="navbar-brand hidden-lg hidden-md
hidden-sm" href="#">
                            <img src="img/logo.png">
                            <span>浙方基金</span>
                        </a>
                    </div>

                    <!-- Collect the nav links, forms, and other con-
tent for toggling -->
                    <div class="collapse navbar-collapse" id="index
-nav">
                        <ul class="nav navbar-nav">
                            <li class="active"><a href="index.html">
首页<span class="sr-only">(current)</span></a></li>
                            <li><a href="#">浙方宝+</a></li>
                            <li><a href="product.html">基金产品</a>
</li>
                            <li><a href="service.html">尊享理财</a>
</li>
                            <li><a href="course.html">理财课堂</a>
</li>
                            <li><a href="forum.html">基民论坛</a>
</li>
                            <li><a href="about.html">关于浙方</a>
</li>
                        </ul>
                    </div><!-- /.navbar-collapse -->
```

```
                </div><! --/.container-fluid -->
            </nav>
        </header>
        <! -- 头部 结束 -->

        <! -- 加载 Bootstrap 的 jQuery 文件 jquery.min.js,Bootstrap 的所有 JavaScript 插件都依赖 jQuery,所以必须放在前边) -->
        <script src="bootstrap/js/jquery.min.js" type="text/javascript" charset="utf-8"></script>
        <! -- 加载 Bootstrap 的所有 JavaScript 插件 bootstrap.min.js -->
        <script src="bootstrap/js/bootstrap.min.js" type="text/javascript" charset="utf-8"></script>
        <! -- 加载 网站首页的 js 文件 index.js -->
        <script src="js/index.js" type="text/javascript" charset="utf-8"></script>
```

修改头部 header. php 中 css、img、js、jquery 等文件路径为绝对路径（见表 7－1）。

表 7－1　部分类型文件路径

序号	修改前路径及文件名	修改后路径及文件名
1	bootstrap/css/bootstrap. min. css	<? php echo get_ template_ directory_ uri ( ); ? >/bootstrap/css/bootstrap. min. css
2	css/style. css	<? php echo get_ template_ directory_ uri ( ); ? >/css/style. css
3	css/index. css	<? php echo get_ template_ directory_ uri ( ); ? >/css/index. css
4	img/icon. png	<? php echo get_ template_ directory_ uri ( ); ? >/img/icon. png
5	img/big_ logo. png	<? php echo get_ template_ directory_ uri ( );? >/img/big_ logo. png
6	bootstrap/js/jquery. min. js	<? php echo get_ template_ directory_ uri ( ); ? >/bootstrap/js/jquery. min. js
7	bootstrap/js/bootstrap. min. js	<? php echo get_ template_ directory_ uri ( );? >/bootstrap/js/bootstrap. min. js
8	js/index. js	<? php echo get_ template_ directory_ uri ( ); ? >/js/index. js

就是在所有引用路径前加<? php echo get_ template_ directory_ uri ( ); ? >变为绝对路径。

为了便于理解可以修改简化文件引用路径，即在 Windows（C:）> xampp > htdocs > zfjj > wp content > themes > zfjj 主题目录下创建 functions. php 自己重新定义下文件引用路径，如图 7－37 所示。

这样在 header. php 中 css、js、img、jQuery 等的所有引用路径可以用<? php echo get_ zfjj_ uri ( ); ? >代替原来的<? php echo get_ template_ directory_ uri ( ); ? >，结果 header. php 中的部分路径如图 7－38 所示。

```
functions.php
<?php
// 定义获取网站路径

function get_zfjj_uri()
{
    echo get_template_directory_uri();
}

?>
```

图 7-37　在 functions. php 中自己重新定义下返回的路径

```
header.php
<!doctype html>
<html lang="zh-CN">
    <head>
        <meta charset="utf-8">
        <meta http-equiv="X-UA-Compatible" content="IE=edge">
        <meta name="viewport" content="width=device-width, initial-scale=1">
        <!-- 上述3个meta标签*必须*放在最前面，任何其他内容都*必须*跟随其后！ -->
        <title>浙方基金</title>

        <!-- 引用bootstrap的样式文件bootstrap.min.css -->
        <link rel="stylesheet" type="text/css" href="<?php echo get_zfjj_uri(); ?>/bootstrap/css/bootstrap.
        <!-- 引用网站的通用样式文件style.css -->
        <link rel="stylesheet" type="text/css" href="<?php echo get_zfjj_uri(); ?>/css/style.css">
        <!-- 引用网站首页的样式文件index.css -->
        <link rel="stylesheet" type="text/css" href="<?php echo get_zfjj_uri(); ?>/css/index.css" />
        <!--给网站首页添加图标文件icon.png -->
        <link rel="shortcut icon" type="images/x-icon" href="<?php echo get_zfjj_uri(); ?>/img/icon.png">
    </head>
```

图 7-38　使用自己重新定义下返回的路径

在首页 index. php 中使用以下语句引用 header. php：

```
<? php include ("header.php"); ? >
```

这时刷新网站首页发现网站统一的头部已经有了，显示如图 7-39 所示。

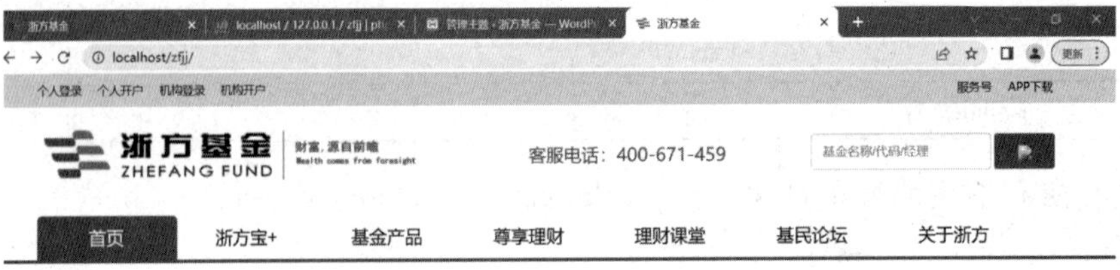

图 7-39　网站统一的头部

（9）制作网站统一的底部文件 footer. php，并在首页 index. php 中引用。

创建底部文件 footer. php

在 Windows（C：）> xampp > htdocs > zfjj > wp-content > themes > zfjj 主题目录下创建 footer. php，并从静态网站首页 index. html 中拷贝如下代码（底部 + body 结束标

签等代码)：

```
<! - - 底部 开始 - - >
    <footer id = "index_footer" >
        <div class = "f1 container" >
            <div class = "top1 row" >
                <div class = "l1 col -md -1 col -xs -12" >
                    <img src = "img/footer - logo. png" / >
                </div >
                <div class = "col -md -11 col -xs -12 row" >
                    <div class = "col -lg -2 col -md -2 col -xs -1" >
                    </div >
                    <div class = "l2 col -lg -2 col -md -2 col -xs -2" >
                        <a href = "#" >基金产品 </a >
                        <div class = "lb" >
                            <a href = "#" >基金超市 <br / > </a >
                            <a href = "#" >智能定投 <br / > </a >
                            <a href = "#" >养老专区 </a >
                        </div >
                    </div >
                    <div class = "l3 col -lg -2 col -md -2 col -xs -2" >
                        <a href = "#" >尊享理财 </a >
                        <div class = "lb" >
                            <a href = "#" >专户产品 <br / > </a >
                            <a href = "#" >定制理财 <br / > </a >
                            <a href = "#" >尊享服务 </a >
                        </div >
                    </div >
                    <div class = "l3 col -lg -2 col -md -2 col -xs -2" >
                        <a href = "#" >理财课堂 </a >
                        <div class = "lb" >
                            <a href = "#" >网络视频 <br / > </a >
                            <a href = "#" >理财电台 <br / > </a >
                            <a href = "#" >资讯热点 </a >
                        </div >
                    </div >
                    <div class = "l3 col -lg -2 col -md -2 col -xs -2" >
                        <a href = "#" >基民论坛 </a >
                        <div class = "lb" >
                            <a href = "#" >基民论坛 </a >
                        </div >
```

```
                </div>
                <div class="l4 col-lg-2 col-md-2 col-xs-2">
                    <a href="#">关于浙方</a>
                    <div class="lb">
                        <a href="#">公司简介<br /></a>
                        <a href="#">加入浙方<br /></a>
                        <a href="#">联系我们</a>
                    </div>
                </div>
            </div>
        </div>
        <div class="copyright hidden-sm hidden-xs">
            <div class="copyright-1">
                <a href="#">风险提示函</a>
                <span>|</span>
                <a href="#">投资者教育</a>
                <span>|</span>
                <a href="#">反洗钱</a>
                <span>|</span>
                <a href="#">基金业务规则</a>
                <span>|</span>
                <a href="#">隐私与安全</a>
            </div>
            <div class="copyright-2">
                浙方基金管理有限公司 版权所有
                &copy;
                All Rights Reserved. [ICP 备案登记证编号: 浙 ICP 备
1345456309 号] 本网站支持 IPv6
            </div>
            <div class="copyright-3">
                传真:0571-82763889 交易传真:0571-12345069 地址:杭州市
钱塘区学源街118 号浙江金融职业学院 邮编:311100
            </div>
            <div class="copyright-4">
                客服热线:400-671-459 客服邮箱: services@zffunds.com
            </div>
        </div>
    </div>
</footer>
<!-- 底部 结束 -->
</body>
</html>
```

修改底部 footer. php 中各图片文件路径，如以下 LOGO 见表 7 – 2。

表 7 – 2　　底部 footer. php 中 LOGO 图片文件路径

序号	修改前路径及文件名	修改后路径及文件名
1	img/footer – logo. png	<? php echo get_ template_ directory_ uri ( ); ? >/img/footer – logo. png

就是在所有引用路径前加 <? php echo get_ template_ directory_ uri ( ); ? >变为绝对路径。

因为已经在 Windows (C:) > xampp > htdocs > zfjj > wp – content > themes > zfjj 主题目录下创建了 functions. php，并用代码简化了路径，这样在 footer. php 就可以用 <? php echo get_ zfjj_ uri ( ); ? >代替 <? php echo get_ template_ directory_ uri ( ); ? >，从而更加方便简洁也更加易于理解。

在首页 index. php 中引用 footer. php 的代码：

```
<? php include ("footer.php"); ? >
```

这时刷新网站首页发现网站统一的头部和底部都已经有了，显示如图 7 – 40 所示。

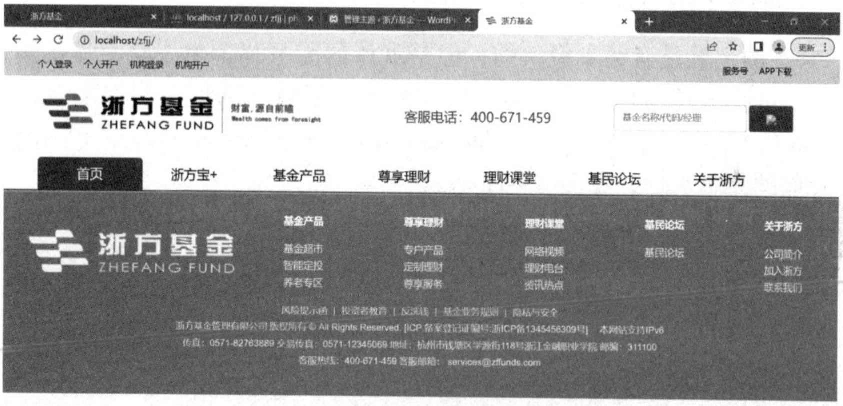

图 7 – 40　首页网站统一的头部和底部

到此只要在网页中引用 header. php 和 footer. php 文件，即可展示网站统一的头部和底部内容了，但是仍然是静态的，接下来将实现菜单的动态加载。

7.3　任务 3　实现网站统一头部的动态效果

从本任务开始就要逐步实现浙方基金网站的动态效果。一个网站最先进入我们眼球的肯定是网页的头部，在 WordPress 中网站统一的头部文件一般是 header. php。因为 WordPress 是使用 PHP 语言和 MySQL 数据库开发的，在实现网站的动态效果过程中经常会使用 PHP 语言和 MySQL 数据库，所以我们选择具有开发环境功能的文本编辑器 Visual Studio Code（简称 "VS Code"）。这是一个由微软开发，同时支持 Windows、

Linux 和 macOS 等操作系统的免费代码编辑器，它支持测试，并内置了 Git 版本控制功能，同时也具有开发环境功能，例如代码补全、代码片段和代码重构等。该编辑器支持用户个性化配置，例如改变主题颜色、键盘快捷方式等各种属性和参数，同时还在编辑器中内置了扩展程序管理的功能。

- **任务介绍**

网站的导航在网站中是重中之重，用户能否正常地浏览网站和导航有着重要的关系。然而在网站中每个页面都有导航栏，如果每个网页都单独做一个头部那么网站就会有很多冗余代码，所以需要制作一个统一的头部文件（包含网站中每个页面都要用到的头部代码），从而减少网站的代码冗余、提高工作效率、加快网站的响应速度。

- **任务目标**

1. 制作统一的头部文件 header. php；
2. 通过 WordPress 把 header. php 加载到浙方基金网站；
3. 在页面中展示动态的导航栏、顶部菜单等。

- **任务实施**

7.3.1 实现网站导航栏的动态效果

WordPress 的主题是有菜单模块的，但是默认情况下菜单模块是不显示的，需要通过 functions. php 注册后菜单模块才会显示。为了方便后期维护在浙方基金的主题目录下新建 menus 文件夹（c：\ xampp \ htdocs \ zfjj \ wp – content \ themes \ zfjj \ menus）用于存放我们的菜单文件，如图 7 – 41 所示。

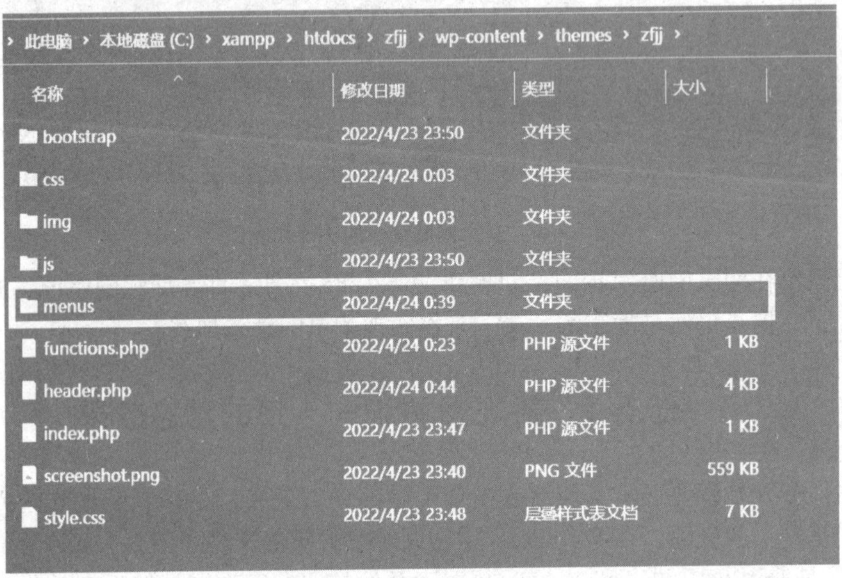

图 7 – 41　menus 文件夹

（1）在 functions. php 中注册菜单位置，代码如下：

```
// 注册菜单位置
if(function_exists('register_nav_menus')){
    register_nav_menus(
        array(
            'main_menu' => __('导航自定义菜单'),
            'top_left_menu' => __('顶部左边菜单'),
            'top_right_menu' => __('顶部右边菜单')
        )
    );
}
```

此时登录网站后台查看浙方基金主题看到已经有菜单模块了，如图 7－42 所示。

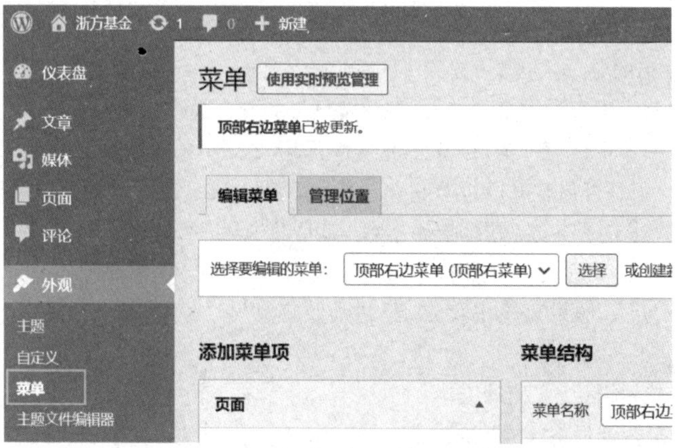

图 7－42　浙方基金主题已经有菜单模块

（2）在 WordPress 后台浙方基金主题中创建导航菜单并保存，如图 7－43 所示。

图 7－43　导航菜单

（3）在 Windows（C：） > xampp > htdocs > zfjj > wp－content > themes > zfjj >

menus 中新建导航菜单文件 main_ menu. php，输入如下代码：

```
<? php
wp_nav_menu(
    array(
        'theme_location' => 'main_menu',
        // main_menu 就是 functions.php 中的导航菜单
        'container_class' => 'collapse navbar-collapse',
        'container_id'    => 'index-nav',
        'menu_class'      => 'nav navbar-nav',
    )
);
// 函数用于输出菜单,具体参数如下:
//  $args
//  menu - 要输出的菜单。接受(按顺序匹配)id,slug,name,菜单对象。
//  menu_class - 用于形成菜单的 ul 元素的 CSS 类。默认'menu'
//  menu_id - 用于形成菜单的 ul 元素的 ID,默认是菜单的 slug
//  container - 是否包装 ul,以及它包装什么。默认'div',即用 div 将菜单包起来
//  container_class - 应用于容器的类。默认'menu-{menu slug}-container'。
//  container_id - 应用于容器的 ID。
//  fallback_cb - 如果菜单不存在,回调函数将触发。默认为'wp_page_menu'。设置为
false,不退回。
//  before - 在链接标记之前的文本
//  after - 链接标记后的文本
//  link_before - 链接文本之前的文本
//  link_after - 链接文本之后的文本
//  echo - 是否回显菜单或返回。默认值为 true,即直接输出
//  depth - 要包含多少级别的层次结构。0 表示全部。默认值 0
//  walker - 一个自定义 walker 类的实例,即提供了对输出菜单函数的重写
//  theme_location - 要使用的主题位置。必须使用 register_nav_menu()注册才能由
用户选择。
//  items_wrap - 列表项应如何包装。默认是一个具有 id 和类的 ul。使用带编号占位符的
printf()格式。
//  item_spacing - 是否在菜单的 HTML 中保留空格。接受“preserve”或“discard”。默
认'preserve'。即保留
? >
```

（4）在头部文件 header. php 中用 <? php include （ ‘menus/main_ menu. php’）；？ > 引用菜单文件语句代替以下代码（只需要注释这部分代码即可）。

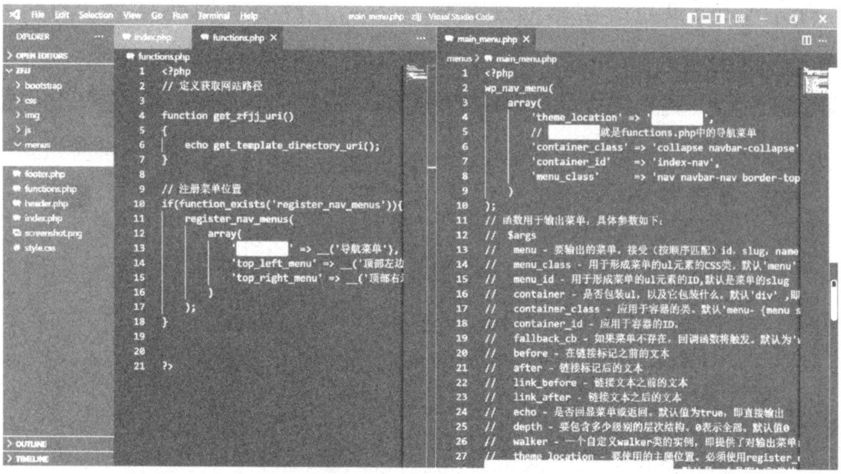

图 7 – 44　main_ menu. php 和 functions. php 两个文件中的导航菜单对应

```
<! -- Collect the nav links, forms, and other content for toggling -->
<! --<div class="collapse navbar-collapse" id="index-nav">
            <ul class="nav navbar-nav">
                <li class="active"><a href="index.html">首页
<span class="sr-only">(current)</span></a></li>
                <li><a href="#">浙方宝+</a></li>
                <li><a href="product.html">基金产品</a></li>
                <li><a href="service.html">尊享理财</a></li>
                <li><a href="course.html">理财课堂</a></li>
                <li><a href="forum.html">基民论坛</a></li>
                <li><a href="about.html">关于浙方</a></li>
            </ul>
        </div> /.navbar-collapse -->
```

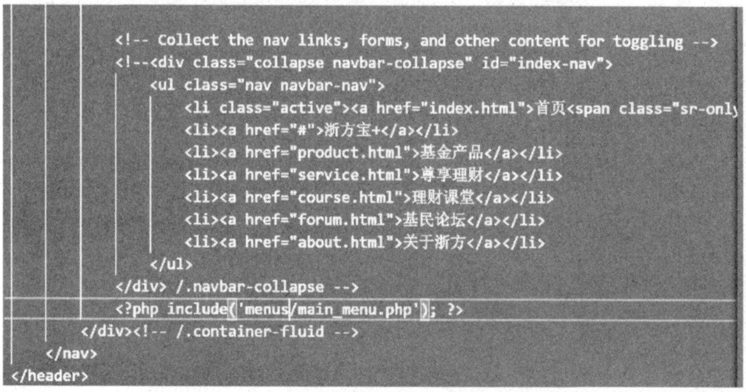

图 7 – 45　注释的代码及引用菜单文件语句

（5）刷新网站首页显示动态的导航栏（为了和静态导航栏区分，首页后面加了11），如图 7－46 所示。

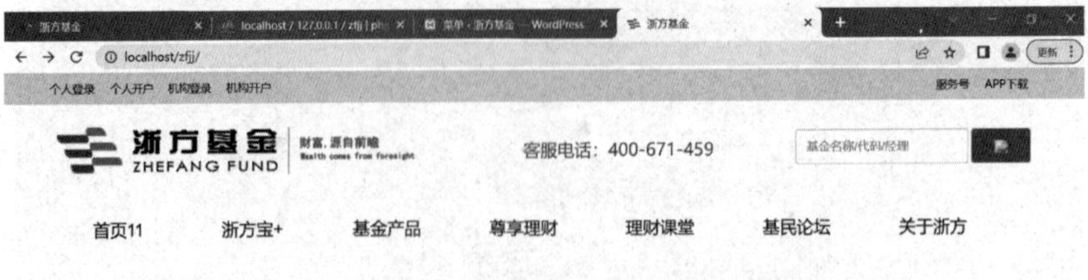

图 7－46　网站首页显示动态的导航栏

7.3.2　实现网站顶部左边菜单的动态效果

（1）在 functions. php 中注册菜单位置，代码同导航栏。

（2）在 WordPress 后台浙方基金主题中创建顶部左边菜单并保存，如图 7－47 和图 7－48所示。

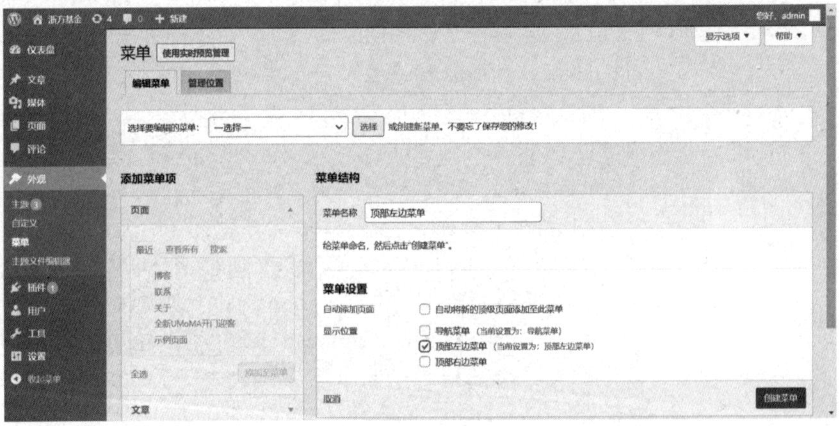

图 7－47　创建顶部左边菜单

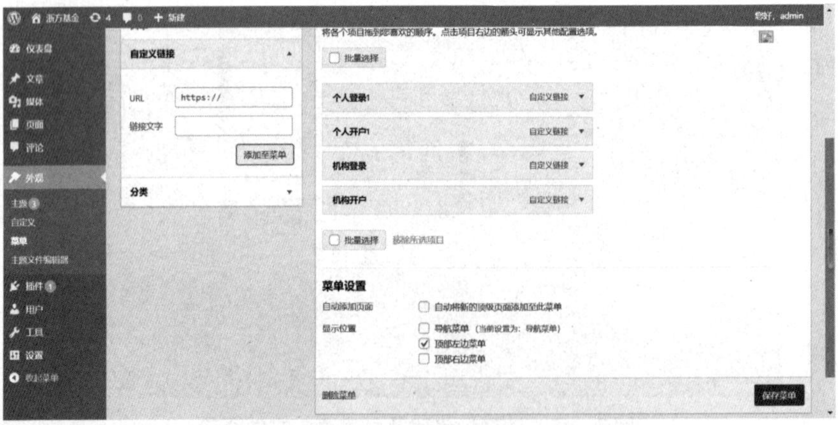

图 7－48　创建顶部左边菜单子项

（3）在 Windows（C:）> xampp > htdocs > zfjj > wp - content > themes > zfjj > menus 中新建顶部左边菜单文件 top_ left_ menu. php，输入如下代码：

```
<? php
wp_nav_menu(
    array(
        'theme_location' => 'top_left_menu',
        // top_left_menu 就是 functions.php 中的顶部左边菜单
        'menu_class'     => 'top-bar-left',
    )
);
// 函数用于输出菜单,具体参数如下:
//   $args
//   menu - 要输出的菜单。接受(按顺序匹配)id,slug,name,菜单对象。
//   menu_class - 用于形成菜单的 ul 元素的 CSS 类。默认'menu'
//   menu_id - 用于形成菜单的 ul 元素的 ID,默认是菜单的 slug
//   container - 是否包装 ul,以及它包装什么。默认'div',即用 div 将菜单包起来
//   container_class - 应用于容器的类。默认'menu-{menu slug}-container'。
//   container_id - 应用于容器的 ID。
//   fallback_cb - 如果菜单不存在,回调函数将触发。默认为'wp_page_menu'。设置为
false,不退回。
//   before - 在链接标记之前的文本
//   after - 链接标记后的文本
//   link_before - 链接文本之前的文本
//   link_after - 链接文本之后的文本
//   echo - 是否回显菜单或返回。默认值为 true,即直接输出
//   depth - 要包含多少级别的层次结构。0 表示全部。默认值 0
//   walker - 一个自定义 walker 类的实例,即提供了对输出菜单函数的重写
//   theme_location - 要使用的主题位置。必须使用 register_nav_menu()注册才能由
用户选择。
//   items_wrap - 列表项应如何包装。默认是一个具有 id 和类的 ul。使用带编号占位符的
printf()格式。
//   item_spacing - 是否在菜单的 HTML 中保留空格。接受"preserve"或"discard"。默
认'preserve'。即保留
? >
```

（4）在头部文件 header. php 中用 <? php include（'menus/top_ left_ menu. php'）;? > 引用菜单文件语句代替以下代码（只需要注释这部分代码即可）：

图 7-49　top_ left_ menu. php 和 functions. php 两个文件中的顶部左边菜单对应

```
<! -- <ul class="top-bar-left">
        <li><a href="#">个人登录</a></li>
        <li><a href="#">个人开户</a></li>
        <li><a href="#">机构登录</a></li>
        <li><a href="#">机构开户</a></li>
    </ul> -->
```

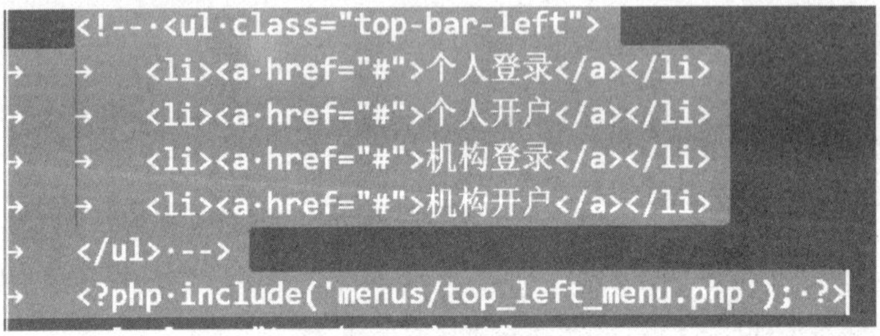

图 7-50　注释的代码及引用顶部左边菜单文件语句

（5）刷新网站首页显示动态的顶部左边菜单（为了和静态顶部左边菜单区分，个人登录、个人开户后面加了 1），如图 7-51 所示。

图 7-51　网站首页显示动态的顶部左边菜单

7.3.3 实现网站顶部右边菜单的动态效果

（1）在 functions. php 中注册顶部右边菜单位置，代码同导航栏。

（2）在 Wordpress 后台浙方基金主题中创建顶部右边菜单并保存，如图 7-52 所示。

图 7-52 创建顶部右边菜单子项

（3）在 Windows（C:）> xampp > htdocs > zfjj > wp-content > themes > zfjj > menus 中新建顶部右边菜单文件 top_ right_ menu. php，输入如下代码：

```
<? php
wp_nav_menu(
    array(
        'theme_location' => 'top_right_menu',
        // top_right_menu 就是 functions.php 中的顶部左边菜单
        'menu_class'      => 'top-bar-right',
    )
);
// 函数用于输出菜单,具体参数如下:
//  $args
//  menu - 要输出的菜单。接受(按顺序匹配)id,slug,name,菜单对象。
//  menu_class - 用于形成菜单的 ul 元素的 CSS 类。默认'menu'
//  menu_id - 用于形成菜单的 ul 元素的 ID,默认是菜单的 slug
//  container - 是否包装 ul,以及它包装什么。默认'div',即用 div 将菜单包起来
//  container_class - 应用于容器的类。默认'menu-{menu slug}-container'。
//  container_id - 应用于容器的 ID。
//  fallback_cb - 如果菜单不存在,回调函数将触发。默认为'wp_page_menu'。设置为
false,不退回。
```

```
//   before - 在链接标记之前的文本
//   after - 链接标记后的文本
//   link_before - 链接文本之前的文本
//   link_after - 链接文本之后的文本
//   echo - 是否回显菜单或返回。默认值为 true,即直接输出
//   depth - 要包含多少级别的层次结构。0 表示全部。默认值 0
//   walker - 一个自定义 walker 类的实例,即提供了对输出菜单函数的重写
//   theme_location - 要使用的主题位置。必须使用 register_nav_menu()注册才能由
用户选择。
//   items_wrap - 列表项应如何包装。默认是一个具有 id 和类的 ul。使用带编号占位符的
printf()格式。
//   item_spacing - 是否在菜单的 HTML 中保留空格。接受"preserve"或"discard"。默
认'preserve'。即保留
? >
```

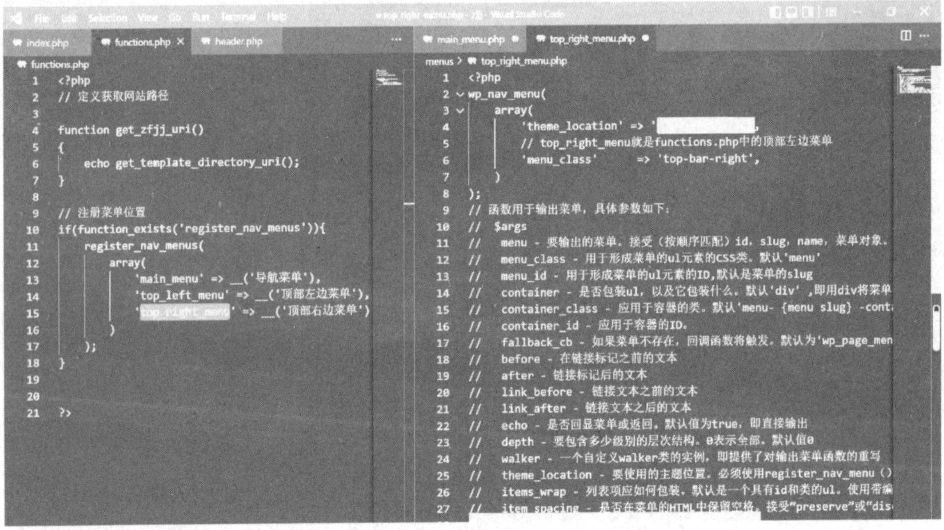

图 7-53　top_ right_ menu. php 和 functions. php 两个文件中的顶部右边菜单对应

（4）在头部文件 header. php 中用 <? php include（'menus/top_right_menu. php'）; ? > 引用菜单文件语句代替以下代码（只需要注释这部分代码即可）：

```
<! -- <ul class="top-bar-right">
        <li><a href="#">服务号</a></li>
        <li><a href="#">APP 下载</a></li>
    </ul> -->
```

（5）刷新网站首页显示动态的顶部右边菜单（为了和静态顶部右边菜单区分，服务号、App 下载后面加了 1），如图 7-55 所示。

```
<!-- <ul class="top-bar-right">
    <li><a href="#">服务号</a></li>
    <li><a href="#">APP下载</a></li>
</ul> -->
<?php include('menus/top_right_menu.php'); ?>
```

图 7－54　注释的代码及引用顶部右边菜单文件语句

图 7－55　网站首页显示动态的顶部右边菜单

7.4　任务 4　实现网站统一底部的动态效果

本任务要实现浙方基金网站统一底部的动态效果。一个网站的底部代表着网站的权威可信（包括公司名称地址等联系信息、政府相关部门备案及认证信息）、便捷（底部导航、其他快捷入口）、合理拓展信息（广告位、友情链接、服务理念特色等）。

- **任务介绍**

网站的底部会有网站的权威信息和便捷的导航以及网站的备案信息，此任务会用到任务 3 中实现网站统一头部的动态效果中所用到的 menu 组件和在 functions. php 中定义的网站路径。

- **任务目标**

1. 制作统一的底部文件 footer. php；
2. 通过 WordPress 把 footer. php 加载到浙方基金网站；
3. 在页面中展示动态的网站底部等。

- **任务实施**

7.4.1　创建底部文件

在 C：\ xampp \ htdocs \ zfjj \ wp－content \ themes \ zfjj 中创建 footer. php 文件，作为网站统一的底部文件。

7.4.2　复制代码

将响应式静态网站首页 index. html 中的如下底部 HTML 代码复制到 footer. php 文件中：

```
<!-- 底部 开始 -->
<footer id="index_footer">
  <div class="f1 container">
        <div class="top1 row">
            <div class="l1 col-md-1 col-xs-12">
                  <img src="img/footer-logo.png" />
            </div>
            <div class="col-md-11 col-xs-12 row">
                  <div class="col-lg-2 col-md-2 col-xs-1">
                  </div>
                  <div class="l2 col-lg-2 col-md-2 col-xs-2">
                        <a href="#">基金产品</a>
                        <div class="lb">
                              <a href="#">基金超市<br /></a>
                              <a href="#">智能定投<br /></a>
                              <a href="#">养老专区</a>
                        </div>
                  </div>
                  <div class="l3 col-lg-2 col-md-2 col-xs-2">
                        <a href="#">尊享理财</a>
                        <div class="lb">
                              <a href="#">专户产品<br /></a>
                              <a href="#">定制理财<br /></a>
                              <a href="#">尊享服务</a>
                        </div>
                  </div>
                  <div class="l3 col-lg-2 col-md-2 col-xs-2">
                        <a href="#">理财课堂</a>
                        <div class="lb">
                              <a href="#">网络视频<br /></a>
                              <a href="#">理财电台<br /></a>
                              <a href="#">资讯热点</a>
                        </div>
                  </div>
                  <div class="l3 col-lg-2 col-md-2 col-xs-2">
                        <a href="#">基民论坛</a>
                        <div class="lb">
                              <a href="#">基民论坛</a>
                        </div>
                  </div>
                  <div class="l4 col-lg-2 col-md-2 col-xs-2">
```

```
            <a href="#">关于浙方</a>
            <div class="lb">
                <a href="#">公司简介<br /></a>
                <a href="#">加入浙方<br /></a>
                <a href="#">联系我们</a>
            </div>
        </div>
        </div>
    </div>
    <div class="copyright hidden-sm hidden-xs">
        <div class="copyright-1">
            <a href="#">风险提示函</a>
            <span>|</span>
            <a href="#">投资者教育</a>
            <span>|</span>
            <a href="#">反洗钱</a>
            <span>|</span>
            <a href="#">基金业务规则</a>
            <span>|</span>
            <a href="#">隐私与安全</a>
        </div>
        <div class="copyright-2">
            浙方基金管理有限公司 版权所有
            &copy;
            All Rights Reserved. [ICP 备案登记证编号:浙 ICP 备
1345456309 号] 本网站支持 IPv6
        </div>
        <div class="copyright-3">
            传真:0571-82763889 交易传真:0571-12345069 地址:杭州市钱
塘区学源街 118 号浙江金融职业学院 邮编:311100
        </div>
        <div class="copyright-4">
            客服热线:400-671-459 客服邮箱:services@zffunds.com
        </div>
    </div>
  </div>
<!-- 底部 结束 -->
```

7.4.3 生成绝对路径

将代码中涉及路径的属性都添加到我们在 functions. php 中定义的路径，即在路径前面添加 <? php get_ zfjj_ uri ( ); ? >变成绝对路径，示例代码如下：

```
<! - - 底部 logo - - >
<div id ="foot_img_logo" >
    <img id ="footer - logo" src ="<? php get_zfjj_uri(); ? >/img/index
_100.png" alt ="网站 logo" >
</div >
```

7.4.4 实现 footer. php 的动态菜单加载

（1）在 functions. php 中添加底部菜单的注册，代码如下：

```
//注册菜单
register_nav_menus( array(
    'main_menu' = > '主菜单',
    'top_left_menu' = > '顶部左菜单',
    'top_right_menu' = > '顶部右菜单',
    'footer_menu' = > '底部导航菜单',
) );
```

（2）在 C：\ xampp \ htdocs \ zfjj \ wp – content \ themes \ zfjj \ menu 中新建 foot_ menu. php 文件用于定义底部菜单的样式，代码如下：

```
<? php
wp_nav_menu(
  array(
      'theme_location' = > 'footer_menu',
      'container_class' = > 'footer_menu',
      'container_id' = > 'footer_menu',
      'menu_class' = > 'footer_menu_ul',
      'items_wrap' = > '<ul id ="foot_menus" class ="% 2 $s" >% 3 $s </ul >',
  )
);
? >
```

（3）在 WordPress 后台新建网站的底部菜单，在创建菜单的时候要注意二级菜单的位置缩进，如图 7 – 56 所示。

（4）在 footer. php 中用 <? php include (‘menu/foot_ menu. php’); ? >替换掉原本静态的菜单，代码如下：

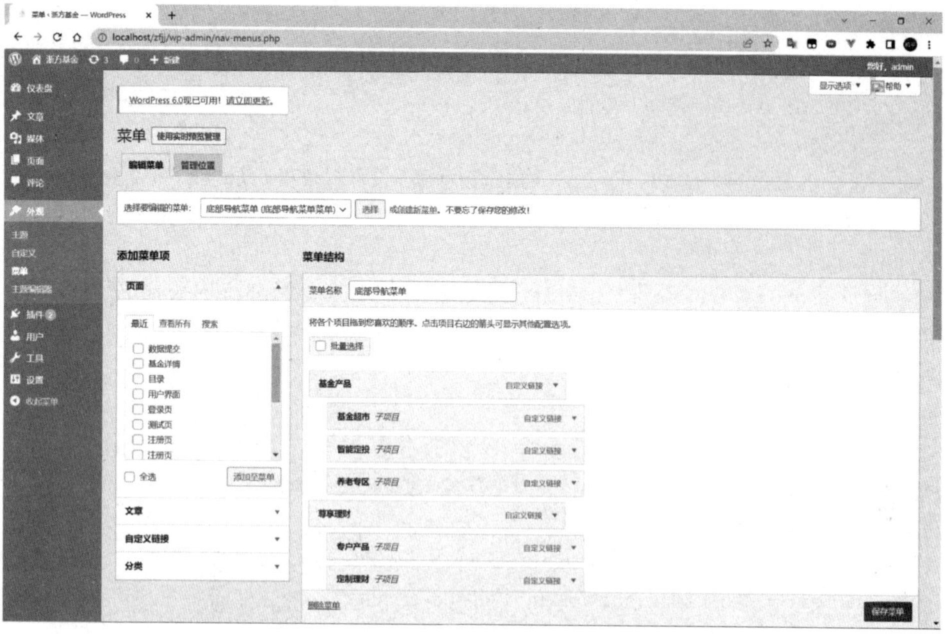

图 7－56　在 WordPress 中创建底部导航菜单

```
<!--底部导航-->
<div id="foot_menu_div">
    <?php include('menu/foot_menu.php'); ?>
</div>
```

（5）版权申明区域是长期不需要改动的，直接保留静态代码就可以了。footer.php 变成动态加载的代码展示如下：

```
<!--底部 开始-->
<div id="footer">
<div class="container height_100">
<!--底部 logo-->
<div id="foot_img_logo">
    <img id="footer-logo" src="<?php get_zfjj_uri(); ?>/img/index
_100.png" alt="网站 logo">
</div>

<!--底部导航-->
<div id="foot_menu_div">
    <?php include('menu/foot_menu.php'); ?>
```

```
</div>

<!-- 底部版权申明 -->
<div id="foot_images">
    <div id="foot_images_in">
        <p class="hidden-xs">风险提示函|投资者教育|反洗钱|基金业务规则|隐私
与安全</p>
        <p>
            <font class="hidden-xs">浙方基金管理有限公司 版权所有 All
Rights Reserved.</font><font>[ICP   备案登记证编号:浙 ICP 备 1345456309
号]  本网站支持 IPv6</font>
            <br>
            <font class="hidden-xs">传真:060-12345158 交易传真:020-
12345069 地址:杭州市钱塘区学源街 118 号浙江金融职业学院 邮编:311100</font>
            <br>
            <font class="hidden-xs">客服热线:95105828 或 020-83936999
客服邮箱: services@ zffunds.com.cn</font>
        </p>
    </div>
</div>

</div>
</div>
<!-- 底部 结束 -->
```

7.5 任务5 实现网站的备份及还原

本任务要实现浙方基金动态网站的备份及还原。在网站的建设过程中要及时地备份网站项目文件以及数据库，以备网站发生意外或者崩溃后可以利用备份文件即时还原，当项目最后上线后也是需要将完整的网站资源备份到服务器上。

- **任务介绍**

在网站的建设和维护过程中经常需要备份网站资源到服务器中，本次任务中，就是要了解如何备份动态网站。

- **任务目标**

1. 备份网站数据库；
2. 备份 WordPress 的网站资源；
3. 还原网站。

• 任务实施

7.5.1　备份数据库

（1）在浏览器的地址栏输入 http：//localhost/phpmyadmin/进入 MySQL 管理界面 phpmyadmin，如图 7－57 所示。

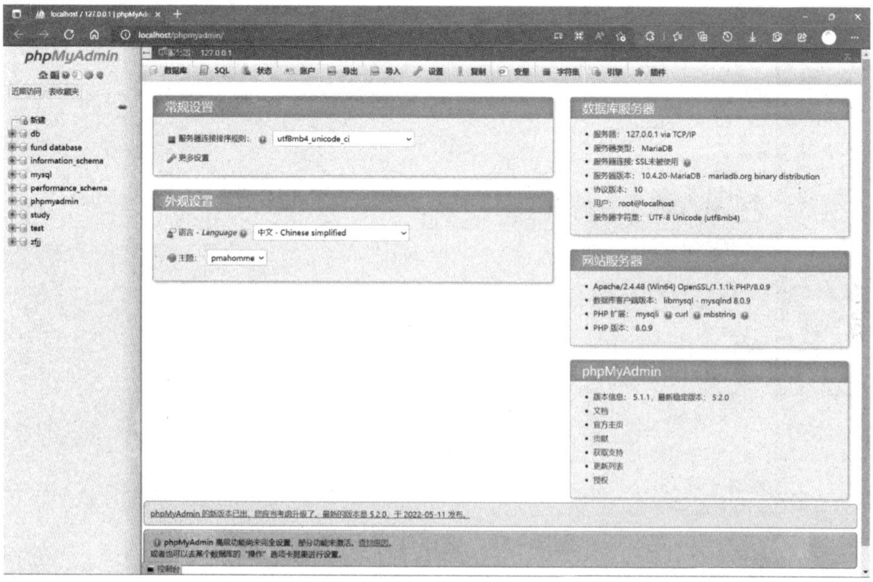

图 7－57　phpmyadmin 界面

（2）确保当前位置在服务器 127. 0. 0. 1 下才是以数据库为单位进行的导出，如图 7－58标记处所示。

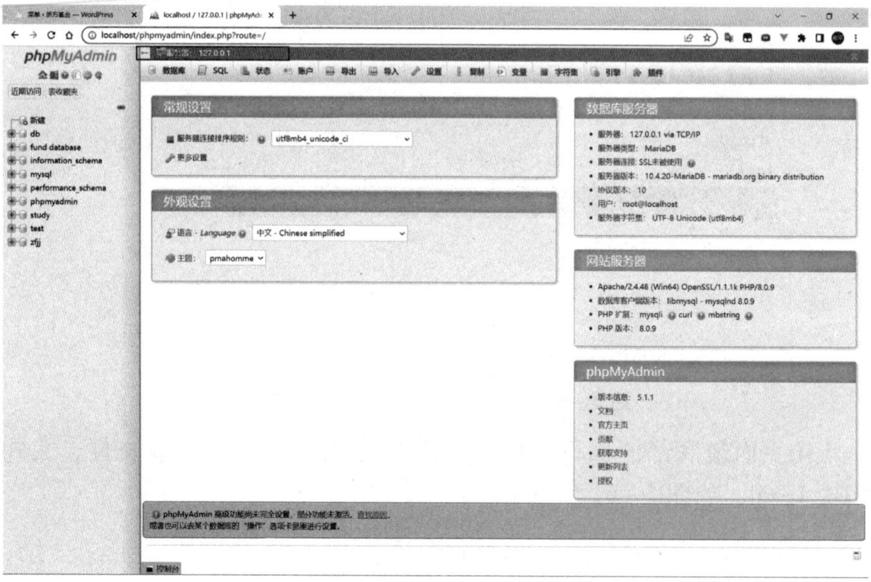

图 7－58　页面路径显示只有服务器 127. 0. 0. 1

（3）点击菜单栏的导出按钮，在新的界面选择自定义，页面截图如图 7－59 所示。

图 7－59　数据库导出界面

（4）在‘数据库’选择这一栏目中，只选择 zfjj，其余栏目默认即可，选择效果如图 7－60 所示。

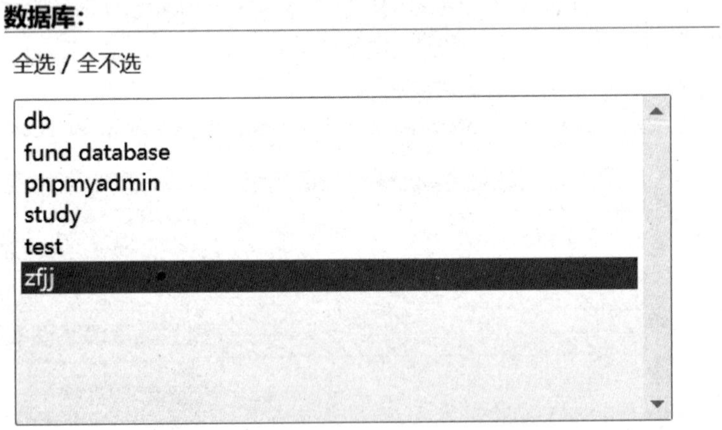

图 7－60　数据库栏目选中 zfjj 的效果

（5）点击页面最底部的执行按钮，就会下载 zfjj 数据库的 sql 文件，文件名字为 127_ 0_ 0_ 1. sql，如图 7－61 所示。

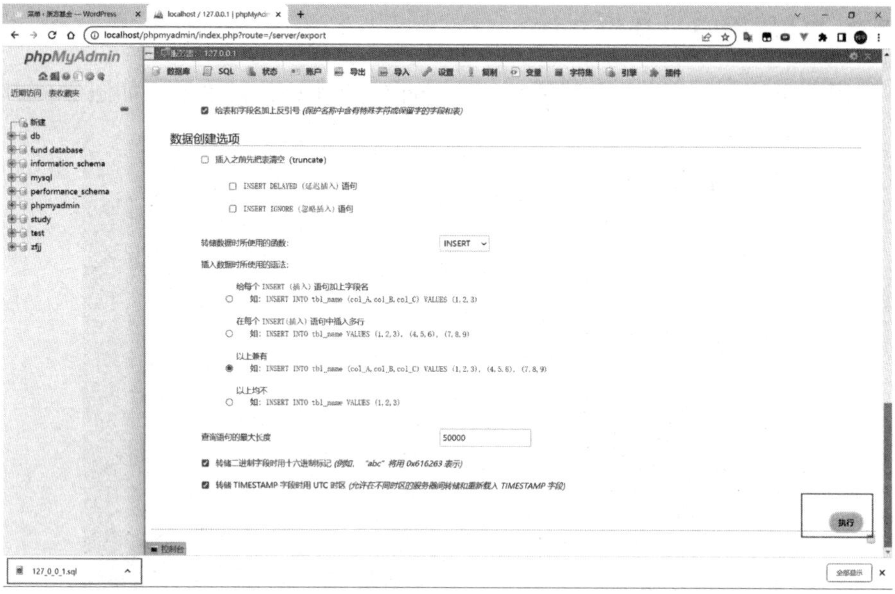

图 7－61　数据库导出按钮和导出的文件名称

7.5.2　备份网站资源

（1）网站资源包括网站静态资源和动态资源以及数据库资源，在 WordPress 中静态资源都是存放在 C：\ xampp \ htdocs \ zfjj 这个目录下的，而动态资源都是存放在数据库中的，也就是前面导出的 127_ 0_ 0_ 1. sql。

（2）将 127_ 0_ 0_ 1. sql 文件和 C：\ xampp \ htdocs \ zfjj 文件夹复制到一个文件夹下，就完成了备份，如图 7－62 所示。

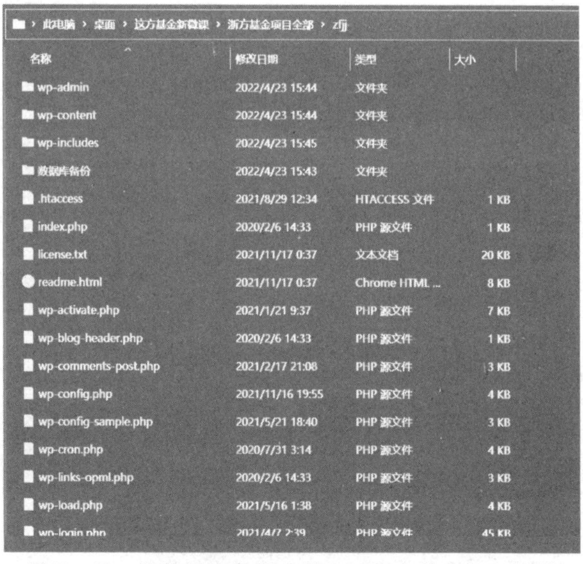

图 7－62　将数据库备份文件和 zfjj 文件夹打包备份

7.5.3 还原网站（备份文件）

（1）将备份的 zfjj 文件夹复制到 C：\ xampp \ htdocs \ 目录下，如图 7－63 所示。

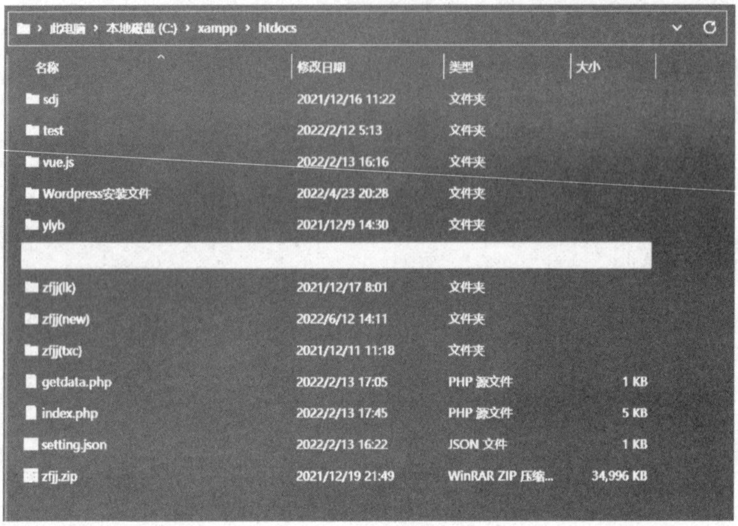

图 7－63　将 zfjj 网站资源还原

（2）还原网站的数据库。

①在浏览器输入 http：//localhost/phpmyadmin 进入 MySQL 的 phpMyAdmin 管理界面，如图 7－64 所示。

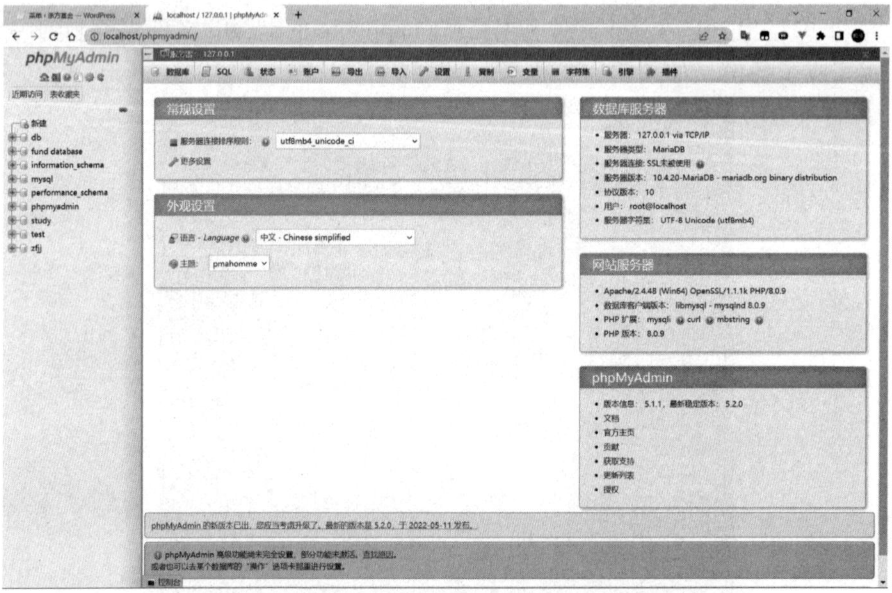

图 7－64　phpMyAdmin 界面

②确保是在服务器 127. 0. 0. 1 下点击导入，如图 7 - 65 所示。

图 7 - 65　phpMyAdmin 导入界面

点击“选择文件”按钮，选择 127. 0. 0. 1. sql 的数据库备份文件，其余选项默认即可，如图 7 - 66 所示。

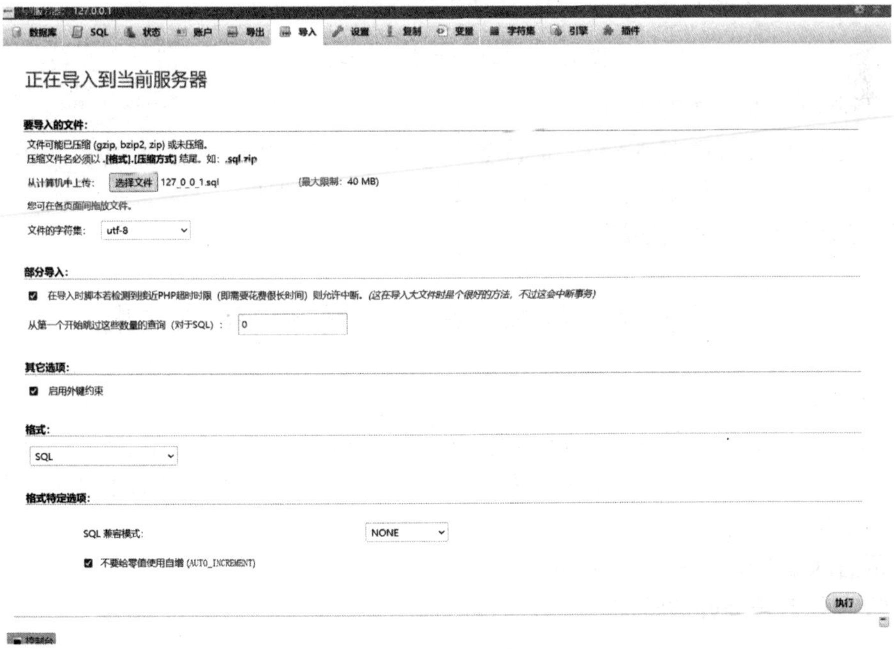

图 7 - 66　选择 127. 0. 0. 1 后的导入界面

点击执行按钮后，提示导入成功即可，如图 7－67 所示。

图 7－67　数据库导入成功

（3）这个时候访问 http：//localhost/zfjj/就能正常显示了，如图 7－68 所示。

图 7－68　还原后成功访问网站

• **还原时需要注意的事项：**

（1）还原备份文件时 XAMPP 的配置需要和备份的时候一致，例如：如果备份时 XMAPP 是 80 端口，那么还原的机器也需要以 80 为访问端口；

（2）还原网站就是还原静态资源、动态资源、数据库资源。

7.6　任务 6　利用主题实现网站的动态效果

• **任务介绍**

WordPress 闻名于世原因之一就是拥有众多的主题模板，如博客主题、CMS 主题、淘宝客主题、网店主题、企业主题、图片主题等，单单是免费分享的主题就已经足够大部分博主站长使用。下面来学习 WordPress 主题的安装和使用。

主题猫网站 http：//ztmao. com/qiyezhuti

主题“留下最美好的瞬间”

https：//www. themepark. com. cn/demo/？ themedemo = photopark － free － yanshi

• **任务目标**

1. 了解并能够使用 WordPress 主题；

2. 利用 WordPress 主题实现浙方基金网站的动态效果。

- **任务实施**

7.6.1　了解相关知识点

WordPress 主题的安装一般有三种常见的方法。

（1）在线搜索安装（并不是所有主题都能搜索到），如图 7－69 所示。

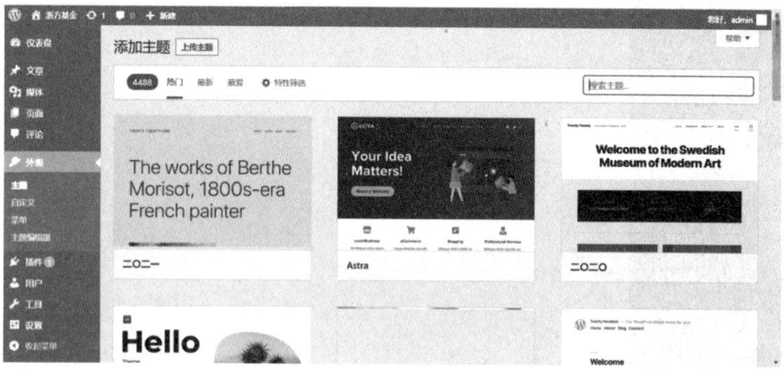

图 7－69　搜索主题页面

访问网站后台→外观→主题→添加，输入主题关键字，搜索相应主题名称，找到后，点击该主题缩略图右下角的“安装”即可。

注意：这里搜索得到的基本上都是国外的主题，而国内制作的主题很少提交到 WordPress 主题库，所以很难在这里找到想要的主题，如果要用界内制作的中文主题就要用第二种方法。

（2）第二种方法是在线上传主题文件安装（最常用的方法）。大部分博主站长们都是用这种方法，也就是先在网络上找到需要的 WordPress 主题，下载该主题的安装包到本地电脑，然后登录 WordPress 后台→外观→主题→添加→上传主题→点击“选择文件”选择刚才下载的主题安装包（以 婚庆婚礼主题-free.zip 为例）→点击“现在安装”，如图 7－70 所示。

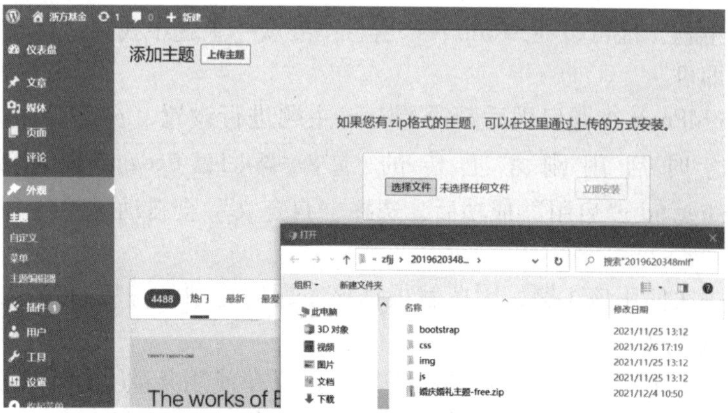

图 7－70　安装婚庆婚礼主题界面

如果出现如图 7－71 所示，说明网站已经成功安装了 婚庆婚礼主题-free.zip，接着点击“启用”即可应用该 WordPress 主题。

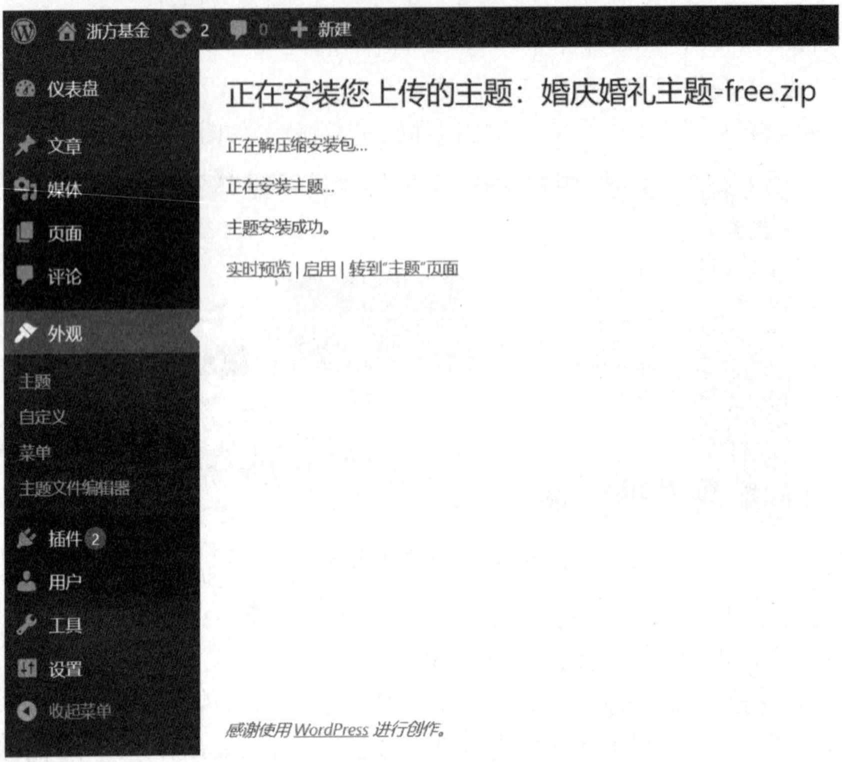

图 7－71　婚庆婚礼主题安装完成

（3）通过 FTP 上传主题文件（下载的不是 .zip 格式的主题）。大部分 WordPress 主题都可以通过第二种方法进行安装，不过有小部分主题不是 .zip 格式的安装包，所以无法通过第二种方法进行安装。这时可以通过 FTP 将整个安装包文件（将主题安装包解压所得到的文件）上传到网站根目录的/wp－content/theme 目录，然后登录 WordPress 后台→外观→主题，找到刚才上传的主题点击“启用”即可。

安装好的主题，都可以在 WordPress 后台→外观→主题中找到，喜欢某个主题就直接启用该主题即可。

每一款 WordPress 主题启用后都需要对该主题进行设置（少部分主题没有后台设置选项），这时启用刚才上传的 婚庆婚礼主题-free.zip 看看效果。点击 婚庆婚礼主题-free.zip “启用”成功后，选择“自定义”会自动跳转到主题的选项设置页面。

由于是第一次使用该主题，因此就根据该主题的选项一一填写好，并保存设置即可正常使用该款主题。

注意：每一款主题的设置内容都不一样，建议在使用某款主题前，先看看该主题的使用说明，并在本地安装测试一番，正常后再上传到主机空间。

7.6.2　利用 WordPress 主题实现网站的动态效果

下面以主题（DREAM CREATE SUCCEED）为例说明如何编辑使用主题，如图 7－72所示。

图 7－72　主题 DREAM CREATE SUCCEED

（1）登录到 WordPress 的后端控制台（localhost/zfjj/wp_ admin），点击左侧的外观 > 点击安装主题，如图 7－73 所示。

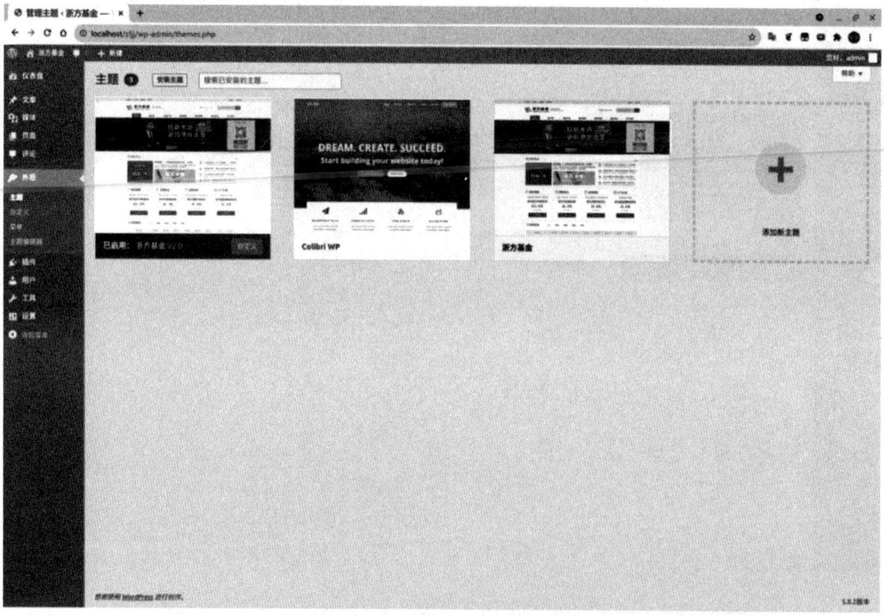

图 7－73　安装主题界面

（2）进入 WordPress 的模板商店，挑选感觉合适的模板（如 DREAM CREATE SUCCEED），点击安装。

(3) 启用刚刚安装的主题（DREAM CREATE SUCCEED，如图 7－74 所示），根据提示自动安装所需要的插件。

图 7－74　安装好的主题（DREAM CREATE SUCCEED）

(4) 启用主题后，点击网站首页左上角的自定义，进入到可视化的编辑页面，如图 7－75 所示。

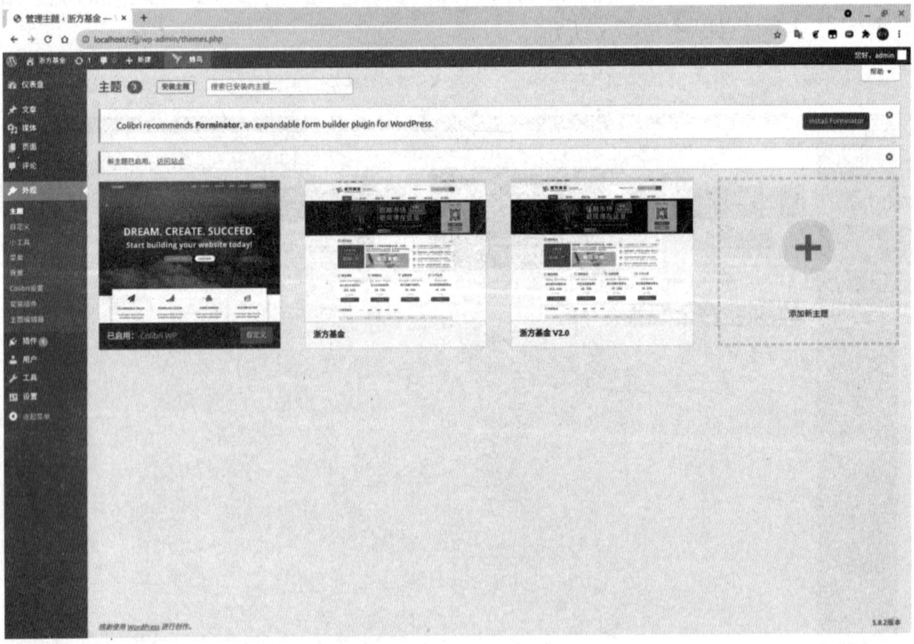

图 7－75　已经启用的主题（DREAM CREATE SUCCEED）

(5) 进入可视化编辑页面后，可以在左侧的菜单里编辑需要改变的内容，也可以在右侧的可视化界面，直接点击设置进行编辑（如背景、文字、图片等，不同主题可以编辑的选项不同），如图 7－76 所示。

图7-76　主题（DREAM CREATE SUCCEED）可视化编辑界面

（6）编辑发布后的主题（DREAM CREATE SUCCEED），如图7-77所示。

图7-77　编辑发布后的主题（DREAM CREATE SUCCEED）

8. 项目 6

浙方基金动态网站开发（二）

◆ **学习目标**

1. 熟悉浙方基金网站首页中轮播图、资讯热点、四大模块、热销基金、理财课堂、基民论坛、关于浙方等的动态效果实现方法；
2. 掌握网站数据库的建立、链接和查询方法；
3. 掌握读取网站文章的标题、作者、摘要、内容等的方法；
4. 掌握网站文章内容页及列表页上下翻页的实现方法；
5. 掌握读取网站后台某个页面的标题、日期等的方法；
6. 了解 WordPress 的页面模板（page. php）；
7. 了解 WordPress 中搜索功能的实现思路；
8. 了解利用 WordPress 实现网站动态效果的思路和方法。

◆ **工作任务**

1. 实现浙方基金网站（首页、基金详情页、注册页、登录页、文章内容页、文章列表页等）的动态效果；
2. 参考浙方基金网站首页的动态效果实现方法，自己编程实现基金产品页、尊享理财页、理财课堂页、基民论坛页、关于浙方页等的动态效果。

◆ **思维导图**

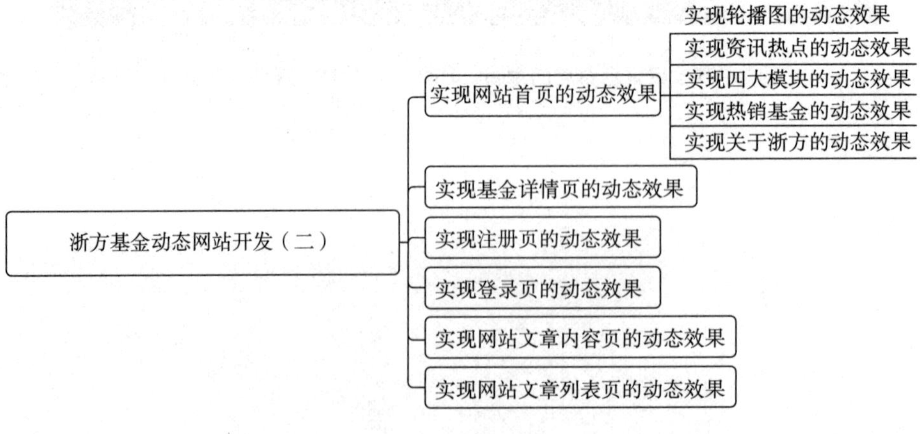

◆ **课后作业**

按照第 1 篇的分组及所选网站主题，在项目经理的领导下，各成员分工协作实现整合了 CMS 的静态网站动态效果（至少有首页、登录页、注册页、文章列表页及内容页等），要求提交备份的动态网站文件夹。

在项目 5 中已经把网站统一的头部和底部都实现了动态的加载，导航栏和菜单也实现了动态加载。从本项目开始，将要实现浙方基金整个网站的动态效果，包括首页、基金产品页、尊享理财页、理财课堂页、基民论坛页、关于浙方页、基金详情页、注册页、登录页、网站文章内容页、网站文章列表页。

8.1　任务1　实现网站首页的动态效果

本任务就是实现网站首页的动态效果，同时通过首页动态效果的实现来学习 PHP 和数据库的一些知识，方便后面实现其他页面的动态效果。

8.1.1　实现轮播图的动态效果

- **任务介绍**

本任务要实现的是浙方基金网站首页中轮播图（Banner）的动态展示效果，Banner的主要作用是宣传企业形象和展示企业产品。

- **任务目标**

1. 将静态的轮播图提取出来；
2. 将提取出来的轮播图展示在首页。

- **任务实施**

1. 在 C：\ xampp \ htdocs \ zfjj \ wp - content \ themes \ zfjj 中建立 banner. php 文件。

2. 从浙方基金的静态网站首页 index. html 里，把轮播图有关的如下代码复制到 banner. php 文件中。

```
<! - - 轮播图 开始 - - >
<section id = "index_carousel" class = "carousel slide" data - ride = "car-
ousel" >
    <! - - 指示器 - - >
    <ol class = "carousel - indicators" >
        <li data - target = "#index_carousel" data - slide - to = "0" class =
"active" > </li >
        <li data - target = "#index_carousel" data - slide - to = "1" > </li >
        <li data - target = "#index_carousel" data - slide - to = "2" > </li >
    </ol >
```

```
    <! - - 滚动的画面 - - >
    <div class = "carousel - inner" role = "listbox" >
        <! - - 每个轮播图 需要 2 张,大图通栏效果 左右接近纯色 内容集中在中间,小图比例需
要接近方形 方便平板手机观看 - - >
        <! - - 窗口小显示 date - sm - img,窗口大显示 date - lg - img - - >
        <div class = "item active" data - sm - img = "img/banner1_sm.jpg" da-
ta - lg - img = "img/banner1.jpg" >
        </div >
        <div class = "item" data - sm - img = "img/banner2_sm.jpg" data - lg -
img = "img/banner2.jpg" >
        </div >
        <div class = "item" data - sm - img = "img/banner3_sm.jpg" data - lg -
img = "img/banner3.jpg" >
        </div >
    </div >

    <! - - 左右控制 - - >
    <a class = "left carousel - control" href = "#index_carousel" role = "but-
ton" data - slide = "prev" >
        <span class = "glyphicon glyphicon - chevron - left" aria - hidden =
"true" > </span >
        <span class = "sr - only" >Previous </span >
    </a >
    <a class = "right carousel - control" href = "#index_carousel" role =
"button" data - slide = "next" >
        <span class = "glyphicon glyphicon - chevron - right" aria - hidden
= "true" > </span >
        <span class = "sr - only" >Next </span >
    </a >
</section >
<! - - 轮播图 结束 - - >
```

3. 在 banner. php 中图片的路径前加 <? php echo get_ zfjj_ uri (); ? >/改为绝对路径，示例代码如下：

```
<div class = "item active" data - sm - img = " <? php echo get_zfjj_uri(); ?
>/img/banner1_sm.jpg" data - lg - img = " <? php echo get_zfjj_uri(); ? >/
img/banner1.jpg" >
原来代码:
div class = "item active" data - sm - img = "img/banner1_sm.jpg" data - lg -
img = "img/banner1.jpg" >
```

4. 因为 Baner 的切换、点击等操作是使用 JS 实现的，所以不光要复制 HTML 代码到 banner. php 中，还需要在 header. php 中引用所需要的配置，代码如下：

```
<!-- 设置网站的标题和标识,引用 css -->

<head>
    <meta charset="utf-8">
    <meta http-equiv="X-UA-Compatible" content="IE=edge">
    <meta name="viewport" content="width=device-width, initial-scale=1">
    <!-- 上述3个meta标签* 必须* 放在最前面,任何其他内容都* 必须* 跟随其后! -->
    <!-- 动态的网站标题,根据打开的页面来显示网站标题 -->
    <title>
        <?php my_title() ?>
    </title>
    <!-- 设置网站的小图标,也可以通过 WordPress 更改网站标识 -->
    <link rel="icon" href="<?php echo get_zfjj_uri(); ?>/img/logo.png" />
    <!-- Bootstrap -->
    <?php include('css/addcss.php'); ?>
</head>

<!-- jQuery -->
<script src="<?php echo get_zfjj_uri(); ?>/jquery/jquery-3.6.0/dist/jquery.min.js" type="text/javascript" charset="utf-8">
</script>
<!-- 加载 Bootstrap 的所有 JavaScript 插件。你也可以根据需要只加载单个插件。-->
<script src="<?php echo get_zfjj_uri(); ?>/bootstrap/js/bootstrap.min.js" type="text/javascript" charset="utf-8"></script>
<script src="<?php echo get_zfjj_uri(); ?>/js/index.js" type="text/javascript" charset="utf-8"></script>
```

5. 到这一步轮播图的静态页面已经修改完成了，接着需要用以下语句把 banner. php引入到 index. php 中：

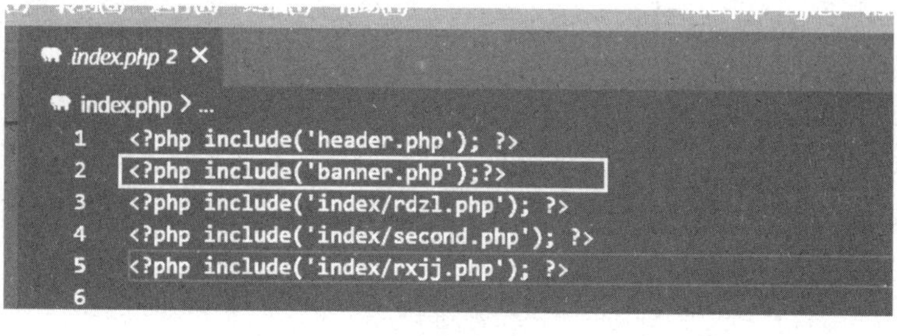

6. 至此轮播图就可以展现在网站首页中了，如图 8－1 所示。

图 8－1　轮播图页面展示效果

8.1.2　实现资讯热点的动态效果

- **任务介绍**

本任务要实现浙方基金网站首页中资讯热点的动态效果，这个板块以资讯热点中的新闻为主体，要求可以在网站后台方便地发布新的资讯内容，并能动态地展示到前端页面上供用户使用。

- **任务目标**

1. 修改静态代码；
2. 在 WordPress 后台中新建文章；
3. 把新建的文章动态展示到网页中。

- **任务实施**

1. 在 C：\ xampp \ htdocs \ zfjj \ wp－content \ themes \ zfjj \ 中建立 index 文件夹，用于存放首页所有的 php 程序，在 index 文件夹下新建资讯热点程序 zxrd. php 用于制作动态的。

2. 从浙方基金的静态网站首页里，把资讯热点有关的如下代码复制到 zxrd. php 文件中。

```
<! - - 资讯热点 hotspot 开始 - - >
<section id = "index_hotspot" class = "container" >
   <div class = "index - title" >
        <div class = "index - title - img" >
            <img src = "img/hotspot. gif" / >
        </div >
        <div class = "index - title - text" >
            资讯热点
```

```
        </div>
        <div class="index-title-add">
            More+
        </div>
    </div>

    <div class="hotspot row">
        <div class="hotspot-1 col-lg-3 col-md-6 col-sm-11 col-xs
-11">
            <div class="hotspot-1-top">
                <img src="img/hotspot-1-top.gif" />
            </div>
            <div class="hotspot-1-mid1 ">
                上证指数(000001)
            </div>
            <div class="hotspot-1-mid2">
                3536.79
            </div>
            <div class="hotspot-1-bottom">
                -2.33[-0.07%]
            </div>
        </div>
        <!--每周策略-->
        <div class="hotspot-2 hidden-md hidden-sm hidden-xs">
            <div class="hotspot-2-top long-text">
                <a href="#">每周策略 | 二季报业绩预喜占比高,中游制…</a>
            </div>
            <div class="hotspot-2-mid long-text">
                下半年,假设原材料价格上行空间有限,则中游制造板块的盈利修复
值得关注。综合此次二季报披露率较高、预告业绩增…
            </div>
            <div class="hotspot-2-bottom">
                <img src="img/hotspot-2-bottom.gif" />
            </div>
        </div>
        <!--四条新闻-->
        <div class="hotspot-3 hidden-sm hidden-xs">
            <div class="t1">
                <div class="left">
                    <div class="big">
                        20
```

```
            </div>
            <div class="small">
                7月
            </div>
        </div>
        <div class="right long-text">
            <a href="#">LPR报价连续15个月“原地踏…</a>
            <br />
            <a href="#">
                <font>全面降准落地后的首期贷款...</font>
            </a>
        </div>
    </div>
    <div class="t2">
        <div class="left">
            <div class="big">
                16
            </div>
            <div class="small">
                7月
            </div>
        </div>
        <div class="right long-text">
            <a href="#">券商晨会精华:A股基本面支撑较…</a>
            <br />
            <a href="#">
                <font>财联社7月16日讯,今日券商晨会…</font>
            </a>
        </div>
    </div>
    <div class="t3">
        <div class="left">
            <div class="big">
                15
            </div>
            <div class="small">
                7月
            </div>
        </div>
        <div class="right long-text">
            <a href="#">央行实施降准并续做MLF释放7,000亿…</a>
```

```
                    <br />
                    <a href="#">
                        <font>财联社(北京,记者 张晓翀)讯,…</font>
                    </a>
                </div>
            </div>
            <div class="t4">
                <div class="left">
                    <div class="big">
                        14
                    </div>
                    <div class="small">
                        7 月
                    </div>
                </div>
                <div class="right long-text">
                    <a href="#">重大信号！全国碳市场启动在即,如…</a>
                    <br />
                    <a href="#">
                        <font>7 月 14 日,国务院新闻办公室举行国务院...
</font>
                    </a>
                </div>
            </div>
        </div>
    </div>
</section>
<!--资讯热点 结束-->
```

3. 用<? php echo get_ zfjj_ uri ( ); ? >把图片等静态资源的路径改成绝对路径，示例代码如下：

```
<div class="index-title-img">
    <img src="<? php echo get_zfjj_uri(); ? >/img/hotspot.gif" />
</div>
```

4. 至此已经可以在网站首页中看到资讯热点的静态效果了，接着需要在 WordPress 的后台中添加资讯热点文章。

（1）在浏览器的地址栏输入 http://localhost/zfjj/wp-admin 登录网站后台，使用安装 WordPress 时输入的用户名和密码，登录界面如图 8-2 所示。

（2）登录成功后进入 WordPress 后台界面，如图 8-3 所示。

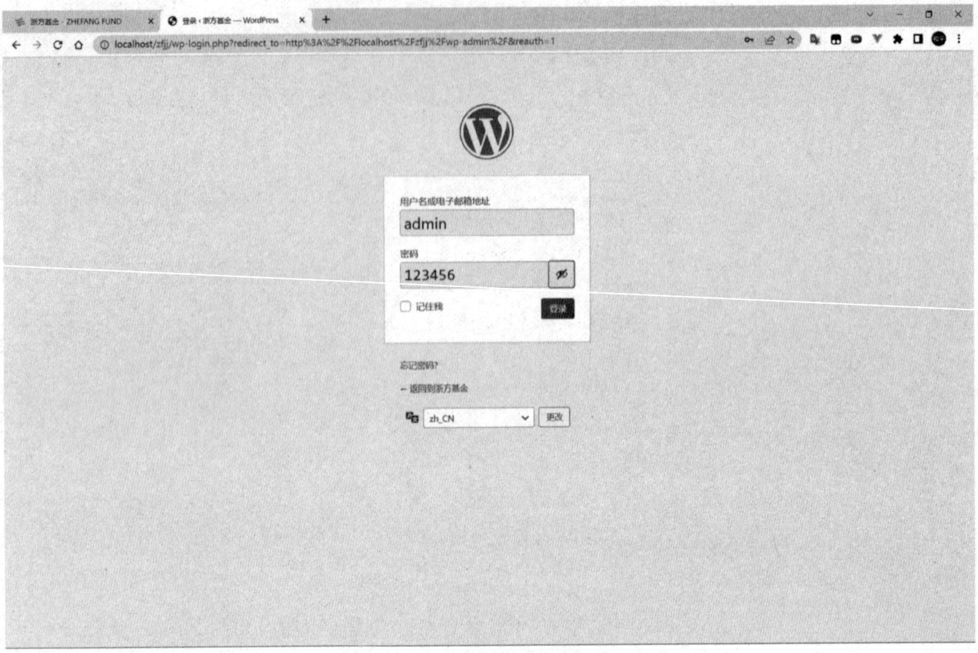

图 8－2　WordPress 登录界面

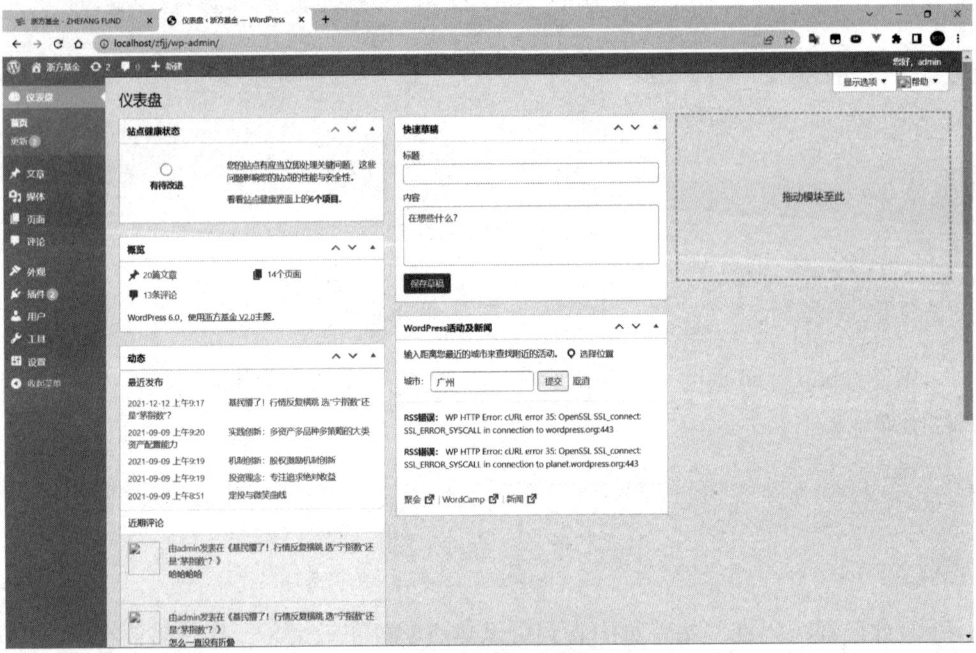

图 8－3　WordPress 控制台

（3）接着在 WordPress 控制台的左侧选择文章，在撰写文章之前，需要根据网站需求创建文章分类，如图 8－4 所示。

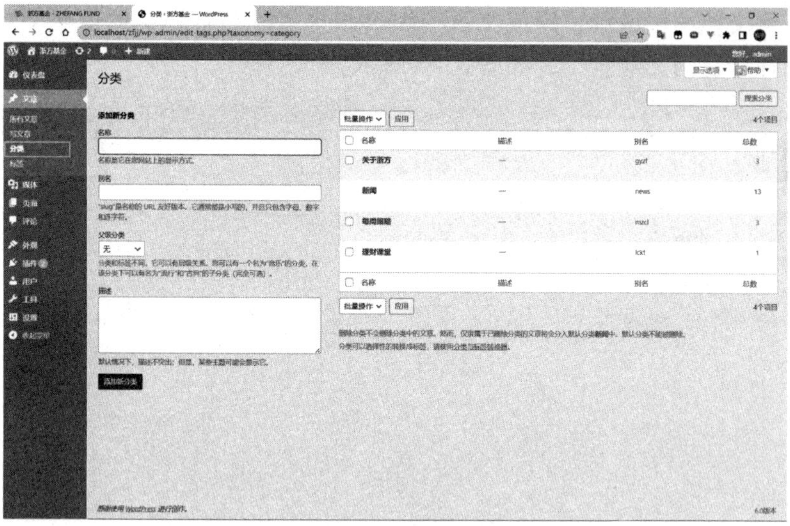

图8-4　WordPress控制台创建文章分类

在创建文章分类的时候需要填写名称、别名、父级分类、描述，每个项目的具体含义如下。

名称：分类的名称，它是显示在网页上的。

别名：是名称的URL的友好版本，它通常都是小写的且只包含字母、数字和连字符。

父级分类：分类和标签是不同的，可以有层级关系，例如：创建一个名为“音乐”分类，在该分类下可以有“流行”和“古典”的子分类。

描述：简单的阐述这个分类是干什么的，最终也可以展示到页面中。

(4) 创建完分类后，需要在每个分类下创建对应的文章，用于展示到页面中。

①在WordPresss的文章分类中，选择写文章，就会跳转到编辑页面，如图8-5所示。

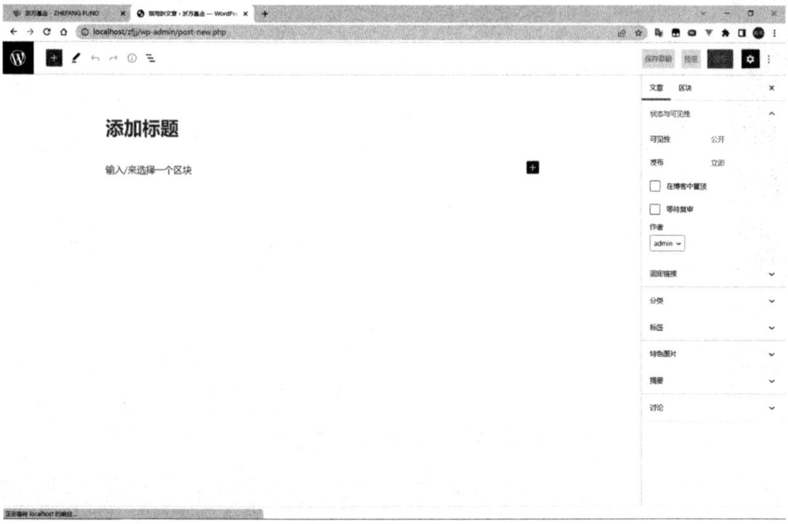

图8-5　WordPress文章编辑页面

②在左侧文档编辑区域，完成文章的编辑和排版，在右侧文章窗格中的分类选项下给文章选择合适的文章分类，如图 8 -6 所示。

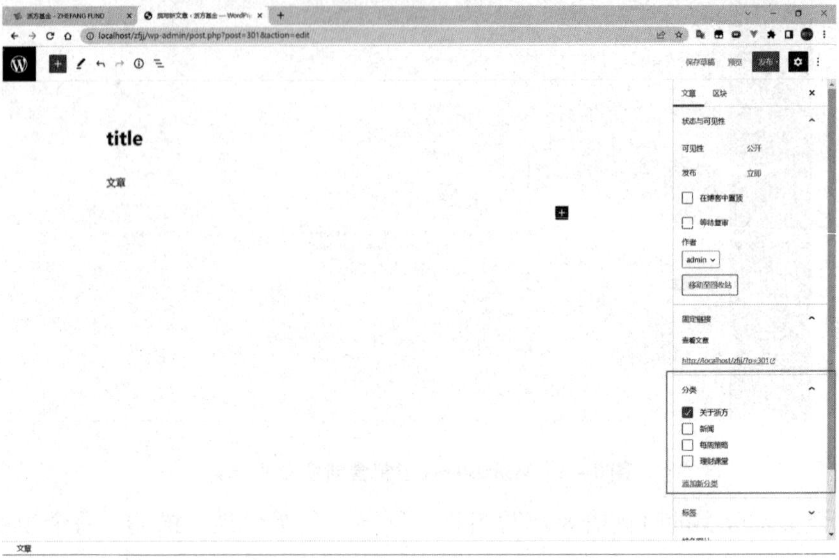

图 8 -6　WordPress 选择文章分类

③完成文章的编辑后，点击右上角的发布按钮，用同样的操作在不同分类下多新建几篇文章，如图 8 -7 所示。

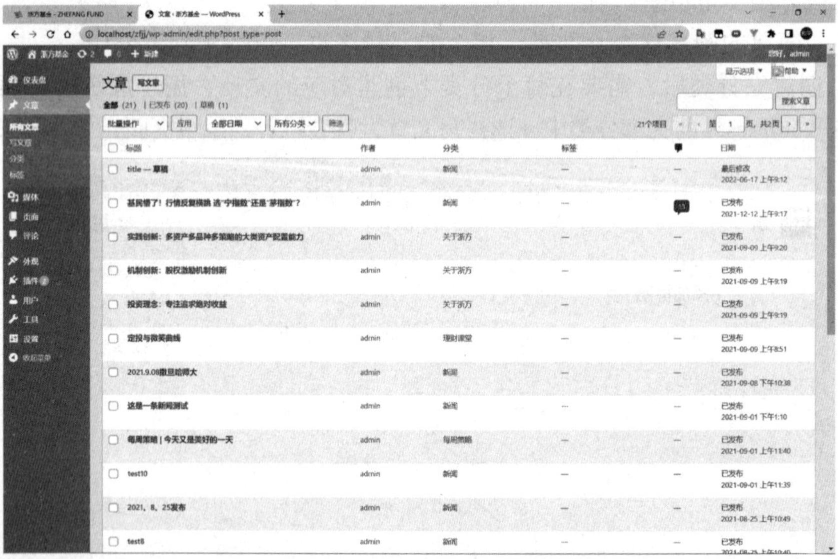

图 8 -7　WordPress 文章页面

（5）到这一步，准备工作都已经完成，剩下的就是将文章数据加载到页面进行显示，这里需要用到 WordPress 提供的方法 WP_ Query，参数如下所示。

WP_ Query 包括四个部分：

①需要查询的参数，或者参数集合；

②开始查询；

③循环输出——这将输出文章内容、标题或任何需要显示的内容；

④查询结束——通过标签判断、重置请求数据。

在文章查询中，需要用到以下参数：

①post_ type：设置查询的分类，文章的分类即为 post；

②posts_ per_ page：设置一页显示几条数据；

③category_ _ in：设置查询文章的分类 ID。

（6）了解完 WP_ Query 的基础知识，根据所用参数，会发现文章分类的 ID 还不知道，查看文章分类 ID 的方法如图 8－8 所示。

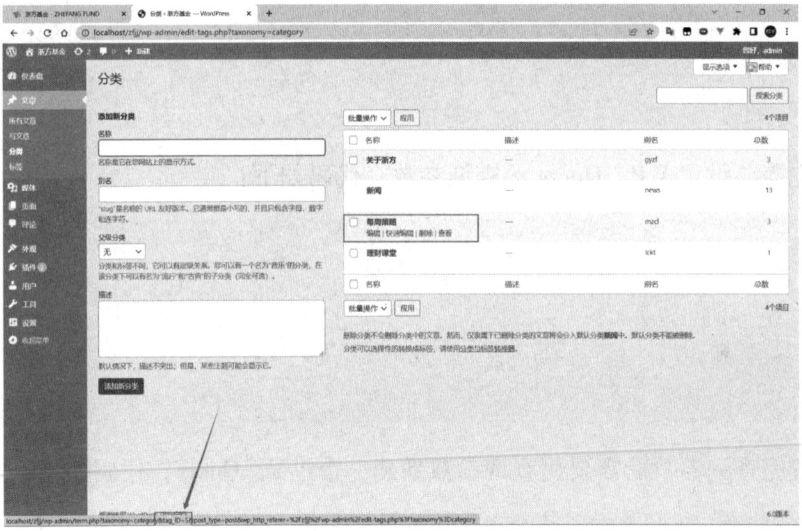

图 8－8　WordPress 查看文章分类 ID

鼠标移动到对应的分类名称上不动，就可以在浏览器左下角查看到对应的 ID。

（7）制作每周策略的动态加载，示例如图 8－9 所示。

图 8－9　每周策略效果图

①资讯热点 zxrd. php 中每周策略展示的静态代码，一次显示的条数为 1，文章分类的 ID 为 5，静态代码如下：

```
<! --每周策略-->
<div class="hotspot-2 hidden-md hidden-sm hidden-xs">
    <div class="hotspot-2-top long-text">
        <a href="#">每周策略 | 二季报业绩预喜占比高,中游制…</a>
    </div>
    <div class="hotspot-2-mid long-text">
        下半年,假设原材料价格上行空间有限,则中游制造板块的盈利修复
值得关注。综合此次二季报披露率较高、预告业绩增…
    </div>
    <div class="hotspot-2-bottom">
        <img src="img/hotspot-2-bottom.gif" />
    </div>
</div>
```

②首先需要设置 WP_ Query 的查询参数，代码如下：

```
<? php $mzcl = array(
     'post_type'          => 'post',
     'posts_per_page'     => 1,
     'category__in'       => 5, //设置查询的分类 id
); ? >
```

③设置完查询参数后需要用查询参数新建一个 WP_ Query，代码如下：

```
<? php $myquery_mzcl = new WP_Query($mzcl); ? >
```

④接着需要用 new 产生的 $myquery_ mzcl 对文章进行查询输出，即把 zxrd. php 中每周策略相关代码改成如下：

```
<? php if ($myquery_mzcl->have_posts()) : ? >
     <? php while ($myquery_mzcl->have_posts()) : $myquery_mzcl->
the_post(); ? >
          <p class="a3 long-text">
               <a href="<? php the_permalink(); ? >">
                    <? php
                    echo get_the_title();
                    ? >
               </a>
          </p>
```

```
        <p class ="a4" >
            <? php
            $my_excerpt = get_the_excerpt();
            if (strlen( $my_excerpt) > 120) :
                $my_excerpt = substr( $my_excerpt, -strlen( $my_ex-
cerpt), 120) . '…';
            endif;
            echo $my_excerpt
            ? >
        </p >
        <? php the_post_thumbnail(); ? >
    <? php endwhile; ? >
<? php endif; ? >
```

首先，用 IF 判断查询的文章结果是否为空，不为空才接着执行输出代码。

成功查询到数据后，通过循环的方式读取下一条数据。

替换的参数讲解如下：

<? php the_ permalink ( ); ? >：用来获取文章链接，可以用来跳转到文章的详情页面。

<? php echo get_ the_ title ( ); ? >：用来获取文章的标题。

<? php echo get_ the_ excerpt ( );? >：用来获取文章的摘要。

在每周策略中，文章摘要只是缩略的显示 2 行不到，很难用 CSS 和 DIV 进行统一的控制，这里用 PHP 来控制输出的字符数量，让前端页面输出不超过 2 行的字符。

<? php the_ post_ thumbnail ( ); ? >是用来查询文章的缩略图，在使用之前需要到 functions. php 中增加如下代码启用文章缩略图的功能：

```
//使 WordPress 支持 post thumbnail
if (function_exists('add_theme_support')) {
    add_theme_support('post -thumbnails');
}
```

刷新控制台，点进文章就能看到可以设置缩略图了，如图 8－10 所示。

注意每次使用 WP_ Query 后都要用<? php wp_ reset_ postdata ( ); ? >还原成默认参数，以防止下一次查询时出错。

（8）到这里每周策略的动态效果实现就完成了，4 条新闻的动态效果实现也是同样的办法，只不过需要修改查询的分类 ID 和每页显示的数量，代码如下：

图 8-10 WordPress 特色图片功能开启

```
<!--四条新闻-->
<div id="news-right" class="hidden-sm hidden-xs">
    <?php $myqueryargs = array(
        'post_type'           => 'post',
        'posts_per_page'    => 4,
        'category__in'       => 1,
    ); ?>
    <?php $myquery = new WP_Query($myqueryargs); ?>
    <?php if ($myquery->have_posts()) : ?>
        <?php while ($myquery->have_posts()) : $myquery->the_
post(); ?>
            <article>
                <span class="float-left border-right news-span">
                    <font class="a3"><?php echo get_the_date
('d');?></font>
                    <br>
                    <font class="a1"><?php echo get_the_date
('m'); ?>月</font>
                </span>
                <p class="a5 long-text">
                    <a href="<?php the_permalink(); ?>">
                        <?php echo get_the_title();?>
                    </a>
                </p>
```

```
                <p class="a6 long-text">
                    <? php echo get_the_excerpt();? >
                </p>
            </article>
        <? php endwhile; ? >
    <? php endif; ? >
    <? php wp_reset_postdata(); ? >
</div>
```

（9）到这里首页的资讯热点板块的动态效果就已经全部完成了，效果如图 8－11 所示。

图 8－11　浙方基金首页资讯热点

8.1.3　实现四大模块的动态效果

- **任务介绍**

本任务要实现浙方基金网站首页中四大模块的动态效果，这就需要有基金数据库了。所以本任务开始就会使用到关于数据库的增删改查的操作。

- **任务目标**

1. 创建浙方基金数据库；
2. 创建四大模块的数据库查询代码；
3. 把四大模块的内容动态地展示到网页中。

- **任务实施**

1. 创建浙方基金数据库分为以下几个步骤。

（1）进入 phpMyAdmin 界面进行基金数据表的创建，为了后期备份、维护的方便，同一个项目的数据表应当建在同一个数据库 zfjj 下，截图如图 8－12 所示。

（2）在新建数据表界面输入基金数据表的名字为“fund_ data_ sheet”，更改不同字段存储的数据类型和数据长度，填写对应的列名称，全部填写完成后点击保存，截图如图 8－13 所示。

（3）创建完基金数据表之后，需要给数据表导入一些基金数据，这里推荐从天天基金网下载一些数据，导入到基金数据表中，phpMyAdmin 导入数据的方式如图 8－14 所示。

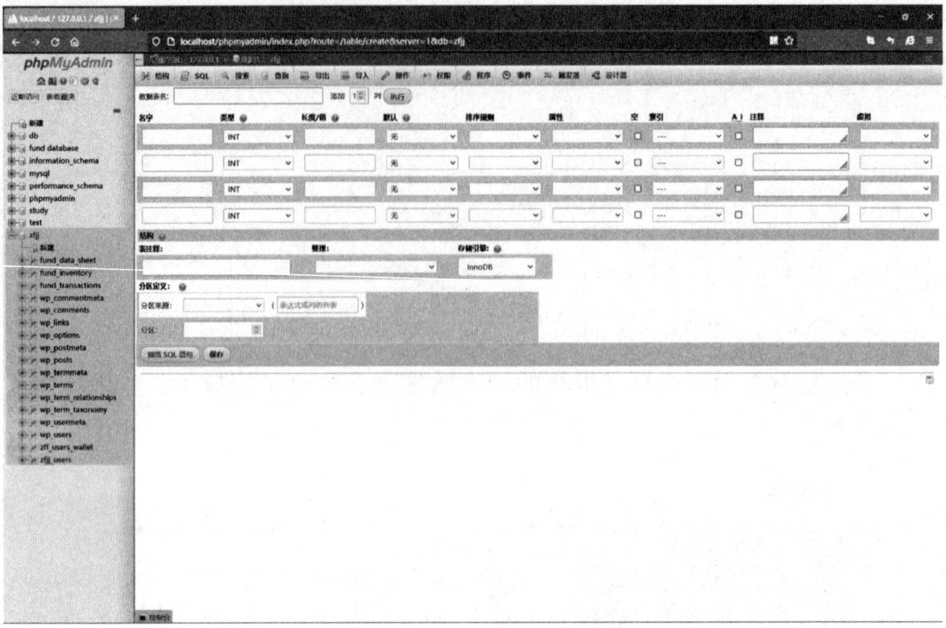

图 8－12　phpMyAdmin 界面的 zfjj 数据库新建数据表

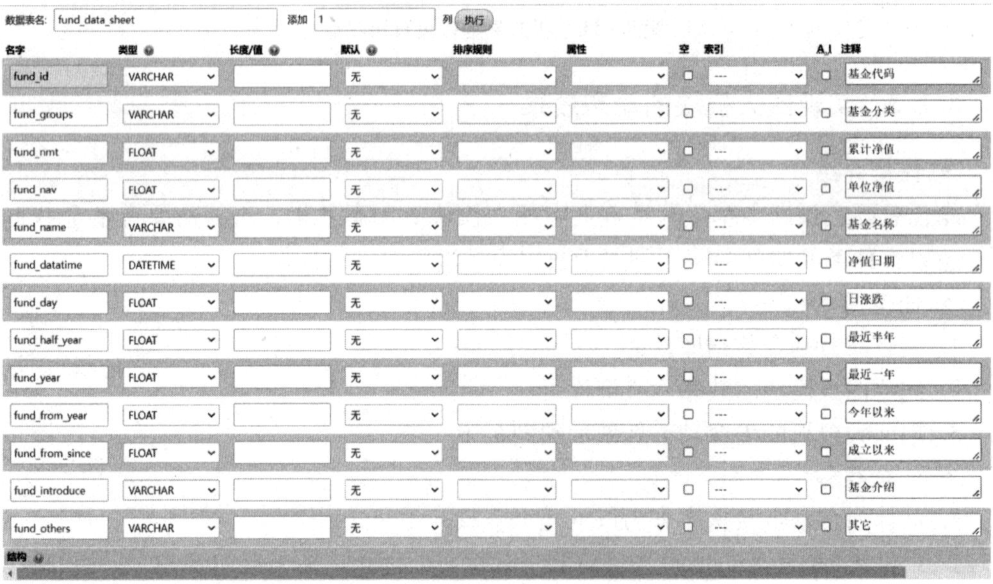

图 8－13　创建 fund_ data_ sheet 基金数据表格式

在 fund_ data_ sheet 基金数据表中点击上方的 SQL 按钮，就可以使用 SQL 代码对数据表进行增删改查的操作，phpMyAdmin 提供了增删改查的基础代码格式，点击下面的 INSERT 按钮，就会给出基础的插入数据的代码格式，修改后面给的“value”占位就可以添加数据了。

图 8－14　phpMyAdmin 使用 sql 插入数据

加完数据的基金数据表效果如图 8－15 所示。

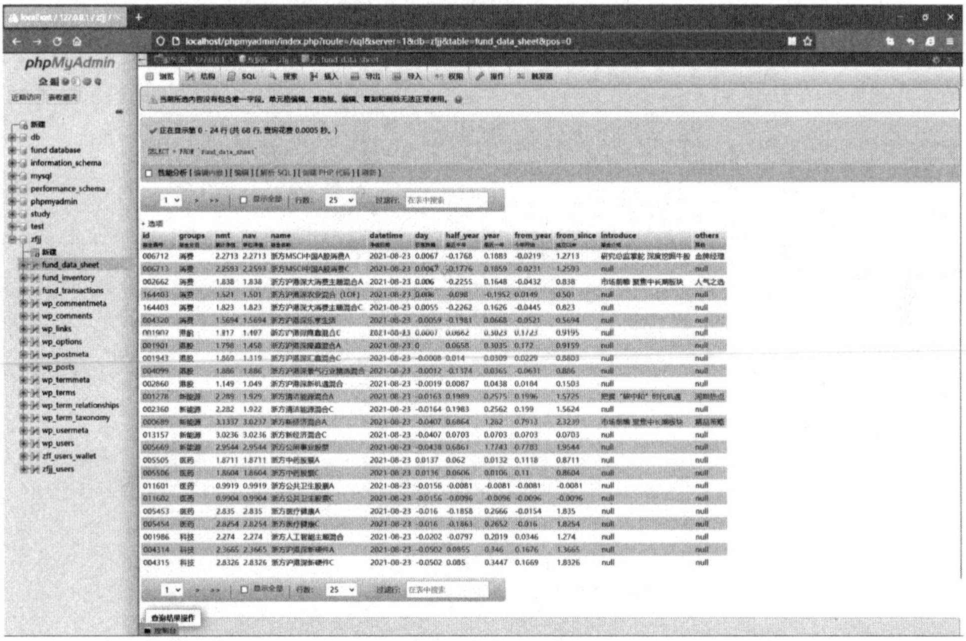

图 8－15　fund_ data_ sheet 基金数据表数据添加完成的效果

2. 上面的操作执行完毕后就成功地建立了基金数据表，可以开始将首页四大模块的内容动态地加载到网页中了。

3. 首先在 C：\ xampp \ htdocs \ zfjj \ wp－content \ themes \ zfjj \ index 这个路径下新建一个 second. php 文件用来存放四大模块的代码。并在 index. php 中用以下语句引用 second. php。

```
<! --引入四大模块文件-->
<? php include("index/second.php"); ?>
```

4. 从浙方基金的静态网站首页里，把四大模块有关的如下代码复制到 second. php 中，把 img 改成<? php echo get_ zfjj_ uri ()；? >/img 就将图片的路径替换成动态的了：

```
<! -- 四大模块 -->
<section id="index_panel" class="container">
    <div class="row init">
    <! --精品策略-->
    <div class="col-xs-6 col-md-3">
        <div class="row">
            <div class="panel-1">
                <img src="<? php echo get_zfjj_uri(); ?>/img/panel-
1.gif"/>
                <hr/>
                <div class="panel-font1 long-text">
                    市场前瞻 聚焦中长期板块
                </div>
                <div class="panel-font2 long-text">
                    浙方成长价值混合 A
                </div>
                <div class="panel-font3">
                    332.02%
                </div>
                <div class="panel-font4">
                    成立以来收益
                </div>
                <div class="shopping">
                    <a href="#"><img src="<? php echo get_zfjj_uri
(); ? >/img/shopping.gif" align="center"/></a>
                </div>
            </div>
        </div>

    </div>
    <! --周期热点-->
    <div class="col-xs-6 col-md-3 ">
        <div class="row">
            <div class="panel-2">
```

```
                <img src="<?php echo get_zfjj_uri(); ?>/img/panel-2.gif" />
                <hr />
                <div class="panel-font1 long-text">
                    把握“碳中和”时代机遇
                </div>
                <div class="panel-font2 long-text">
                    浙方光伏新能源C
                </div>
                <div class="panel-font3">
                    28.75%
                </div>
                <div class="panel-font4">
                    近一年收益
                </div>
                <div class="shopping">
                    <a href="#"><img src="<?php echo get_zfjj_uri(); ?>/img/shopping.gif" align="center" /></a>
                </div>
            </div>
        </div>
    </div>
    <!--金牌经理-->
    <div class="col-xs-6 col-md-3 ">
        <div class="row">
            <div class="panel-3">
                <img src="<?php echo get_zfjj_uri(); ?>/img/panel-3.gif" />
                <hr />
                <div class="panel-font1 long-text">
                    研究总监掌舵 深度挖掘牛股
                </div>
                <div class="panel-font2">
                    浙方消费升级混合
                </div>
                <div class="panel-font3">
                    39.55%
                </div>
                <div class="panel-font4">
                    近一年收益
                </div>
```

```
                <div class="shopping">
                    <a href="#"><img src="<?php echo get_zfjj_uri
();?>/img/shopping.gif" align="center"/></a>
                </div>
            </div>
        </div>

    </div>
    <!--人气之选-->
    <div class="col-xs-6 col-md-3 ">
        <div class="row">
            <div class="panel-4">
                <img src="<?php echo get_zfjj_uri();?>/img/panel-
4.png"/>
                <hr/>
                <div class="panel-font1">
                    均衡稳健长跑基
                </div>
                <div class="panel-font2">
                    均衡稳健长跑基
                </div>
                <div class="panel-font3">
                    45.03%
                </div>
                <div class="panel-font4">
                    近一年收益
                </div>
                <div class="shopping">
                    <a href="#">
                        <img src="<?php echo get_zfjj_uri();?>/
img/shopping.gif" align="center"/>
                    </a>
                </div>
            </div>
        </div>

    </div>
    </div>
</section>
```

5. 需要动态地从 fund_ data_ sheet 基金数据表中去获取四大模块对应的基金名称

和所有要展示的信息，需要在 functions. php 中定义获取四大模块基金数据的函数 get_second_ data（$title，$times），步骤如下。

四个模块查询的数据表是相同的，展示的格式也是相同，可以在 functions. php 中去统一定义查询数据表和查询方式。

使用 PHP 的 MySQLi 去连接数据库，需要如下四个属性。

ServerName：数据库所在的服务器地址；

UserName：数据库登录的用户名；

PassWord：登录数据库的密码；

DbName：需要连接的数据库名称。

根据实际情况服务器是在本地计算机上的，所以 ServerName 的属性值为 localhost，登录数据库的用户名为 root，密码为空，我们所需要连接的数据库是 zfjj。

MySQLi 的数据读取需要使用 query 方法去执行 sql 语句，并通过指针去一行一行地读取查询的数据并进行输出。

因为查询的条件是不确定的，需要给方法定义两个变量来动态地传递查询参数，这里用 title 来传递四大模块的每个标题，用 times 来传递所需要展示的数据。

代码如下所示：

```
//定义获取四大模块基金数据的方法 get_second_data($title, $times)
function get_second_data($title, $times)
{
    // 设置字符集
     $servername = "localhost";
     $username = "root";
     $password = "";
     $dbname = "zfjj";
     $amount = 1; //设置显示数量
    // 创建连接
     $conn = new mysqli($servername, $username, $password, $dbname);
    // Check connection
    if ($conn->connect_error) {
        die("连接失败: " . $conn->connect_error);
    }

     $sql = "SELECT * FROM fund_data_sheet WHERE `others`='$title'";
     $result = $conn->query($sql);

    if ($result->num_rows > 0) {
        $i =1;
        // 输出数据
```

```
        while ($i <= $amount) {
            $row = $result->fetch_assoc(); // $row["name"]
            echo
            "<div class='wenzi1 long-text'>".
                $row["introduce"].
                "</div>
        <div class='wenzi2 long-text'>".
                $row["name"].
                "</div>
        <div class='wenzi3'>";

            // $row["from_since"]* 100 . "% "
            if ($times == "成立以来") {
                echo $row["from_since"] * 100 . "% ";
            } else {
                echo $row["year"] * 100 . "% ";
            };
            echo "</div>";
            $i++;
        }
    } else {
        echo "0 结果";
    }
    $conn->close();
}
```

定义完 get_ second_ data（$title，$times）后，就需要在对应的网页位置（即 second. php）使用这个方法进行数据的展示，示例代码如下所示：

```
<div id="one">
    <article class="second-out-div shadow-2px">
        <img src="<?php get_zfjj_uri(); ?>/img/index_33.gif" />
        <hr/>
        <?php echo get_second_data("精品策略","成立以来"); ?>
        <div class="wenzi4">
            成立以来收益
        </div>
        <div class="goumai">
            <a href="#"><img src="<?php get_zfjj_uri(); ?>/img/
index_47.gif"/></a>
        </div>
```

```
    </article>
    <article class="second-out-div shadow-2px">
    <img src="<?php get_zfjj_uri(); ?>/img/index_36.gif" />
        <hr/>
        <?php echo get_second_data("周期热点","近一年"); ?>
        <div class="wenzi4">
            近一年收益
        </div>
        <div class="goumai">
            <a href="#"><img src="<?php get_zfjj_uri(); ?>/img/
index_47.gif"/></a>
        </div>
     </article>
</div>
<div id="two">
    <article class="second-out-div shadow-2px">
    <img src="<?php get_zfjj_uri(); ?>/img/index_38.gif" />
        <hr/>
        <?php echo get_second_data("金牌经理","近一年"); ?>
        <div class="wenzi4">
            近一年收益
        </div>
        <div class="goumai">
            <a href="#"><img src="<?php get_zfjj_uri(); ?>/img/
index_47.gif"/></a>
        </div>
    </article>
    <article class="second-out-div shadow-2px">
    <img src="<?php get_zfjj_uri(); ?>/img/index_40.png" />
        <hr/>
        <?php echo get_second_data("人气之选","近一年"); ?>
        <div class="wenzi4">
            近一年收益
        </div>
        <div class="goumai">
            <a href="#"><img src="<?php get_zfjj_uri(); ?>/img/
index_47.gif" /></a>
        </div>
    </article>
</div>
```

6. 至此四大模块的动态展示效果如图 8－16 所示。

图 8－16　浙方基金首页的四大模块效果展示

8.1.4　实现热销基金的动态效果

- **任务介绍**

本任务要实现浙方基金首页中热销基金板块的动态效果，这个板块需要能够按照基金的不同分类去查询不同分类下的基金数据，根据数据的正负去控制展示的样式（涨红色跌绿色）。同时右上角点击不同的分类需要切换不同的查询结果，这里就要用到 AJAX 的技术进行一个异步的网页请求展示。

- **任务目标**

1. 修改静态的 HTML 代码；
2. 创建查询数据的方法，用以查询不同分类的基金数据；
3. 动态地展示当前分类下的基金数据到页面；
4. 使用 AJAX 异步请求不同的分类的基金数据。

- **任务实施**

1. 在 C：\ xampp \ htdocs \ zfjj \ wp － content \ themes \ zfjj \ index 目录下创建 rxjj. php 热销基金程序。

2. 将静态的 HTML 代码复制到 rxjj. php 中，并修改静态资源中路径相关的代码，如所有图片路径 img 改成 <？ php echo get_ zfjj_ uri（）；？ >/img，代码示例如下：

```
<!--热销基金 开始-->
<section id="index_product" class="container">
  <div class="index-title">
      <div class="index-title-img">
          <img src="<?php get_zfjj_uri(); ?>/img/product.gif"/>
      </div>
      <div class="index-title-text">
          热销基金
      </div>
      <div class="index-title-add">
          <a href="#" class="form-title-active">混合型</a>
          <span class="form-title-joint">|</span>
          <a href="#">股票型</a>
          <span class="form-title-joint">|</span>
          <a href="#">指数型</a>
          <span class="form-title-joint">|</span>
          <a href="#">债券型</a>
          <span class="form-title-joint">|</span>
          <a href="#">货币型</a>
      </div>
  </div>

  <div class="product-box">
      <div class="form">
          <table>
            <tr class="form-frist-tr">
                <td id="fund-name">基金名称</td>
                <td>单位净值</td>
                <td class="hidden-xs">累计净值</td>
                <td class="hidden-xs">净值日期</td>
                <td>日涨跌幅</td>
                <td class="hidden-xs">最近半年</td>
                <td class="hidden-sm hidden-xs">最近一年</td>
                <td class="hidden-sm hidden-xs">今年以来</td>
                <td class="hidden-md hidden-sm hidden-xs">成立以来
</td>

            </tr>
            <tr>
                <td>浙方成长价值混合A <br/>
                    <span class="fund-code">001875</font>
```

```
        </td>
        <td>2.5300</td>
        <td class="hidden-xs">3.4500</td>
        <td class="hidden-xs">2021-07-20</td>
        <td>
            <span class="fund-down">-0.32%</span>
        </td>
        <td class="hidden-xs">
            <span class="fund-down">-9.06%</span>
        </td>
        <td class="hidden-sm hidden-xs">
            <span class="fund-up">24.29%</span>
        </td>
        <td class="hidden-sm hidden-xs">
            <span class="fund-up">3.39%</span>
        </td>
        <td class="hidden-md hidden-sm hidden-xs">
            <span class="fund-up">332.02%</span>
        </td>
    </tr>
    <tr>
        <td>浙方医疗健康A<br/>
            <span class="fund-code">005453</span>
        </td>
        <td>3.2638</td>
        <td class="hidden-xs">3.2638</td>
        <td class="hidden-xs">2021-07-20</td>
        <td>
            <span class="fund-up">0.13%</span>
        </td>
        <td class="hidden-xs">
            <span class="fund-up">4.99%</span>
        </td>
        <td class="hidden-sm hidden-xs">
            <span class="fund-up">47.20%</span>
        </td>
        <td class="hidden-sm hidden-xs">
            <span class="fund-up">13.36%</span>
        </td>
        <td class="hidden-md hidden-sm hidden-xs">
            <span class="fund-up">226.38%</span>
```

```
            </td>
        </tr>
        <tr>
            <td>浙方消费升级混合 <br />
                <span class="fund-code">000689</span>
            </td>
            <td>2.7350</td>
            <td class="hidden-xs">2.8450</td>
            <td class="hidden-xs">2021-07-20</td>
            <td>
                <span class="fund-up">1.22% </span>
            </td>
            <td class="hidden-xs">
                <span class="fund-down">-9.06% </span>
            </td>
            <td class="hidden-sm hidden-xs">
                <span class="fund-up">50.27% </span>
            </td>
            <td class="hidden-sm hidden-xs">
                <span class="fund-up">62.03% </span>
            </td>
            <td class="hidden-md hidden-sm hidden-xs">
                <span class="fund-up">200.65% </span>
            </td>
        </tr>
        <tr>
            <td>浙方新蓝筹精选混合 <br />
                <span class="fund-code">000788</span>
            </td>
            <td>2.5230</td>
            <td class="hidden-xs">2.6030</td>
            <td class="hidden-xs">2021-07-20</td>
            <td>
                <span class="fund-up">0.92% </span>
            </td>
            <td class="hidden-xs">
                <span class="fund-up">20.43% </span>
            </td>
            <td class="hidden-sm hidden-xs">
                <span class="fund-up">42.95% </span>
            </td>
```

```
        <td class = "hidden - sm hidden - xs" >
            <span class = "fund - up" >24.29% </span >
        </td >
        <td class = "hidden - md hidden - sm hidden - xs" >
            <span class = "fund - up" >171.29% </span >
        </td >
    </tr >
    <tr >
        <td >浙方沪深 300 指数 <br / >
            <span class = "fund - code" >000656 </span >
        </td >
        <td >1.9620 </td >
        <td class = "hidden - xs" >2.3320 </td >
        <td class = "hidden - xs" >2021 -07 -20 </td >
        <td >
            <span class = "fund - down" > -0.05% </span >
        </td >
        <td class = "hidden - xs" >
            <span class = "fund - down" > -0.96% </span >
        </td >
        <td class = "hidden - sm hidden - xs" >
            <span class = "fund - up" >21.64% </span >
        </td >
        <td class = "hidden - sm hidden - xs" >
            <span class = "fund - up" >4.08% </span >
        </td >
        <td class = "hidden - md hidden - sm hidden - xs" >
            <span class = "fund - up" >170.02% </span >
        </td >
    </tr >
    <tr >
        <td >浙方周期优选混合 <br / >
            <span class = "fund - code" >003857 </span >
        </td >
        <td >2.4529 </td >
        <td class = "hidden - xs" >2.4529 </td >
        <td class = "hidden - xs" >2021 -07 -20 </td >
        <td >
            <span class = "fund - up" >0.05% </span >
        </td >
        <td class = "hidden - xs" >
```

```
                    <span class="fund-up">14.59% </span>
                </td>
                <td class="hidden-sm hidden-xs">
                    <span class="fund-up">44.82% </span>
                </td>
                <td class="hidden-sm hidden-xs">
                    <span class="fund-up">20.06% </span>
                </td>
                <td class="hidden-md hidden-sm hidden-xs">
                    <span class="fund-up">145.29% </span>
                </td>
            </tr>
        </table>
    </div>

    <div class="more col-xs-12">
    <a href="#"> <span class="glyphicon glyphicon-triangle-bot-
tom"></span> 查看更多 </a>
    </div>
  </div>
  </div>
</section>
<!--热销基金 结束-->
```

在首页 index. php 中利用如下代码引入热销基金程序 rxjj. php：

```
<!--引入热销基金文件-->
<?php include("index/rxjj.php"); ?>
```

3. 在 function. php 中创建统一的数据查询方法 get_ my_ data ($num，$groups)，因为查询的数据的分类不同显示的条数不同，所以用 $num 来定义查询一次显示的数据条数，用 $groups 来定义查询的分组条件。数据库的连接方法参考前文第 2 点。

MySQLi 的数据读取需要使用 query 方法去执行 sql 语句，并通过指针去一行一行地读取查询的数据并进行输出，用 $row = $result->fetch_ assoc ( )；去获取每一行的数据，用 $row [“列名”] 获取对应的数据就可以了。

代码示例如下：

```
/*
* 基金数据表的数据查询
* get_my_data(int num[查询数量],string groups [查询条件])
*/
```

```
//定义获取热销基金数据的方法 get_my_data($num , $groups)
function get_my_data($num, $groups)
{
    // 设置字符集
    $servername = "localhost"; //服务器地址
    $username = "root"; //数据库用户名
    $password = ""; //数据库密码
    $dbname = "zfjj"; //数据库名称

    //创建连接
    $conn = new mysqli($servername, $username, $password, $dbname);

    // Check connection
    if ($conn->connect_error) {
          die("连接失败: ". $conn->connect_error);
    }

    $sql = "SELECT * FROM fund_data_sheet WHERE `groups` LIKE '$groups'";

    //统计当前选项下一共有多少条数据
    $amount_a = "SELECT count(*) FROM fund_data_sheet WHERE `groups`
LIKE '$groups'";
    $amount_b = $conn->query($amount_a);
    $amount_c = $amount_b->fetch_all();
    $amount = $amount_c[0][0];
    if ($amount > $num) {
        $amount = $num;
    }

    $result = $conn->query($sql);

    if ($result->num_rows > 0) {
          $i = 1;
          // 输出数据

        while ($i <= $amount) {
             $row = $result->fetch_assoc();
             echo "
                   <tr class='pointer' onFocus='open(this);' data-
fund-id='". $row["id"]. "'>
```

```
                        <td class = 'padding - top - 10px width_222px' > " .
 $row["name"]. " <br / > <span class = 'fund - code'  > " . $row["id"]. " </
span > </td >
                        <td class = 'second_120px' > " . $row["nav"]. " </
td >
                        <td class = 'hidden - xs second_120px' > " . $row
["nmt"]. " </td >
                        <td class = 'hidden - xs second_120px' > " . $row
["datetime"]. " </td > ";
            // 今日涨跌幅
            if ( $row["day"] > 0) {
                echo " <td class = 'red intable_oth' > " . $row["day"] *
100 . "% " . " </td > ";
              } elseif ( $row["day"] < 0) {
                echo " <td class = 'green intable_oth' > " . $row["day"] *
100 . "% " . " </td > ";
              } else {
                echo " <td class = 'gray intable_oth' > " . $row["day"] *
100 . "% " . " </td > ";
              };
              // 最近半年
              if ( $row["half_year"] > 0) {
                echo " <td class = 'red hidden - xs intable_oth' > " . $row
["half_year"] * 100 . "% " . " </td > ";
              } elseif ( $row["half_year"] < 0) {
                echo "  <td  class  = 'green  hidden - xs  intable_oth' > " .
 $row["half_year"] * 100 . "% " . " </td > ";
              } else {
                echo " <td class = 'gray hidden - xs intable_oth' > " . $row
["half_year"] * 100 . "% " . " </td > ";
              };
              // 最近一年
              if ( $row["year"] > 0) {
                echo " <td class = 'red hidden - xs hidden - sm intable_oth
' > " . $row["year"] * 100 . "% " . " </td > ";
              } elseif ( $row["year"] < 0) {
                echo " <td class = 'green hidden - xs hidden - sm intable_
oth' > " . $row["year"] * 100 . "% " . " </td > ";
              } else {
                echo " <td class = 'gray hidden - xs hidden - sm intable_
oth' > " . $row["year"] * 100 . "% " . " </td > ";
```

```
            };
            // 今年以来
            if ($row["from_year"] > 0) {
                echo " <td class='red hidden-xs hidden-sm intable_oth
'>". $row["from_year"] * 100 . "%" . "</td>";
            } elseif ($row["from_year"] < 0) {
                echo " <td class='green hidden-xs hidden-sm intable_
oth'>". $row["from_year"] * 100 . "%" . "</td>";
            } else {
                echo " <td class='gray hidden-xs hidden-sm intable_
oth'>". $row["from_year"] * 100 . "%" . "</td>";
            };
            // 成立以来
            if ($row["from_since"] > 0) {
                echo " <td class='red hidden-xs hidden-sm hidden-md
intable_oth'>". $row["from_since"] * 100 . "%" . "</td>";
            } elseif ($row["from_since"] < 0) {
                echo " <td class='green hidden-xs hidden-sm hidden-md
intable_oth'>". $row["from_since"] * 100 . "%" . "</td>";
            } else {
                echo " <td class='gray hidden-xs hidden-sm hidden-md
intable_oth'>". $row["from_since"] * 100 . "%" . "</td>";
            };
            echo "</tr>";

            $i++;
        }
    } else {
        echo "0 结果";
    }
    $conn->close();
}
```

注意在每次使用完数据库后，都要用 $conn->close ()；关闭数据库连接，以释放资源。

4. 在 rxjj. php 中调用上述定义完的 function 方法 get_ my_ data （ $num， $groups）就可以获取默认分类的数据了，示例代码如下：

```
<!-- 热销基金 开始 -->
<section id="index_product" class="container">
```

```
    <div class="index-title">
        <div class="index-title-img">
            <img src="<?php echo get_zfjj_uri(); ?>/img/
product.gif"/>
        </div>
        <div class="index-title-text">
            热销基金
        </div>
        <ul class="mose-on-this margin-top-30px">
            <li class="margin-left-80px active-text-color"">
                <font id="1">混合型</font>
                <!--点中的文字颜色 class="form-title-active"-->
                <span class="form-title-joint">|</span>
            </li>
            <li ">
                <font id="2">股票型</font>
                <span class="form-title-joint">|</span>
            </li>
            <li ">
                <font id="3">指数型</font>
                <span class="form-title-joint">|</span>
            </li>
            <li>
                <font id="4">债券型</font>
                <span class="form-title-joint">|</span>
            </li>
            <li ">
                <font id="5">货币型</font>
            </li>
        </ul>
    </div>
    <div class="product-box">
        <div class="form">
            <table id="hhx" class="myTable-title a7">
                <tr class="form-frist-tr">
                    <td id="fund-name">基金名称</td>
                    <td>单位净值</td>
                    <td class="hidden-xs">累计净值</td>
                    <td class="hidden-xs">净值日期</td>
                    <td>日涨跌幅</td>
                    <td class="hidden-xs">最近半年</td>
```

```
                    <td class="hidden-sm hidden-xs">最近一年</td>
                    <td class="hidden-sm hidden-xs">今年以来</td>
                    <td class="hidden-md hidden-sm hidden-xs">成立以
来</td>
                </tr>
            </table>

            <div id="table_1">
                <table id='jjnr' class="myTable a7">
                    <?php echo get_my_data(6, '混合型'); ?>
                </table>
            </div>
        </div>
        <div class="more col-xs-12">
            <a href="#">>>查看更多</a>
        </div>
    </div>
    </div>
</section>
```

这样就可以在页面中看到查询的基金数据了，但是还不能进行切换。

5. 实现基金类型切换功能，即鼠标点击不同基金分类的名称，切换查询基金数据。切换采用最简单直接的方式进行，可以一次性加载所有分类的查询数据，然后通过点击不同的分类查询来显示不同的分类数据。

提前加载好5个分类在首页查询出来的6条数据信息，通过控制 display 的属性来控制默认展示的基金数据，把热销基金程序 rxjj.php 中显示6只基金的代码改成如下：

```
<div id="table_1">
                    <table id='jjnr' class="myTable a7">
                        <?php echo get_my_data(6, '混合型'); ?>
                    </table>
                </div>

                <div id="table_2" style="display: none">
                    <table id='jjnr' class="myTable a7">
                        <?php echo get_my_data(6, '股票型'); ?>
                    </table>
                </div>
```

```
<div id="table_3" style="display: none">
    <table id='jjnr' class="myTable a7">
        <? php echo get_my_data(6, '指数型'); ? >
    </table>
</div>

<div id="table_4" style="display: none">
    <table id='jjnr' class="myTable a7">
        <? php echo get_my_data(6, '债券型'); ? >
    </table>
</div>

<div id="table_5" style="display: none">
    <table id='jjnr' class="myTable a7">
        <? php echo get_my_data(6, '货币型'); ? >
    </table>
</div>
```

不同分类添加鼠标单击事件，并用 JS 创建 index_ click（a）事件，为了区别点击的名称用参数 a 来确定每次点击的按钮，把热销基金程序 rxjj. php 中基金类型相关的代码改成如下：

```
<ul class="mose-on-this margin-top-30px">
            <li class="margin-left-80px active-text-color" on-
Click="index_click(1)">
                <font id="1">混合型</font>
                <! --点中的文字颜色  class="form-title-active" -->
                <span class="form-title-joint">|</span>
            </li>
            <li onClick="index_click(2)">
                <font id="2">股票型</font>
                <span class="form-title-joint">|</span>
            </li>
            <li onClick="index_click(3)">
                <font id="3">指数型</font>
                <span class="form-title-joint">|</span>
            </li>
            <li onClick="index_click(4)">
                <font id="4">债券型</font>
```

```
                <span class="form-title-joint">|</span>
            </li>
            <li onClick="index_click(5)">
                <font id="5">货币型</font>
            </li>
        </ul>
```

上述 id1 -5 分别对应了 5 个分类，在热销基金程序 rxjj. php 最后增加用参数判断点击的分类 JS 方法，代码如下：

```
<script>
    function index_click(a) {
        for (i = 1; i < 6; i++) {
            document.getElementById('table_' + i).style.display = "
none";
            document.getElementById(i).style.color = "#000000";
        }
        document.getElementById('table_' + a).style.display = "in-
line";
        document.getElementById(a).style.color = "#d0ae6c";
    }
</script>
```

6. 通过 1—5 用参数的形式将按钮和需要展示的数据进行了一个关系的确认，从而用来控制页面展示内容，如图 8 – 17 所示。

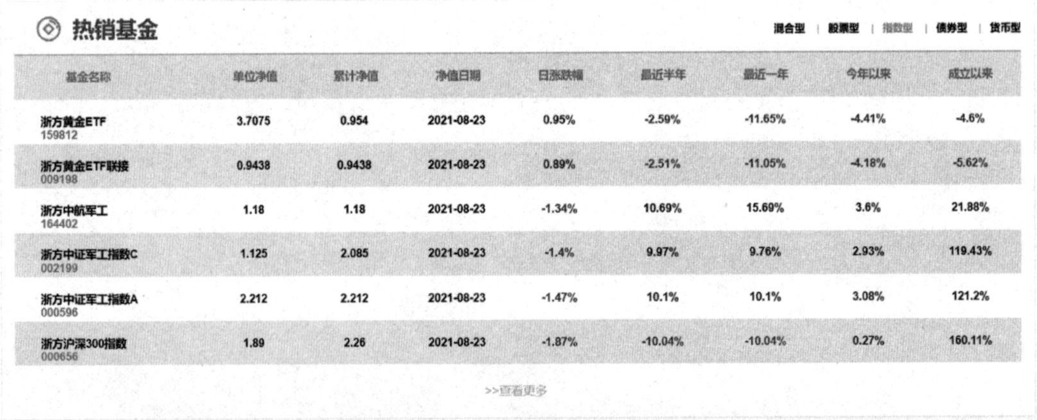

基金名称	单位净值	累计净值	净值日期	日涨跌幅	最近半年	最近一年	今年以来	成立以来
浙方黄金ETF 159812	3.7075	0.954	2021-08-23	0.95%	-2.59%	-11.65%	-4.41%	-4.6%
浙方黄金ETF联接 009198	0.9438	0.9438	2021-08-23	0.89%	-2.51%	-11.05%	-4.18%	-5.62%
浙方中航军工 164402	1.18	1.18	2021-08-23	-1.34%	10.69%	15.69%	3.6%	21.88%
浙方中证军工指数C 002199	1.125	2.085	2021-08-23	-1.4%	9.97%	9.76%	2.93%	119.43%
浙方中证军工指数A 000596	2.212	2.212	2021-08-23	-1.47%	10.1%	10.1%	3.08%	121.2%
浙方沪深300指数 000656	1.89	2.26	2021-08-23	-1.87%	-10.04%	-10.04%	0.27%	160.11%

图 8 – 17　热销基金效果图展示

7. 热销基金是首页用来展示的，用户可以点击对应基金所在的行进入基金的详情页面，这是使用了 JQ 对 tr 页面 tr 空间添加了鼠标单击效果，在页面跳转的时候通过获取基金的代码方式，来确定基金详情页的基金展示内容，代码如下所示：

```
$('body').on('click','tr',function () {
        console.log($(this).data("id"));
        var id = $(this).data("id");
        window.open("http://localhost/zfjj/jjxq/?fundid="+id);
    })
```

8. 到这一步点击对应的基金行就能进入对应的基金详情页面了，基金详情页的制作具体实现放在项目6的任务6，这里只做效果展示，如图8－18所示。

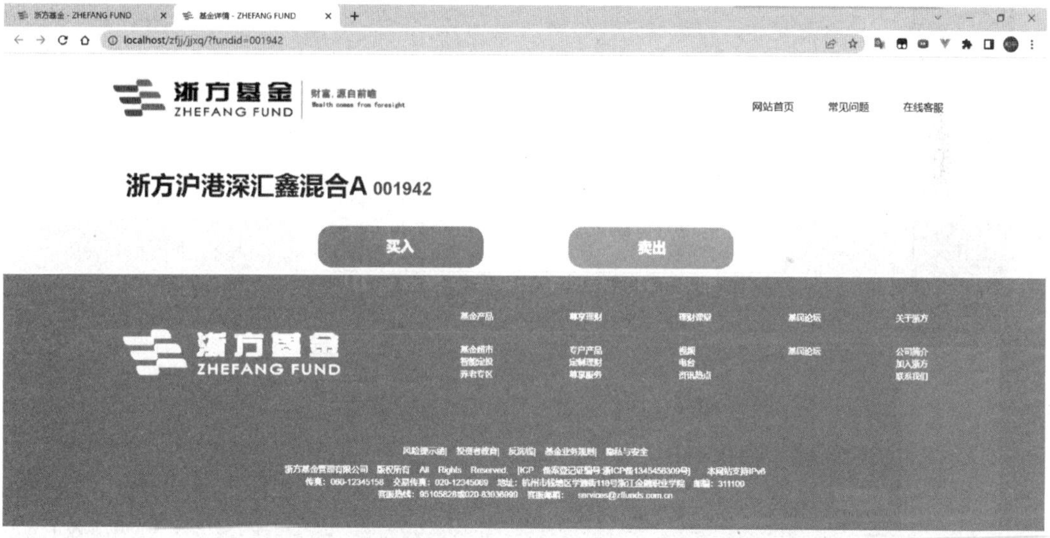

图8－18　点击跳转基金详情页的效果

8.1.5　实现关于浙方的动态效果

- **任务介绍**

本任务要实现浙方基金网站首页中关于浙方的动态效果，这个板块所用到的知识和资讯热点类似，都是运用了文章的查询和展示。

- **任务目标**

1. 在WordPress后台创建对应的文章分类，并添加一定数量的文章；
2. 在网页对应的位置查询并展示文章的标题和摘要；
3. 实现文章页面的跳转。

• 任务实施

1. 在 WordPress 后台创建关于浙方的文章分类，如图 8 – 19 所示。

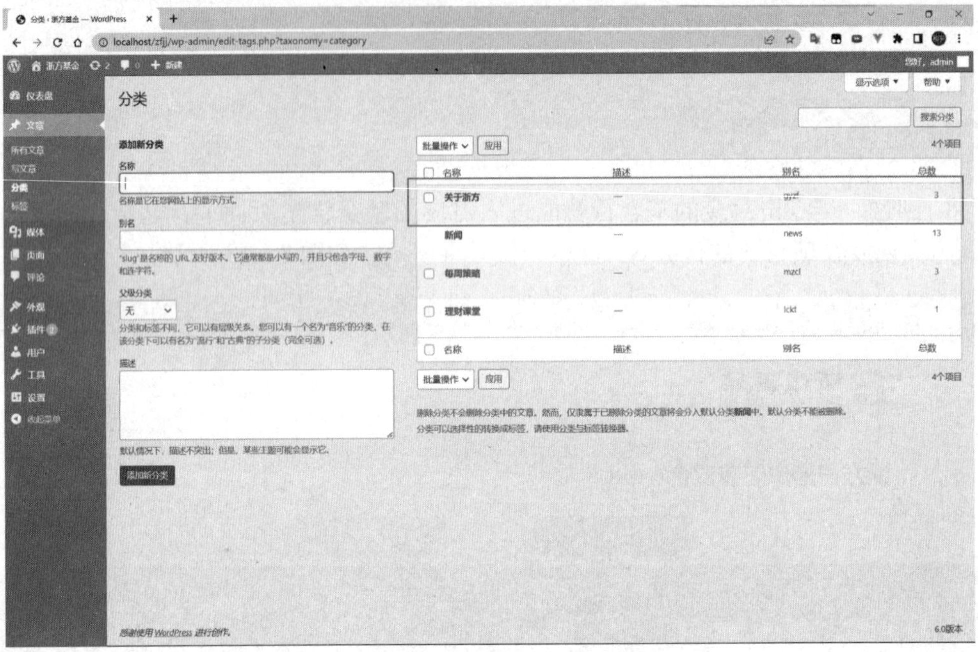

图 8 – 19　创建关于浙方的文章分类

2. 在分类下发布几篇文章用于效果的展示，如图 8 – 20 所示。

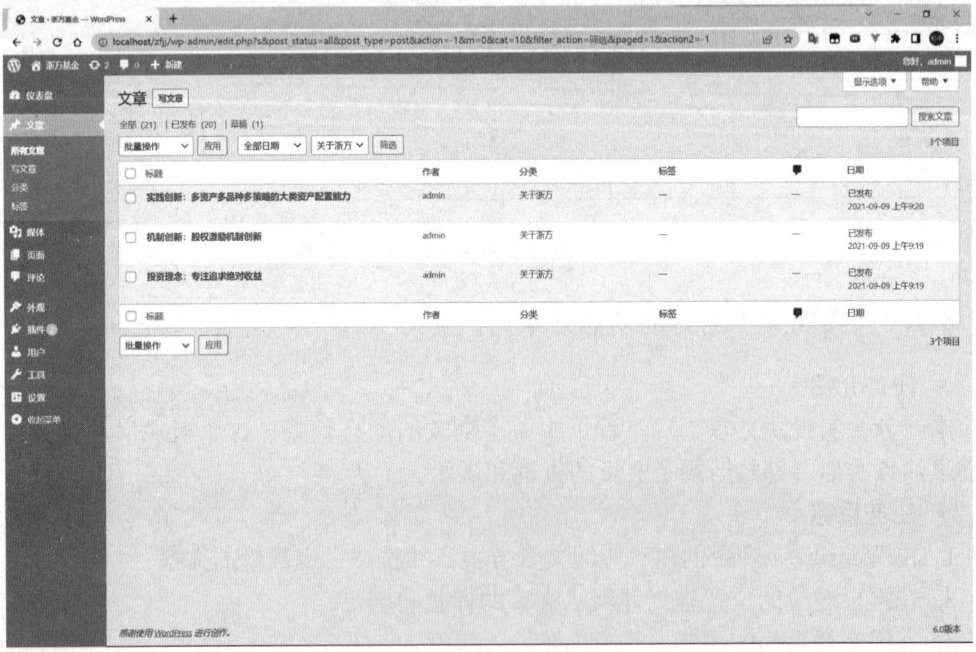

图 8 – 20　关于浙方下的文章发布

3. 在 C:\xampp\htdocs\zfjj\wp-content\themes\zfjj\index 下创建 gyzf.php 文件。

4. 将静态的 HTML 代码复制到 gyzf.php 中，并修改有关的 src 路径，代码如下：

```
<!-- 关于浙方 开始 -->
<!--第七板块 关于浙方-->
<div id="index_about" class="container">
   <div class="row">

   <div class="about-left col-lg-6 col-md-12">
       <div class="index-title">
           <div class="index-title-img">
               <img src=" <? php echo get_zfjj_uri(); ? >/img/
about.png" />
           </div>
           <div class="index-title-text">
               关于浙方
           </div>
       </div>

       <div class="about-left-box">
           <ul>
               <li>投资理念:专注追求绝对收益</li>
               <div>公司始终坚持以"专注追求绝对收益"为核心投资理念,保护基金持
有人的长期利益,力争实现基金持有人的正回报。</div>
               <li>机制创新:股权激励机制创新</li>
               <div>由公司核心成员组成的合伙企业占股25%,为并列第一大股东,实
现了核心员工与公司利益的一致性。</div>
               <li>实践创新:多资产多品种多策略的大类资产配置能力</li>
               <div>公司在权益、债券、黄金等大类资产领域多次精准预判和前瞻布局。
</div>
           </ul>
       </div>

   </div>
   <div class="about-right col-lg-6 hidden-md hidden-sm hidden-xs">
       <img src="<? php echo get_zfjj_uri(); ? >/img/home-img.gif" />
   </div>

   </div>
</div>
<br />
<!-- 关于浙方 结束 -->
```

5. 在 WordPress 中可以查看到关于浙方的文章分类 ID 为 10，如图 8－21 所示。

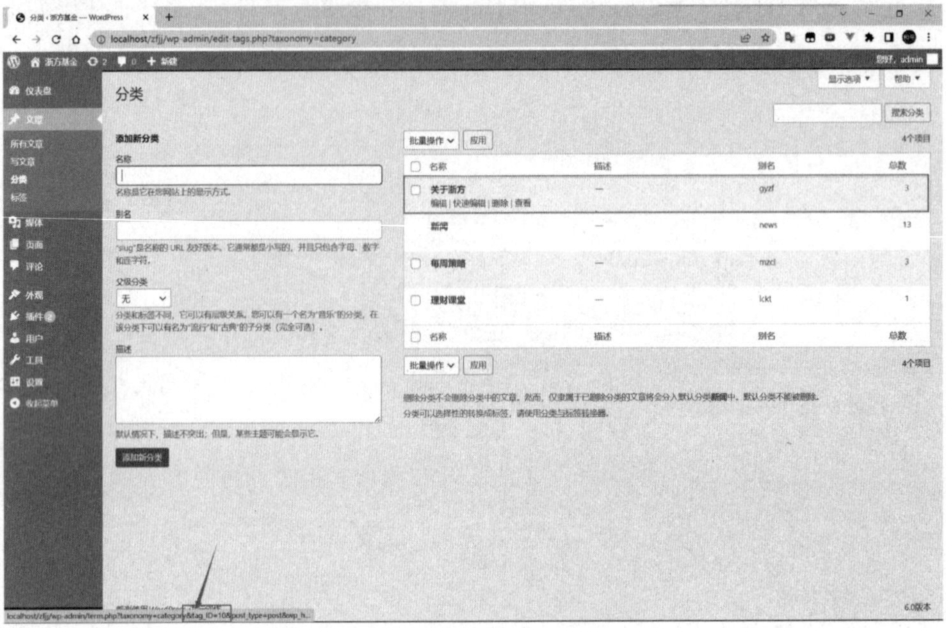

图 8－21　查询关于浙方文章分类 ID

6. 同资讯热点一样，使用 WP_ Query 来查询对应的文章内容，并展示在页面中，关于浙方程序 gyzf. php 中有关代码如下：

```
<ul>
    <?php $mzcl = array(
        'post_type'          =>'post',
        'posts_per_page'     =>3,
        'category__in'       =>10, //设置查询的分类 id
    ); ?>
    <?php $myquery_mzcl = new WP_Query($mzcl); ?>
    <?php if ($myquery_mzcl->have_posts()) : ?>
        <?php while ($myquery_mzcl->have_posts()) : $myquery_mzcl->the_post(); ?>
            <li class="gyzf_a"> <a href="<?php the_permalink(); ?>"><?php echo get_the_title(); ?></a> </li>
            <div class=""><?php echo get_the_excerpt(); ?></div>
        <?php endwhile; ?>
    <?php endif; ?>
    <?php wp_reset_postdata(); ?>
</ul>
```

7. 效果展示，如图 8－22 所示。

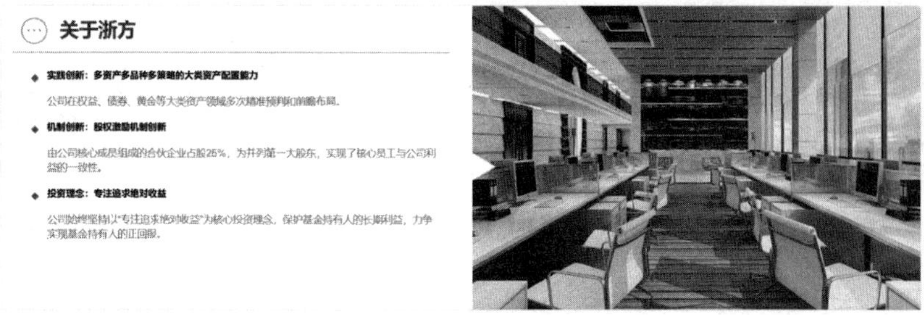

图 8－22　关于浙方的效果展示

8. 到此关于浙方的动态效果基本都实现了，接下来的任务就是完善浙方基金网站的整体功能了。

8.2　任务 2　实现基金详情页的动态效果

- **任务介绍**

本任务要实现浙方基金网站中基金详情页面的动态效果，基金详情页面需要通过点击不同的基金查看该基金的信息。

- **任务目标**

1. 制作基金详情页的模板页面；
2. 实现点击不同基金跳转到基金详情页面的效果；
3. 实现基金详情页面的购买功能。

- **任务实施**

1. 首先在 WordPress 的控制台 http：//localhost/zfjj/wp－admin 新建基金详情页的页面，如图 8－23 所示。

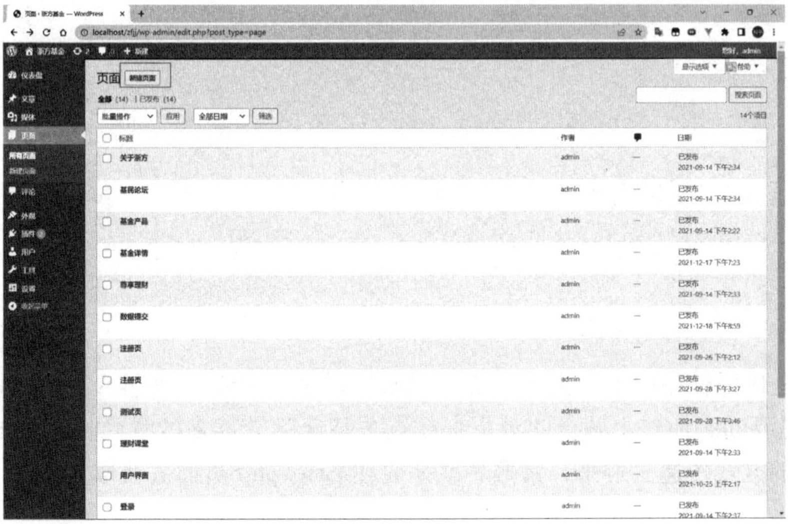

图 8－23　WordPress 创建新页面的界面

2. 在新建页面中填写页面的别名为 jjxq，如图 8－24 所示。

图 8－24　WordPress 创建页面

同时能够获得跳转页面的链接为 http：//localhost/zfjj/jjxq/。

3. 创建完基金详情页面并有了链接，但是还没有对应的资源文件，所以需要在 C：\ xampp \ htdocs \ zfjj \ wp－content \ themes \ zfjj 下创建 page. php 作为基金详情页面。

4. 在 page. php 中引入网站统一的头部（header. php）和底部（footer. php）的组件以及静态的 CSS 资源，代码如下所示：

```
<!--这是基金详情页面-->
<!--链接 CSS 和 JQ-->
<link rel="stylesheet" href="<?php get_zfjj_uri(); ?>/css/page.css">
<script src="<?php get_zfjj_uri(); ?>/jquery/jquery-3.6.0/dist/jquery.min.js"></script>
<?php include('css/addcss.php'); ?>
<?php include('header.php'); ?>
<!—网页展示的部分-->
<?php include('footer.php'); ?>
```

5. 以上代码就完成了把头部和底部以及所需要的 CSS 文件引入 page. php 文件中，接下来就是要动态地展示基金的数据，在点击基金跳转过来的时候将基金的 6 位代码通过 GET 的方式传递了过来，紧接着就是要在 page. php 页面去获取点击的 GET 请求，操作如下。

（1）使用 PHP 去获得 GET，请求代码如下：

```
$id = $_GET["fund_id"];
```

（2）拿到传递过来的基金编码即 $id 后需要通过条件查询的方式从数据库中查询到对应的基金数据，代码如下所示：

```
// 设置字符集
$servername = "localhost"; //服务器地址
$username = "root"; //数据库用户名
$password = ""; //数据库密码
$dbname = "zfjj"; //数据库名称

//创建连接
$conn = new mysqli($servername, $username, $password, $dbname);
$sql = "SELECT * FROM fund_data_sheet WHERE `id` = '$id'";
if (isset($_COOKIE["up"]) && $_COOKIE["up"] != "") {
    $phone = $_COOKIE["up"];
    $sql2 = "SELECT * FROM `zff_users_wallet` WHERE `user_phone` ='
$phone';";
}
//检查连接
if ($conn->connect_error) {
    die("连接失败: " . $conn->connect_error);
} else {
    $result = $conn->query($sql);
    if (isset($_COOKIE["up"]) && $_COOKIE["up"] != "") {
        $user_result = $conn->query($sql2);
    }
    if ($result->num_rows > 0) {
        // 输出数据
        $row = $result->fetch_assoc();
        if (isset($_COOKIE["up"]) && $_COOKIE["up"] != "") {
            $user_row = $user_result->fetch_assoc();
        }
?>
        <!-- 展示内容 -->
        <div style="background-color: #FFFFFF;">
            <div id="fund_title" class="do_center do_width1200ax">
                <?php echo $row["name"]; ?>
                <font id = "fundid" title = "点击复制"> <?php echo
$row["id"]; ?></font>
            </div>
```

```
        </div>

        <div id="my_but" class="do_center do_width1200ax">
            <div id="buy_in" class="my_but">买入</div>
              <div id="buy_out" class="my_but">卖出</div>
        </div>
        <!--展示内容 END-->
```

6. 到这一步，基金详情页面就可以通过点击不同的基金，从而查阅不同的基金名称和数据了，但是还没有实现基金购买功能，基金的购买功能实现步骤如下。

（1）需要监测用户是否登录，用户是否登录是通过cookie去判断的，如果用户没有登录就需要提示用户要先进行登录，然后才能购买基金，如果已经登录，那么在购买的时候还需要考虑基金的数量、用户购买的总金额等数据以判断是否可以完成购买。

（2）实现的代码如下所示：

```
<!--这是基金详情页面-->
<!--链接CSS和JQ-->
<link rel="stylesheet" href="<?php get_zfjj_uri(); ?>/css/
page.css">
<script src="<?php get_zfjj_uri(); ?>/jquery/jquery-3.6.0/dist/
jquery.min.js"></script>
<?php include('css/addcss.php'); ?>
<!--消息窗的背景-->
<div id="message_bg" style="display: none;">

</div>
<?php include('body-head.php'); ?>
<!--链接数据库进行数据查询-->
<?php
$id = $_GET["fundid"];

//设置字符集
$servername = "localhost"; //服务器地址
$username = "root"; //数据库用户名
$password = ""; //数据库密码
$dbname = "zfjj"; //数据库名称

//创建连接
$conn = new mysqli($servername, $username, $password, $dbname);
$sql = "SELECT * FROM fund_data_sheet WHERE `id` = '$id'";
```

```
if (isset($_COOKIE["up"]) && $_COOKIE["up"] != "") {
      $phone = $_COOKIE["up"];
      $sql2 = "SELECT * FROM `zff_users_wallet` WHERE `user_phone` =
'$phone';";
}
//检查连接
if ($conn->connect_error) {
     die("连接失败: " . $conn->connect_error);
} else {
      $result = $conn->query($sql);
     if (isset($_COOKIE["up"]) && $_COOKIE["up"] != "") {
         $user_result = $conn->query($sql2);
     }
     if ($result->num_rows > 0) {
         // 输出数据
         $row = $result->fetch_assoc();
         if (isset($_COOKIE["up"]) && $_COOKIE["up"] != "") {
             $user_row = $user_result->fetch_assoc();
         }
?>
         <!-- 展示内容 -->
         <div style="background-color: #FFFFFF;">
             <div id="fund_title" class="do_center do_width1200ax">
                 <?php echo $row["name"]; ?>
                 <font id="fundid" title="点击复制"><?php echo $row
["id"]; ?></font>
             </div>
         </div>

         <div id="my_but" class="do_center do_width1200ax">
             <div id="buy_in" class="my_but">买入</div>
             <div id="buy_out" class="my_but">卖出</div>
         </div>

         <div id="buy_from" class="do_center do_width1200ax" style="
display:none;">
             <form action="http://localhost/zfjj/buy_success/">
                 <table id="buy_funds">
                     <tr>
                         <td style="text-align: right;">基金名字:</td>
                         <td><?php echo $row["name"]; ?></td>
```

```
                </tr>
                <tr>
                    <td style="text-align: right;">基金编码: </td>
                    <td> <input type="text" name="fundid" id="fun-
did" value=<? php echo $row["id"]; ? >> </td>
                </tr>
                <tr>
                    <td style="text-align: right;">购买单价: </td>
                    <td> <input type="number" name="nav" id="nav"
value=<? php echo $row["nav"] ? >> </td>
                </tr>
                <tr>
                    <td style="text-align: right;">购买数量: </td>
                    <td>
                        <input type="number" name="buy_num" id="buy_
num" value="100">
                        <br>
                        <font id="buy_sum">总计: <font id="buy_sum_
num"> </font>
                        </font>
                    </td>
                </tr>
                <tr>
                    <td style="text-align: right;">可用余额: </td>
                    <td id="user_wallet"> <? php echo $user_row["us-
er_wallet"]; ? > </td>
                </tr>
                <tr>
                    <td colspan="2" style="text-align: center;">
                        <button type="submit" class="buy_bt">确认 </
button>
                        <div id="bt_qx" class="buy_bt">取消 </div>
                    </td>
                </tr>
            </table>
        </form>
    </div>
    <! -- 展示内容 END -- >
    <div id="message" style="display: none;">
        <font id="message_title">浙方基金 - ZHEFANG Fund </font>
```

```
            <div id = "message_txt" > </div >
            <font id = "message_time" > </font >
            <div id = "message_close" >OK </div >
        </div >
<? php
    }
}
$conn - >close();

? >
<script >
    $("#fund_title").click(function() {
        var val = document.getElementById('fundid');
        window.getSelection().selectAllChildren(val);
        document.execCommand("Copy");
        window.getSelection().empty()
        alert("已经复制编码")
    });
    $("#buy_in").click(function() {
        check_login();
        // 判断是否可以买入
        var user_wallet = get_user_wallet();
        if (buy_sum > get_user_wallet()) {
            message("超出可买入范围");
        }
    });

    function check_login() {
        c_start = document.cookie.indexOf("name");
        if (c_start = = -1) {
            // alert("您还没有登录,即将前往登录界面");
            message("您还没有登录,即将前往登录界面");
            //执行 countDown 方法
            countDown();
        } else {
            console.log("OK");
            //已经登录会员
            $("#buy_from").attr({
                undefined,
                "style": "display:;"
            })
```

```
    }
};
var count = 3;
// 倒计时
function countDown() {
    //将 count 显示在 div 中
    document.getElementById("message_time").innerHTML = count;
    //没执行一次,count 减 1
    count - = 1;
    //count =0 时,跳转页面
        if (count = = 0) {
        location.href = "http://localhost/zfjj/login/";
    }
    //每秒执行一次,showTime()
    setTimeout("countDown()", 1000);
}
// 初次计算金额
var numb = get_nav();
var buy_sum = numb *  $("#buy_num").val();
 $("#buy_sum_num").text(buy_sum);
// 点击名字复制基金编码
// 实时计算金额
 $("#buy_num").bind("input propertychange", function(event) {
    numb = get_nav();
    buy_sum = numb *  $("#buy_num").val();
     $("#buy_sum_num").text(buy_sum);
    if (buy_sum >get_user_wallet()) {
        alert("超出最大可买入数量");
    }
});

// 取消购买
 $("#bt_qx").click(function() {
     $("#buy_from").attr({
        undefined,
        "style": "display:none;"
    })
})
// 获取数据
function get_nav() {
    var get_nav = $("#nav").val();
```

```
            console.log(get_nav);
            return get_nav;
        }
        function get_user_wallet() {
            var get_user_wallet = $("#user_wallet").text();
            return get_user_wallet;
        }
        // 消息提示框
        function message(text) {
            $("#message").attr({
                undefined,
                "style": "display:;",
            })
            $("#message_bg").attr({
                undefined,
                "style": "display:;",
            })
            $("#message_txt").text(text);
        }
        $("#message_close").click(function(){
            $("#message").attr({
                undefined,
                "style": "display:none;",
            })
            $("#message_bg").attr({
                undefined,
                "style": "display:none;",
            })
        });
</script>
<?php include('footer.php'); ?>
```

7. 基金购买的功能通过以上代码就完成了，效果展示如图 8－25 至图 8－27 所示。

图 8－25　用户未登录购买基金提示请登录跳转到登录页面

图 8－26　用户登录后购买基金页面

图 8－27　用户提交够买后页面

8.3　任务 3　实现注册页的动态效果

- **任务介绍**

本任务要实现浙方基金网站注册的功能，在刚刚的基金购买页面已经讲到了网站的登录权限，如果用户没有登录是无法进行基金的购买操作的，但是在用户登录之前呢，肯定需要注册网站账户，有了账户才能进行登录购买基金。

- **任务目标**

1. 实现注册页面的制作；
2. 实现注册页面的注册功能。

- **任务实施**

1. 制作注册页面，首先要在 C：\ xampp \ htdocs \ zfjj \ wp – content \ themes \ zfjj 这个目录下创建 login 文件夹，用来存放有关登录注册页面所需要用到的资源文件。

2. 根据注册页面的效果，需要再制作一个头部文件，用于登录注册页面，如图 8 – 28所示。

图 8 – 28　注册页面

3. 在 login 文件夹下创建 login – header. php 文件用于存放登录注册页的头部，代码如下所示：

```
<!-- 登录界面头部 -->

<head>
    <meta charset="utf-8">
    <meta http-equiv="X-UA-Compatible" content="IE=edge">
    <meta name="viewport" content="width=device-width, initial-
scale=1">
    <!-- 上述3个meta标签*必须*放在最前面,任何其他内容都*必须*跟随其后! -->
    <title>
```

```
            <?php my_title()?>
        </title>
        <link rel="icon" href="<?php echo get_zfjj_uri();?>/img/
logo.png"/>
</head>

<body>
        <div id="login-header" class="test backcolor-#FFFFFF">
            <div id="login-1200" class="center-div">
            <a href="http://localhost/zfjj"><img id="login-header-
img" src="<?php echo get_zfjj_uri();?>/img/index_03.png" alt="logo"
></a>
            <ul id="login-header-right" class="float-right">
                <li><a href="http://localhost/zfjj/">网站首页</a>
</li>
                <li><a href="http://localhost/zfjj/">常见问题</a>
</li>
                <li><a href="http://localhost/zfjj/">在线客服</a>
</li>
            </ul>
        </div>
    </div>
```

4. 在 C:\xampp\htdocs\zfjj\wp-content\themes\zfjj\login\目录下新建 join 文件夹用来存放注册页的静态资源，在 join 文件夹下创建 join-border.php 文件用于制作注册页的主要内容，将注册的表单信息提交到 test.php 下，join-border.php 代码如下所示：

```
<div id="join_main">
    <div id="join_welcome">
        <div id="red-vline"></div>
        <font id="welcome_title">欢迎注册</font>
        <div id="two_select">
            <font id="txxx" class="two_border two_select_active">
填写信息</font>
            <font id="line">————————</font>
            <font id="wczc" class="two_border two_select_un">完成注
册</font>
        </div>
        <font id="yyzh">已有账户:<a href="http://localhost/zfjj/lo-
gin">立即登录</a></font>
```

```
            <div class="join_welcome_hr"></div>
            <form action="../test" method="$_POST">
                <table id="join_form">
                    <tr>
                        <td class="join_form_left"><font>昵 
   称:</font></td>
                        <td class="join_form_right"><input type="
text" name="username" placeholder="请输入昵称"></td>
                    </tr>
                    <tr>
                        <td class="join_form_left"><font>手机号:</
font></td>
                        <td class="join_form_right"><input type=
"text" name="phone" placeholder="请输入手机号"></td>
                    </tr>
                    <tr>
                        <td class="join_form_left"><font>密 
   码:</font></td>
                        <td class="join_form_right"><input type=
"password" name="password-one" placeholder="请输入密码"></td>
                    </tr>
                    <tr>
                        <td class="join_form_left"><font>确认密码:
</font></td>
                        <td class="join_form_right"><input type=
"password" name="password-two" placeholder="请再次输入密码"></td>
                    </tr>
                    <tr>
                        <td class="join_form_left"></td>
                        <td class="join_form_right"><button type="
submit">注    册</button></td>
                    </tr>
                </table>
            </form>
        </div>
</div>
```

5. 在 C:\xampp\htdocs\zfjj\wp-content\themes\zfjj 下创建一个 page-join.php 文件用来整合注册页面的所有文件，当然为了能让 WordPress 认识注册页面，需要到 WordPress 的控制台去新建注册页面（URL 别名 join），如图 8-29 所示。

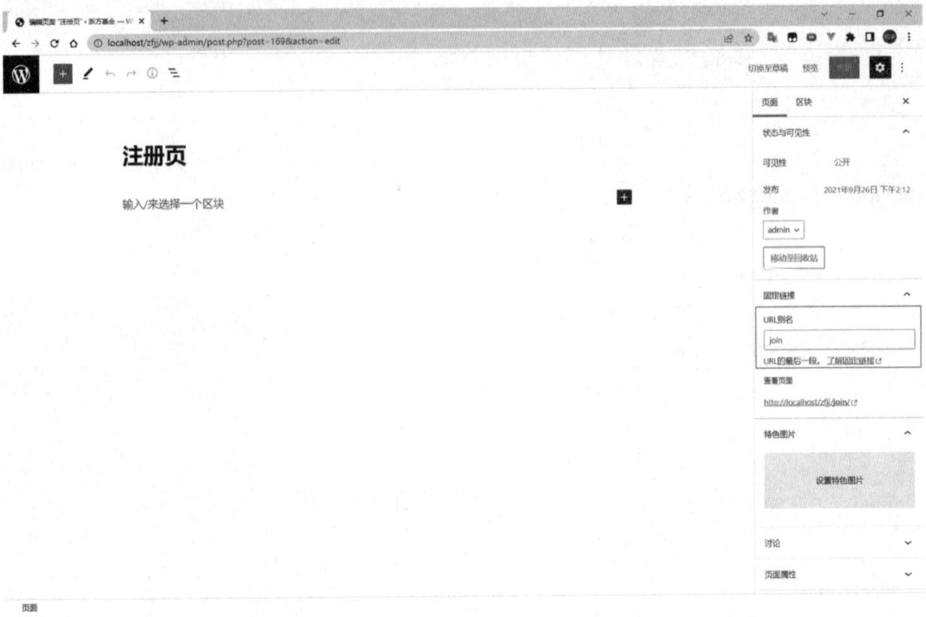

图 8－29　新建 join 页面

6. page－join. php 的代码如下所示：

```
<? php include('css/addcss.php')? >
<? php include("login/login-header.php")? >
<? php include('login/join/join-border.php')? >
<? php include("footer.php")? >
```

7. 至此就可以通过访问 http：//localhost/zfjj/join/来访问注册页面了。但是表单提交处理的 test 页面还没有制作，这是没有办法完成注册信息提交的，text 页面的制作如下。

（1）在 C：\ xampp \ htdocs \ zfjj \ wp－content \ themes \ zfjj 下创建 page－test. php 文件用来实现网站的注册表单数据的提交处理，并返回注册是否成功的信息。

（2）首先就是获取表单提交的数据，然后去检验用户是否已经存在，不存在则完成新用户的注册工作，代码如下所示：

```
<! -- 注册完成页面 -->
<! -- 此文档为账户注册文档 -->
<? php include('css/addcss.php'); ? >
<? php include('login/login-header.php'); ? >
<div id="join_main">
    <div id="join_welcome">
```

```
            <div id="red-vline"></div>
            <font id="welcome_title">欢迎注册</font>
            <div id="two_select">
                <font id="txxx" class="two_border two_select_un">填写信息</font>
                <font id="line">————————</font>
                <font id="wczc" class="two_border two_select_active">完成注册</font>
            </div>
            <font id="yyzh">已有账户:<a href="http://localhost/zfjj/login">立即登录</a></font>
            <div class="join_welcome_hr"></div>
            <h1>欢迎来到浙方基金</h1>
            <h6><a href="http://localhost/zfjj/login/">点击此处返回登录页</a></h6>
            <? php
            // 用户注册
            //声明变量并接受 form 表单发送过来的数据
            $username = $_GET['username'];
            $password = null;
            $userphone = $_GET['phone'];

            //确认密码后将密码传入
            $password_one = $_GET['password-one'];
            $password_two = $_GET['password-two'];
            if ($password_one == $password_two || $password_one ! = null || $password_two ! = null) {
                $password = $password_two;
            } else {
                echo '<div>两次密码输入不相同</div>';
            }

            //字符串拼接,打印输出
            echo "注册的用户名是:" . $username . "<br/>" . "密码是:" . $password . "<br/>". "手机号是:". $userphone . "<br/>";


            //创建连接
            // 设置字符集
            $servername = "localhost"; //服务器地址
            $dpusername = "root"; //数据库用户名
```

```
        $dppassword = ""; //数据库密码
        $dbname = "zfjj"; //数据库名称

        //创建连接
        //$conn=new mysqli($servername, $dpusername, $dppassword,
$dbname);
        $con=mysqli_connect($servername, $dpusername, $dppassword,
$dbname);
        if($con){
            echo"<br/>连接成功"."<br/>";
        }else{
            echo"<br/>连接失败";
        }
        //数据库连接完成

        //判断手机号是否注册过账号
        $sql="SELECT count(*) FROM zfjj_users WHERE `userphone` LIKE
'$userphone'";
        $amount_b = mysqli_query($con, $sql);
        $amount_c = $amount_b->fetch_all();
        $num = $amount_c[0][0];
        echo $num;
        if ($num != 0) {
            echo "这个手机号已经注册过,请返回重新注册。";
        } else {
            // SQL语句插入语句
            $sql = "INSERT INTO `zfjj_users`(`username`, `userpass-
word`, `userphone`, `time`)
                VALUES ('$username','$password','$userphone',CUR-
RENT_DATE)";
            $result = mysqli_query($con, $sql);
            echo "注册成功,欢迎加入浙方基金!";
        };
        //关闭数据库连接

        ?>
    </div>
</div>
<?php include('footer.php') ?>
```

8. 到这一步，注册功能就完成了，展示效果如图 8－30 所示。

图 8－30　用户注册提交信息页面

8.4　任务 4　实现登录页的动态效果

- **任务介绍**

本任务要实现浙方基金网站的登录功能，在刚刚的网站注册完成后，用户就需要进行登录浏览浙方基金网站，并完成基金的购买操作了。

- **任务目标**

1. 实现登录页面的制作；
2. 完成登录功能的实现。

- **任务实施**

1. 登录页面的制作。刚刚在制作注册页面的时候登录注册页面的头部已经做好了，在登录页面直接引入即可。

2. 在 C：\ xampp \ htdocs \ zfjj \ wp－content \ themes \ zfjj \ login 中创建 login－border. php 用来制作登录页面的主题部分，login－border. php 的代码如下所示：

```
<! -- 登录页的主题 -- >
<div id="login-border">
    <div id="login-border-1200">
        <div id="login-title" class="float-left">财富,源自前瞻
</div>
```

```
        <div id="login-main">
            <div id="login-text">欢迎登录</div>
            <form id="login" name='login' action="" method="$_
POST">
                <input type="text" name="username" id="username"
class="login-name login-input-text" placeholder="手机号/身份证号" >
                <br>
                <div id="mess_name" style="display: none;" >
                    <font class="mess">
                        请输入用户名/手机号
                    </font>
                </div>
                <br>
                <input type="password" name="userpassword" id=
"userpassword"  class="login-password login-input-text" placeholder
="密码">
                <br>
                <div id="mess_pwd" style="display: none;" >
                    <font class="mess">
                        请输入密码
                    </font>
                </div>
                <br>
                <input type="button" name="userlogin" id="userlog-
in" class="login-button login-input-text" value="登录">
            </form>
            <div id="no-id" class="float-left">
                没有账号? <a href="<?php echo get_zfjj_uri();? >
/join/"><font class="redtext">30 秒注册</font></a>
            </div>
            <div id="forgot-passwrod" class="float-right">
                <font class="redtext">忘记密码? </font>
            </div>
        </div>
    </div>

</div>
<script language="JavaScript" type="text/javascript" src="<?php
get_zfjj_uri()? >/js/login.js"></script>
```

```
<script src = " <? php echo get_zfjj_uri (); ? >/jquery/jquery - 3.6.0/
dist/jquery.min.js" type = " text/javascript " charset = " utf - 8 " > </
script >
<script language = " JavaScript " type = " text/javascript " src = " <? php
get_zfjj_uri ()? >/js/loginup.js " > </script >
```

3. 和之前一样光建立文件是不够的，还需要在 WordPress 新建登录界面，让 WordPress 可以认得登录页面，操作如下所示。

（1）进入 WordPress 的控制台，选择页面，新建登录页面（URL 别名 login），如图 8－31 所示。

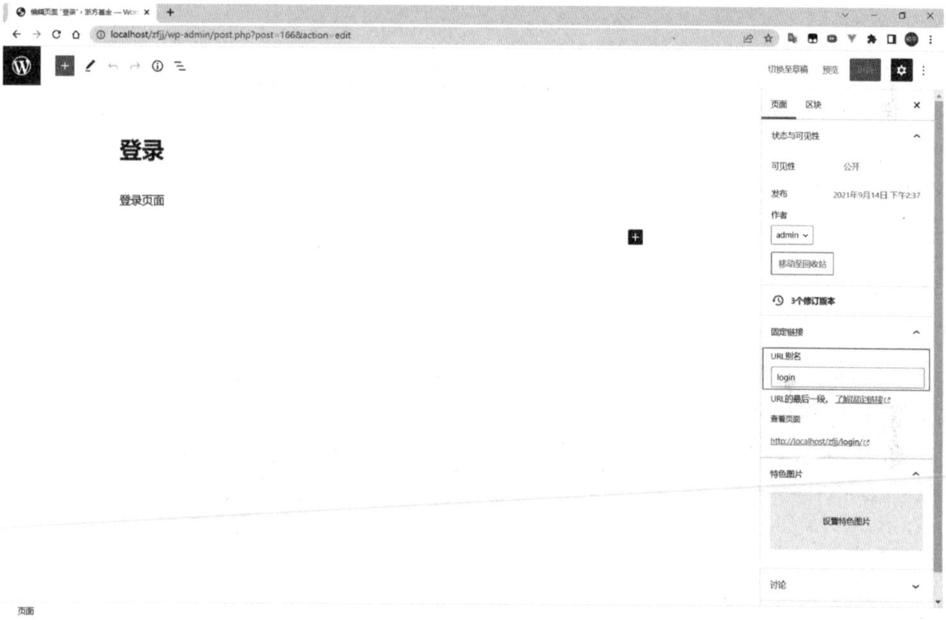

图 8－31　WordPress 新建登录页面

（2）需要在 C：\ xampp \ htdocs \ zfjj \ wp － content \ themes \ zfjj 中新建 page－login. php用来展示登录页面，代码如下所示：

```
<! - - 登录界面的 CSS 样式在 change.css 中 - - >
<? php include ('css/addcss.php') ? >
<? php include ('login/login -header.php'); ? >
<? php include ('login/login -border.php') ? >
<? php include ('footer.php'); ? >
```

4. 至此登录页面的展示就制作完毕了，但是登录页面的信息提交和处理页面

"login"还没有制作，在 C：\ xampp \ htdocs \ zfjj \ wp - content \ themes \ zfjj 下新建 page - loginup. php 来处理登录请求数据，操作如下所示。

（1）page - loginup. php 中主要用于处理登录信息，验证登录，代码如下所示：

```
<! - - 此文档是登录提交判断和返回信息 - - >

<? php
$username = $_POST['username'];
$password = $_POST['password'];

$str = $username . '- - - - - - - -'. $password;

file_put_contents('messagepost.txt', $str);
// 连接用户数据库
$severname = 'localhost';
$dpusername = 'root';
$dppassword = '';
$dbname = 'zfjj';

//创立连接
$conn =mysqli_connect($severname, $dpusername, $dppassword, $dbname);
//设置默认值
$check = 'no';
$check_password = 'no';
$check_phone = 'no';
$name = 'null';

if ($conn) {
      $check = 'ok';
      //查找用户是否注册
      $sql = "SELECT count(* ) FROM zfjj_users WHERE `userphone` LIKE '
$username'";
      $amount_a = mysqli_query($conn, $sql);
  $amount_b = $amount_a - > fetch_all();
  $num = $amount_b[0][0];
      if ($num = = 0) {
           $check_phone = 'no';
      } else {
           $check_phone = 'ok';
```

```
        //查询对应数据
        $sql = "SELECT * FROM zfjj_users WHERE `userphone` LIKE '
$username'";
        $amount_c = mysqli_query($conn, $sql);
        $row = $amount_c->fetch_assoc();
        if ($row['userpassword'] === $password) {
            $check_password = 'ok';
          $name = $row['username'];
        } else {
          $check_password = 'error';
        }
    }
} else {
    $check = 'error';
}
//数据库连接完成

//返回 json 封装数据
$result =array(
    'num' => $num,
    'name' => $name,
    'username' => $username,
    'check' => $check,
    'check_phone' => $check_phone,
    'check_password' => $check_password,
);

echo json_encode($result,JSON_UNESCAPED_UNICODE);
```

（2）在这里创建完 page - loginup. php 是不够的，还需要通过 JS 去发起 AJAX 请求到 page - loginup. php 来验证用户名和信息，在 C：\ xampp \ htdocs \ zfjj \ wp - content \ themes \ zfjj 的 JS 文件下，创建 loginup. js 来进行 AJAX 的请求，代码如下所示：

```
// 本文档使用 ajax 来提交数据
function get_username(){
    var login_name_a = document.getElementById('username').value;
    return login_name_a;
}
// 获取用户输入的密码
function get_userpwd(){
    var login_pwd_a = document.getElementById('userpassword').value;
```

```
    return login_pwd_a;
}

//使用 Ajax 将数据传输到 page-loginup.php 判断登录
function createXMLHttpRequest(){
    var request = false;
    if(window.XMLHttpRequest){
        request = new XMLHttpRequest();
    }
    return request;
}

// 绑定事件
var but1 = document.getElementById('userlogin');
but1.onclick = function () {
    if (get_username() == '') {
        alert('您未输入用户名!')
    } else if (get_userpwd() == '') {
        alert('您未输入密码!')
    } else {
        var ajax = createXMLHttpRequest();
        console.log(ajax);

        // 编写 get 方法传输数据
        // ajax.open('get','http://localhost/zfjj/wp-content/themes/zfjj2.0/page-loginup.php?username=admin&password=123456',true);
        // ajax.send(null);

        // 编写 post 方法传输数据
        ajax.open('post', 'http://localhost/zfjj/wp-content/themes/zfjj2.0/page-loginup.php', true);
        ajax.setRequestHeader('Content-Type', 'application/x-www-form-urlencoded')
        ajax.send('username=' + get_username() + '&password=' + get_userpwd())

        //ajax 的处理过程
        ajax.onreadystatechange = function () {
            console.log(ajax.readyState);
            if (ajax.readyState == 4) {
                if(ajax.status >=200 && ajax.status <300){
```

```
                // alert(ajax.responseText +'登录完成！');
                var data = ajax.responseText;
                console.log(data);
                var jsondata = eval("(" +data +")");
                if (jsondata.check_phone == 'no' ||jsondata.check_
phone == 'null'){
                    alert(jsondata.username +':还没有注册。')
                }else if(jsondata.check_password == 'error' ||jsonda-
ta.check_password == 'no'){
                    alert(jsondata.username +':密码输入错误。')
                }else if(jsondata.check == 'null' ||jsondata.check =
= 'no'){
                    alert('数据库连接失败！')
                }else{
                    // alert(jsondata.username +'登录成功');
                    $up = jsondata.username* 2 +1;
                    setCookie("name",jsondata.name,1);//用户名称
                    setCookie("up",jsondata.username,1);//用户手机号

window.open('http://localhost/zfjj? username =' +jsondata.name +'&up =
' + $up,'_self'); //跳转到主页
                }
            }else{
                alert('服务器请求失败！')
            }


        }
    }
  }
}
// 定义 js 创建 cookie
function setCookie(cname,cvalue,exdays)
{
    document.cookie =cname +" =" +cvalue +"; expires =time() +60* 60* 24
* " +exdays +"; path =/;";
}

// 给登录按钮绑定回车事件
$("body").keydown(function (event) {
    if (event.keyCode == "13"){    //13 是 enter 键的键码
        $("#userlogin").click();
```

```
        //调用登录方法,在 div 中定义方法,或通过 js 绑定的方法都可以,我的登录方法就是通过 jquery 绑定的点击事件
    }
});
```

（3）到这一步，登录页面已经可以跟服务器进行登录的验证了，登录成功后会存储一个 cookie 用以整个网站的登录用户验证操作。

5. 登录成功后返回主页，应该显示登录成功的用户信息，如图 8－32 所示。

图 8－32 用你好！XXXX【退出】来替换掉原本的登录展示

操作步骤如下所示。

（1）登录成功后会在本地存储一个 cookie，用于存储用户名等用户信息，给整个网站需要判断用户登录的地方进行登录验证，不需要用户重复地进行登录验证。cookie 如图 8－33 所示。

图 8－33 cookie 的存储

（2）需要修改 header. php，可以通过 cookie 的验证来动态地展示左边的菜单，代码如下所示：

```
<! - - 流式布局容器
            将最外面的布局元素 .container 修改为 .container - fluid,就可以将固定
宽度的栅格布局转换为 100% 宽度的布局。- - >
            <div class = "container" >
                <? php
                // 获取传入的参数
                if (isset ( $_COOKIE[ "name"]) && $_COOKIE[ "name"] ! =
"") {
                    echo " <div id = 'login_ok' >你好, <a id = 'main_user'
class = 'main_user' href = 'localhost/zfjj/user' >". $_COOKIE[ "name"].
" </a > <font id = 'logout' >[退出] </font > </div >";
                } else {
                    include('menu/top_left_menu.php');
                }
                include('menu/top_right_menu.php');
                ? >
              </div >
            <div id = "main_message" style = "display: none;" > </div >
            <! - - 设置 ajax 动态获取用户数据,并展示 - - >
            <! - - 引用 jquery - - >
            <script src = "<? php echo get_zfjj_uri(); ? >/jquery/jquery
-3.6.0/dist/jquery.min.js" type = "text/javascript" charset = "utf -8" >
            </script >

            <! - - 用户名二级菜单 - - >
            <script >
                //获取鼠标移动到用户名
                var main_username = document.getElementById('main_user
');

                var check_first = false;
                var x = document.cookie;
                $ ("#main_user").hover(function() {
                    if (check_first = = false) {
                        var ajax = createXMLHttpRequest();
                        console.log(ajax);
                        // 编写 get 方法传输数据
                        ajax.open('get', 'http://localhost/zfjj/wp -
content/themes/zfjj2.0/post/page - user - post.php', true);
```

```
                    ajax.send(null);
                    ajax.onreadystatechange = function() {
                        // console.log(ajax.readyState);
                        if (ajax.readyState == 4) {

                            if (ajax.status >= 200 && ajax.status < 300) {
                                var data = ajax.responseText;
                                var jsondata = eval ("(" + data + ")");//读取cookin
                                // console.log(data);
                                //将内容输出到网页中
                                var main_message = document.getElementById('main_message');
                                if (main_message.innerHTML == "" || main_message.innerHTML == null) {
                                    //连接数据库,查询账户余额

                                    $("#main_message").append("用户名:" + jsondata.username + "</br>账户余额:" + jsondata.userwallet + "元<font id='cz'>充值</font></br>手机号码:" + jsondata.userphone + "</br><a href='http://localhost/zfjj/user/'><font id='main_change'>编辑资料</font></a>");
                                }
                                main_message.style.display = "inline";
                                // 控制二级菜单的位置
                                var main_user = document.getElementById('main_user');

                                main_message.style.left = main_user.getBoundingClientRect().left;
                                main_message.style.marginTop = 5;
                                main_message.style.height = 100 ;
                                // console.log(main_user.getBoundingClientRect().left)
                            } else {
                                console.log('连接服务器失败! ');
                            }
                        }
                    }
                } else {
```

```
                    console.log('on');
                }

            }, function() {
                //当鼠标移出二级菜单时隐藏
                $("#main_message").hover(function() {

                }, function() {
                    var main_message = document.getElementById
('main_message');
                    var main_user = document.getElementById('main_
user');
                    main_message.style.height = 0 ;
                    main_message.style.marginTop = 0;
                    document.getElementById ( ' main _ message ' )
.style.display = "none";
                    // console.log('off');
                })


            })

            //注册 ajax
            function createXMLHttpRequest() {
                var request = false;
                if (window.XMLHttpRequest) {
                    request = new XMLHttpRequest;
                }
                return request;
            }
        </script>
    </div>
```

6. 到这一步，网站登录成功与否就有明确的标志了，用户可以通过菜单栏看出自己是否已经登录。

8.5　任务5　实现网站文章内容页的动态效果

- **任务介绍**

本任务要实现浙方基金网站文章内容页的制作，通过制作文章模板页面，可以让用户在点击不同的文章时，查看不同的文章页面。

- **任务目标**

1. 实现文章模板页的制作；
2. 实现文章内容页面的动态效果。

- **任务实施**

1. 首先要在 C:\ xampp \ htdocs \ zfjj \ wp - content \ themes \ zfjj 目录下新建 single. php，这个文件是 WordPress 文章内容模板页的文件名称，不能自定义名称。
2. 在 single. php 页面中引入需要的 CSS，header 和 footer，制作对应的中间内容。
3. 去除静态页面中固定的文章标题，使用 WP 动态调用代码来调用文章的标题：<? php the_ title ( ); ? >。
4. 将静态网页中的文章内容部分去除，使用调用文章内容的代码自动调用文章的内容：<? php the_ content (""); ? >。
5. 去除文章中的一些元标签，如文章的发布时间、文章的作者、文章的所属分类等，这些都需要替换成 WP 动态调用标签。

日期调用：<? php the_ date_ xml ( )? >。

分类目录：<? php the_ category (‘,’) ? >。

6. 制作文章的浏览量。用于记录每篇文章被用户浏览了多少次，用 <? php the_ views ( );? >。
7. single. php 代码如下所示：

```
<! - -这是文章页面 - - >
<? php include('css/addcss.php') ? >
<? php include('login/login -header.php'); ? >
<! - - 引用 jquery - - >
<script src =" <? php echo get_zfjj_uri (); ? >/jquery/jquery -3.6.0/
dist/jquery.min.js" type ="text/javascript" charset ="utf -8" >
</script >
<! - - 文章登录页面主题内容 - - >
<div id ="user_main" >
    <! - - 左侧导航栏 - - >
    <div id ="main_left" class ="main_left" >

        <? php get_mycat_name (); ? >

    </div >

    <! - - 左侧导航栏结束 - - >
    <! - - - - - - - - - - - - - - - - - - - - - - - - - - - - - - - - >
```

```
    <div id="floatBT" class="floatbtn">
        +
    </div>
    <!-----------------------------------------------------------> 
    <!-- 右侧对应内容 -->
    <div id="main_right_1" class="main_right" style="display: in-
line;">
        <!-- 自定义的面包渣路径 -->
        <?php get_post_path(); ?>
        <!-- 文章标题 -->

            <div id="single_title"><br><strong><?php echo get_the_
title(); ?></strong></div>
            <div id="single_wzxx">
            <font>发布日期:<?php the_date_xml() ?></font>
             
            <font>浏览量:<?php setPostViews(get_the_ID());
                    echo number_format(getPostViews(get_the_ID())); ?
></font>
            </div>

            <br>
            <!-- 文章内容 -->
            <?php the_content(""); ?>
    </div>
    <div id="single_down_xx">
        上一篇调用:<?php previous_post_link('《%link'); ?>
        <br>
        下一篇调用:<?php next_post_link('%link》'); ?>
    </div>

    <!-- 右侧对应内容结束 -->

</div>
<div id="sing_pl">
<div id="single_pl" class="">
<?php comments_template("");?>
</div>
</div>
<script defer>
    //左侧确定当前网页文章是哪一个标题
```

```
    var left_ul_li = document.getElementsByName('left_ul_li');
    var k = 0;
    var cat_name = document.getElementById('cat_name');
    var value = cat_name.getAttribute('data-type');
    // console.log(left_ul_li.length);
    // 注册 ajax
    if (window.XMLHttpRequest) { //主流浏览器的 ajax 注册
        var ajax = new XMLHttpRequest;
    } else if (window.ActiveXObject) { //IE5,6 浏览器的 ajax 注册
        var ajax = new ActiveXObject('Microsoft.XMLHttp');
    }
    for (let i = 0; i < left_ul_li.length; i++) {
        (function(i) {
            left_ul_li[i].onclick = function() {
                left_ul_li[k].removeAttribute('class', 'left_active');
                k = i;
                left_ul_li[i].setAttribute('class', 'left_active');
                var value_chear = left_ul_li[i].getAttribute('data-
type');
                // console.log(value_chear);
                ajax.open('get', 'http://localhost/zfjj/wp-content/
themes/zfjj2.0/get/main_single.php?cat_name=' + value_chear, true);
                ajax.send(null);
                // console.log(ajax);
                //ajax 的处理过程
                ajax.onreadystatechange = function() {
                    // console.log(ajax.readyState);
                    if (ajax.readyState == 4) {
                        if (ajax.status >= 200 && ajax.status < 300) {
                            var data = ajax.responseText;
                            // console.log(data);
                            var jsondata = eval("(" + data + ")");
                            console.log(jsondata.cat_name);
                            console.log(jsondata.cat_id);
                            window.location.href = 'http://localhost/
zfjj/menu?cat_name=' + jsondata.cat_name + '&cat_id=' + jsondata.cat_
id + '&numb=' + i;
                        } else {
                            alert('服务器请求失败!');
                        }
                    }
```

```
                }
            }

        })(i)

        if (k == 0) {
            //判断初始状态
            var value_chear = left_ul_li[i].getAttribute('data-type');
            // console.log(value_chear);
            if (value == value_chear) {
                k = i;
                left_ul_li[i].setAttribute('class', 'left_active');
            }

        }
    };
    // ajax 方法点击左侧右侧改变
</script>
<script>
    // 当窗口比较小时适合,右下角的悬浮按钮
    var floatBT = document.getElementById('floatBT');
    $("#floatBT").hover(function() {
        $('#floatBT').click(function() {
            floatBT.removeAttribute('class', 'floatbtn');
            floatBT.setAttribute('class', 'Ofloatbtn');
            $("#floatBT").empty();
            $('#floatBT').append("<?php get_mycat_name(); ?>");
            var left_ul_li = document.getElementsByName('left_ul_li');
            for (let i = 0; i < left_ul_li.length; i++) {
                (function(i) {
                    left_ul_li[i].onclick = function() {
                        left_ul_li[k].removeAttribute('class', 'left_
active');
                        k = i;
                        left_ul_li[i].setAttribute('class', 'left_ac-
tive');
                        var value_chear = left_ul_li[i].getAttribute
('data-type');
                        // console.log(value_chear);
```

```
                    ajax.open('get', 'http://localhost/zfjj/wp-
content/themes/zfjj2.0/get/main_single.php? cat_name=' + value_chear,
true);
                    ajax.send(null);
                    // console.log(ajax);
                    //ajax的处理过程
                    ajax.onreadystatechange = function() {
                        // console.log(ajax.readyState);
                        if (ajax.readyState == 4) {
                            if (ajax.status >= 200 && ajax.status <
300) {
                                var data = ajax.responseText;
                                // console.log(data);
                                var jsondata = eval ( " ( " + data
+ ")");
                                console.log(jsondata.cat_name);
                                console.log(jsondata.cat_id);
                                window.location.href = 'http://local-
host/zfjj/menu? cat_name=' + jsondata.cat_name + '&cat_id=' + jsonda-
ta.cat_id + '&numb=' + i;
                            } else {
                                alert('服务器请求失败!');
                            }
                        }
                    }
                }
            })(i)



        }
    });
}, function() {
        $("#floatBT").empty();
        $('#floatBT').append('+')
        floatBT.removeAttribute('class', 'Ofloatbtn');
        floatBT.setAttribute('class', 'floatbtn');

})
</script>
<? php include('footer.php'); ? >
```

8. 效果展示如图 8－34 和图 8－35 所示。

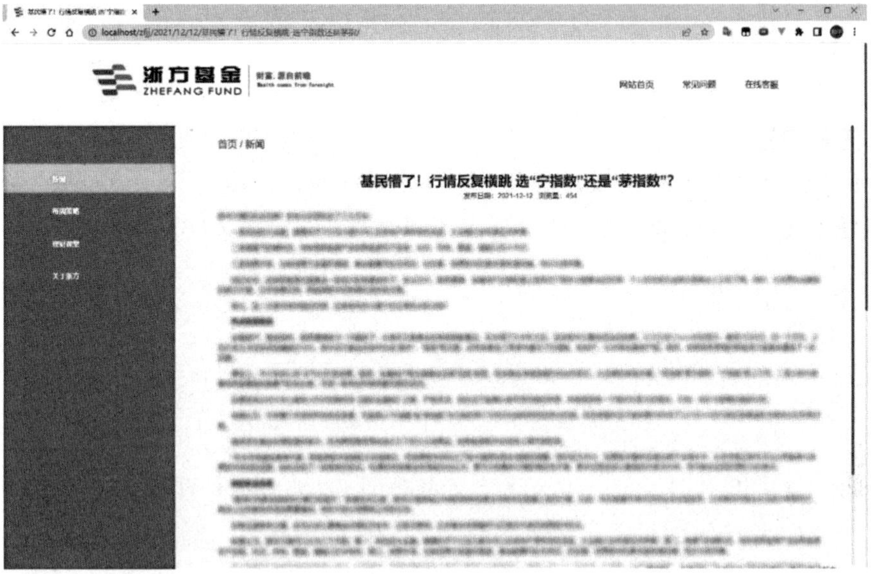

图 8－34　文章详情页 1

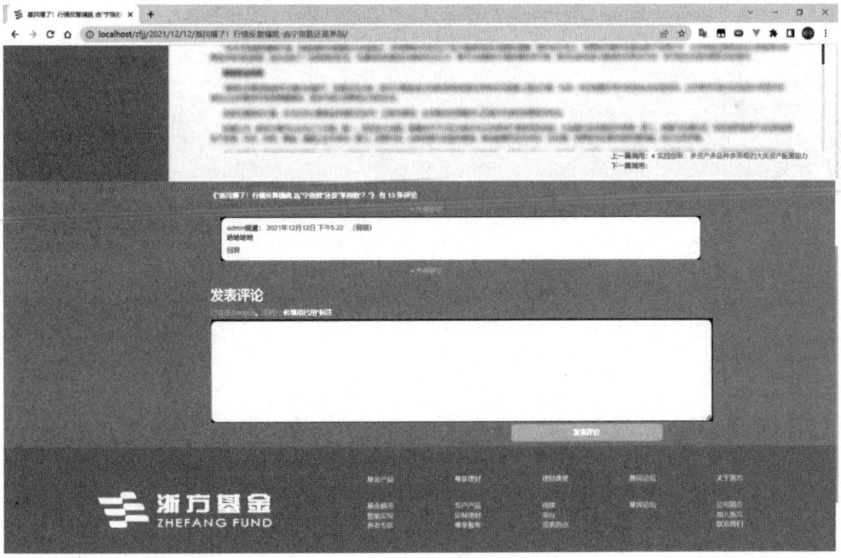

图 8－35　文章详情页 2

8.6　任务 6　实现网站文章列表页的动态效果

- **任务介绍**

本任务要实现浙方基金网站中文章列表页面的动态效果，文章列表页的用处是将网站所有的文章聚合到一个集合页中，方便用户根据不同分类查看不同的文章信息。

- **任务目标**

1. 完成文章列表页的制作；
2. 实现点击不同分类加载不同的文章列表。

- **任务实施**

1. 制作文章列表页的模板，在 C：\ xampp \ htdocs \ zfjj \ wp - content \ themes \ zfjj 中创建 page - menu. php 页面用于制作文章列表页的模板文件，代码如下所示：

```
<! - -这是文章页面 - - >
<? php include('css/addcss.php') ? >
<? php include('login/login -header.php'); ? >
<! - - 引用 jquery - - >
<script src =" <? php echo get_zfjj_uri(); ? >/jquery/jquery -3.6.0/
dist/jquery.min.js" type ="text/javascript" charset ="utf -8" >
</script >
<! - - 文章登录页面主题内容 - - >
<div id ="user_main" >
    <! - - 左侧导航栏 - - >
    <div id ="main_left" class ="main_left" >

        <? php get_mycat_name(); ? >

    </div >
    <! - - 左侧导航栏结束 - - >
    <! - - - - - - - - - - - - - - - - - - - - - - - - - - - - - - - - >
    <div id ="floatBT" class ="floatbtn" >
        +
    </div >
    <! - - - - - - - - - - - - - - - - - - - - - - - - - - - - - - - - >
    <! - - 右侧对应内容 - - >
    <div id ="main_right_1" class ="main_right" style ="display: in-
line;" >
        <? php get_my_single( $_GET['cat_id']) ? >
    </div >
    <! - - 右侧对应内容结束 - - >
</div >



<script defer >
    //左侧确定当前网页是哪一个标题
```

```
    var floatBT = document.getElementById('floatBT');
    var left_ul_li = document.getElementsByName('left_ul_li');

    if (document.body.offsetWidth > =1180) {
        var url = window.location.href; /* 获取完整 URL * /
        url = url.substring(url.length - 1, url.length);
        left_ul_li[url].setAttribute('class', 'left_active');
    }
    console.log(url);
    // 注册 ajax
    if (window.XMLHttpRequest) { //主流浏览器的 ajax 注册
        var ajax = new XMLHttpRequest;
    } else if (window.ActiveXObject) { //IE5,6 浏览器的 ajax 注册
        var ajax = new ActiveXObject('Microsoft.XMLHttp');
    };


    for (let i = 0; i < left_ul_li.length; i + +) {
        (function(i) {
            left_ul_li[i].onclick = function() {
                var value_chear = left_ul_li[i].getAttribute('data -type');
                // console.log(value_chear);
                ajax.open(' get ', ' http://localhost/zfjj/wp - content/
themes/zfjj2.0/get/main_single.php? cat_name =' + value_chear, true);
                ajax.send(null);
                // console.log(ajax);
                //ajax 的处理过程
                ajax.onreadystatechange = function() {
                    // console.log(ajax.readyState);
                    if (ajax.readyState = = 4) {
                        if (ajax.status > = 200 && ajax.status < 300) {
                            var data = ajax.responseText;
                            // console.log(data);
                            var jsondata = eval("(" + data + ")");
                            console.log(jsondata.cat_name);
                            console.log(jsondata.cat_id);
                            window.location.href  =  ' http://localhost/
zfjj/menu? cat_name =' + jsondata.cat_name + '&cat_id =' + jsondata.cat_
id + '&numb =' + i;
                        } else {
```

```
                    alert('服务器请求失败！');
                }
            }
        }
    }

    })(i)
}

// 当窗口比较小时适合，右下角的悬浮按钮

$("#floatBT").hover(function() {
    $('#floatBT').click(function() {

        floatBT.removeAttribute('class', 'floatbtn');
        floatBT.setAttribute('class', 'Ofloatbtn');
        $("#floatBT").empty();
        $('#floatBT').append("<? php get_mycat_name(); ? >");
        var left_ul_li = document.getElementsByName('left_ul_li');
        for (let i = 0; i < left_ul_li.length; i + +) {
            (function(i) {
                left_ul_li[i].onclick = function() {

                    var value_chear = left_ul_li[i].getAttribute('data
-type');
                    // console.log(value_chear);
                    ajax.open('get', 'http://localhost/zfjj/wp - con-
tent/themes/zfjj2.0/get/main_single.php? cat _name = ' + value _chear,
true);
                    ajax.send(null);
                    // console.log(ajax);
                    //ajax 的处理过程
                    ajax.onreadystatechange = function() {
                        // console.log(ajax.readyState);
                        if (ajax.readyState = = 4) {
                            if (ajax.status > = 200 && ajax.status < 300) {
                                var data = ajax.responseText;
                                // console.log(data);
                                var jsondata = eval("(" + data + ")");
                                console.log(jsondata.cat_name);
                                console.log(jsondata.cat_id);
```

```
                              window.location.href = ' http://local-
host/zfjj/menu? cat_name =' + jsondata.cat_name + '&cat_id =' + jsonda-
ta.cat_id + '&numb =' + i;
                           } else {
                              alert('服务器请求失败! ');
                           }
                        }
                     }
                  }

            })(i)



        }
      });
    }, function() {
       $("#floatBT").empty();
       $('#floatBT').append(' + ')
       floatBT.removeAttribute('class', 'Ofloatbtn');
       floatBT.setAttribute('class', 'floatbtn');

    })
</script>
<? php include('footer.php'); ? >
```

2. 光有模板页是不行的，还需要让 WordPress 认识文章列表页面，在 WordPress 的控制台去创建 menu 页面（URL 别名 menu），如图 8 – 36 所示。

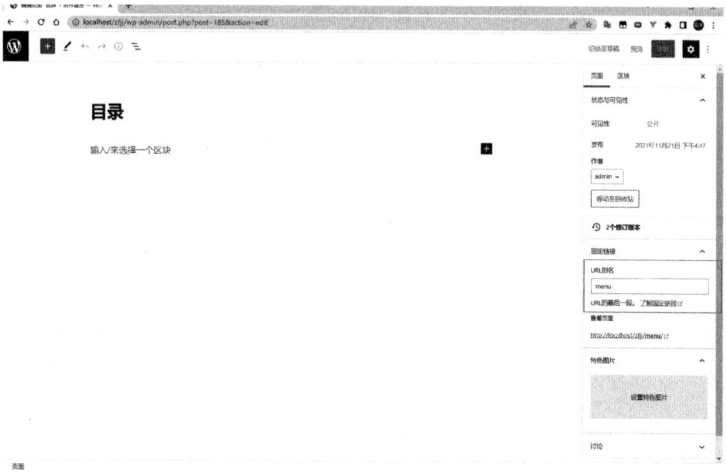

图 8 – 36 WordPress 新建 menu 页面

3. 页面展示如图 8 – 37 所示。

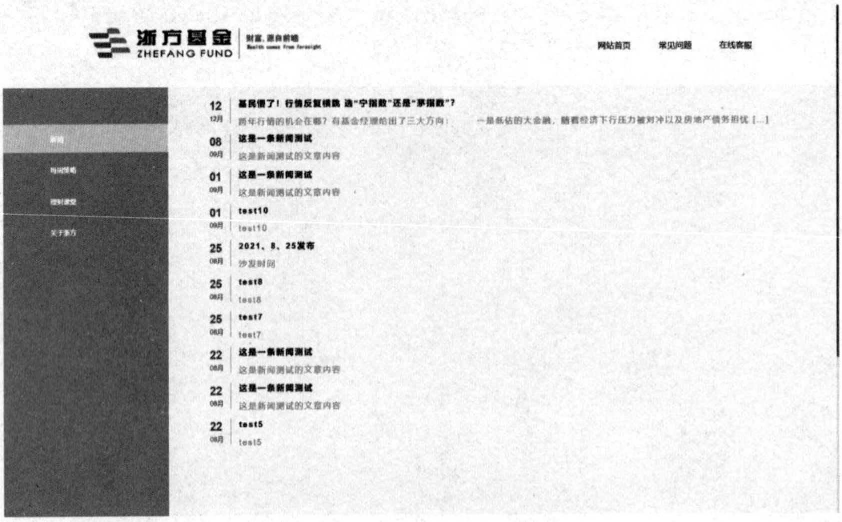

图 8 – 37　浙方基金的文章列表页面

其他页面如基金产品页、尊享理财页、理财课堂页、基民论坛页、关于浙方页等所用到的动态效果实现方法类似前面其他页面，同学们可以根据自己的理解练习用代码实现。

9. 项目 7

浙方基金网站发布

◆ **学习目标**

1. 了解网站空间、域名、服务器等；
2. 了解不同服务器的环境配置要求；
3. 掌握网站测试发布的方法。

◆ **工作任务**

1. 登录配置校内的服务器并在上面创建站点、上传网站资源；
2. 将浙方基金网站发布到服务器上。

◆ **思维导图**

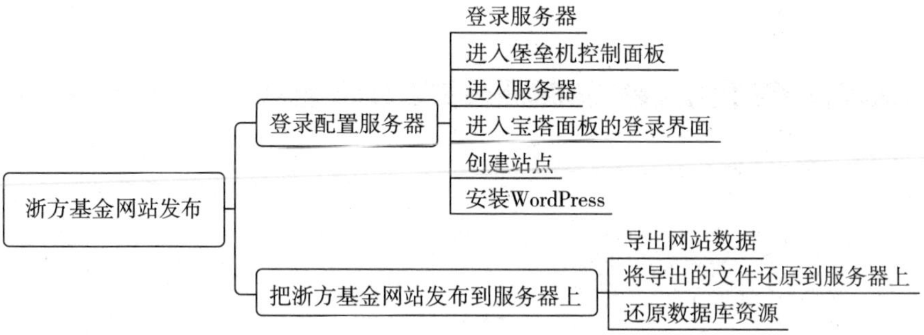

◆ **课后作业**

按照第 1 篇的分组及所选网站主题，在项目经理的领导下，各成员分工协作把自己项目组的动态网站发布到服务器上，要求提交动态网站浏览网址。

本项目以校内服务器为例说明如何登录配置服务器、发布测试网站。

9.1 任务 1 登录配置服务器

1. 登录服务器，这里是演示服务器，真实情况要根据服务器的具体配置情况，进行相应的操作。

2. 连接校园网，通过授权堡垒机地址 https：//baolei. zfc. edu. cn 账户 20040017/Ying. 8037 进入堡垒机控制面板，如图 9 - 1 所示。

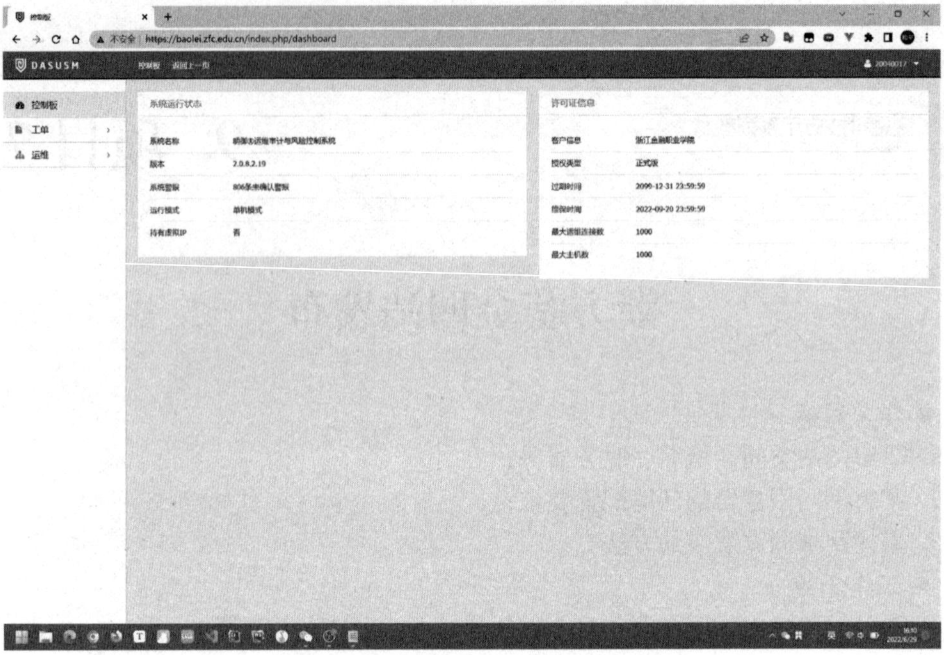

图 9－1　堡垒机登录成功后的页面

3. 点击左侧的运维，找到对应服务器 H5 的页面按钮进入服务器，如图 9－2 所示。

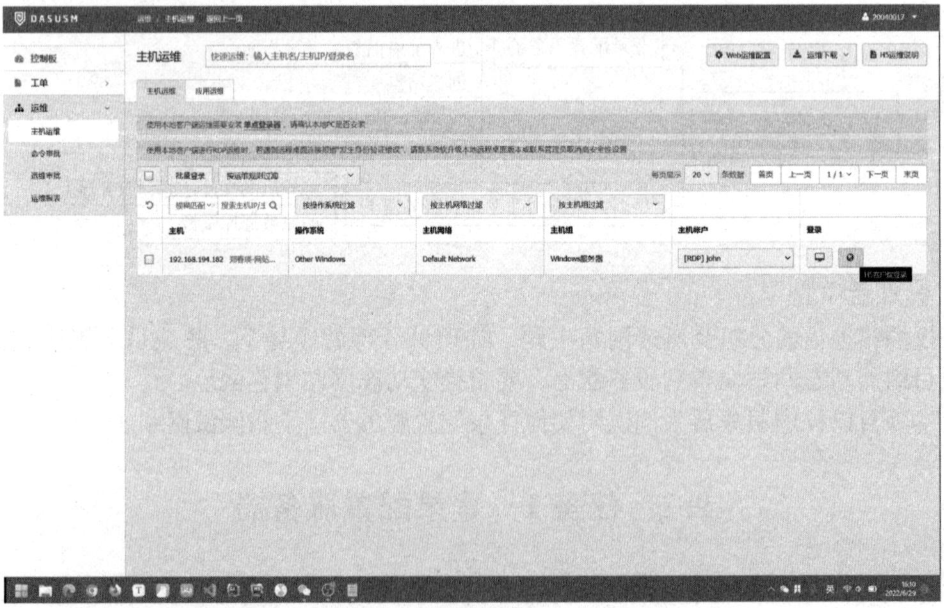

图 9－2　堡垒机运维界面进入 H5 客户端

4. 进入服务器的 H5 客户端后，打开服务器的浏览器输入 localhost：8888/ZCYing

进入宝塔面板的登录界面，如图 9－3 所示。

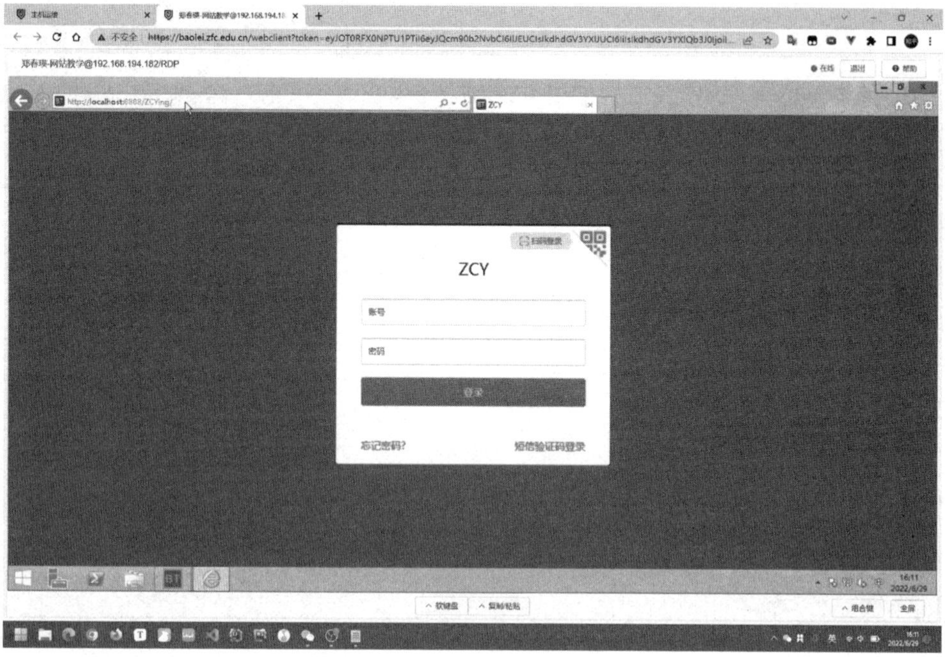

图 9－3　宝塔面板登录界面

输入宝塔面板用户名：ZCYing，密码：Ying. 8037 进入宝塔面板，如图 9－4 所示。

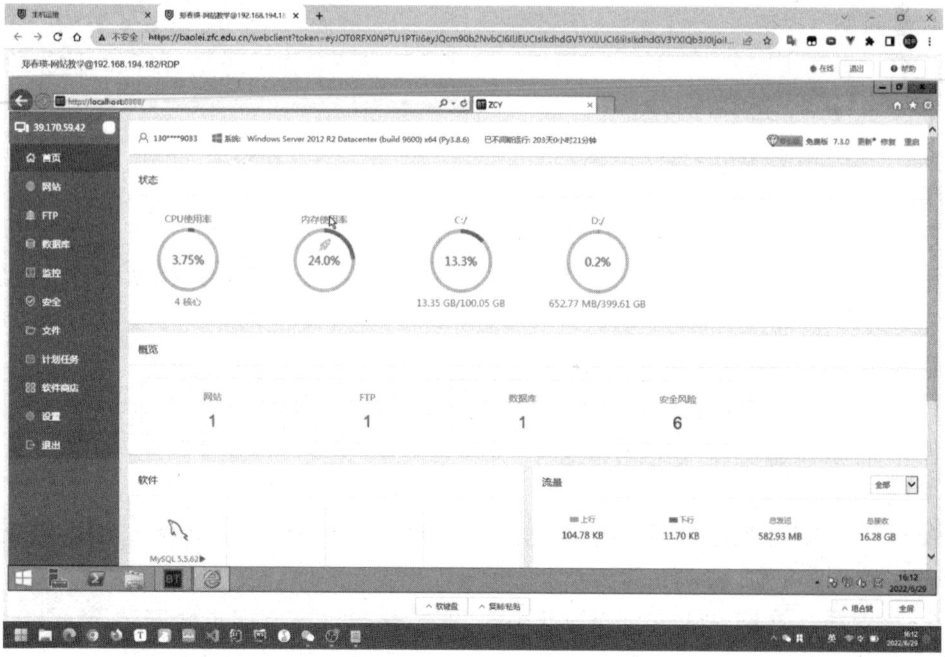

图 9－4　登录进入宝塔面板的界面

5. 点击做的导航栏中的网站，然后先选择创建站点，如图 9－5 所示。

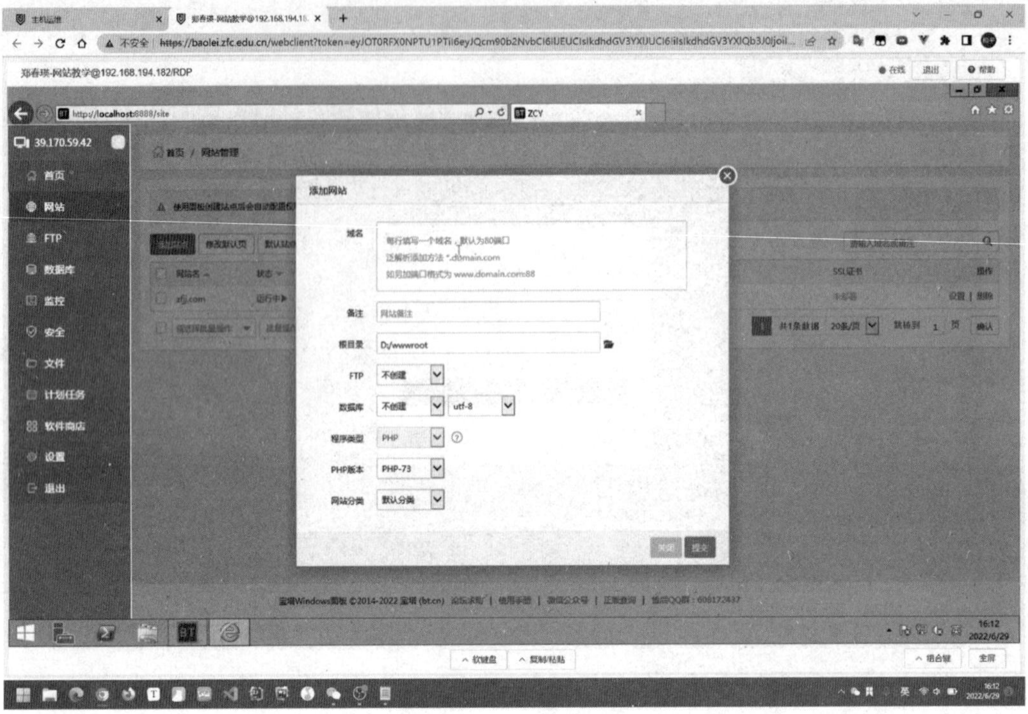

图 9－5　宝塔面板添加站点的页面

参数讲解：

域名：有真实域名可以填自己的域名，这里没有域名为了防止一个 IP 不能重复使用，需要填写一个无用的域名。

备注：对当前站点的备注信息。

根目录：一般情况下使用默认即可。

FTP：根据是否需要使用远程调试，来决定是否需要启用。

数据库：需要根据自己的需求选择，这里选择 MySQL 数据库，默认会帮助生成用户和密码。

程序类型：选择 PHP 即可。

PHP 的版本：根据自己网站的实际开发版本进行选择。

网站分类：可以将网站进行分类。

参数设置如图 9－6 所示。

保存后可以尝试访问一下创建的网站，能看到默认的欢迎页面就代表网站创建没有问题，如图 9－7 所示。

6. 接着需要在网站上安装 WordPress，安装教程查看前面本地安装 WordPress 的章节。

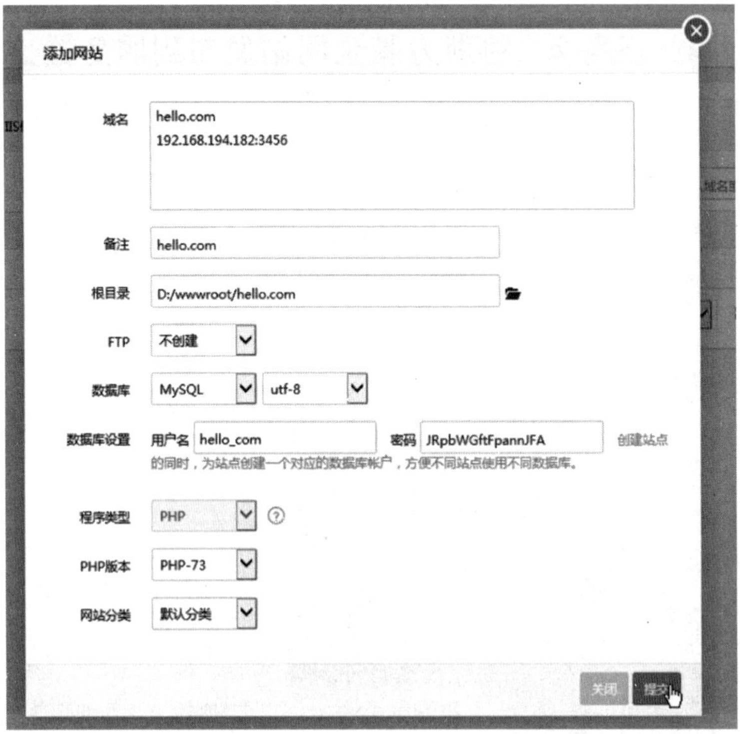

图9－6　宝塔面板网站参数设置

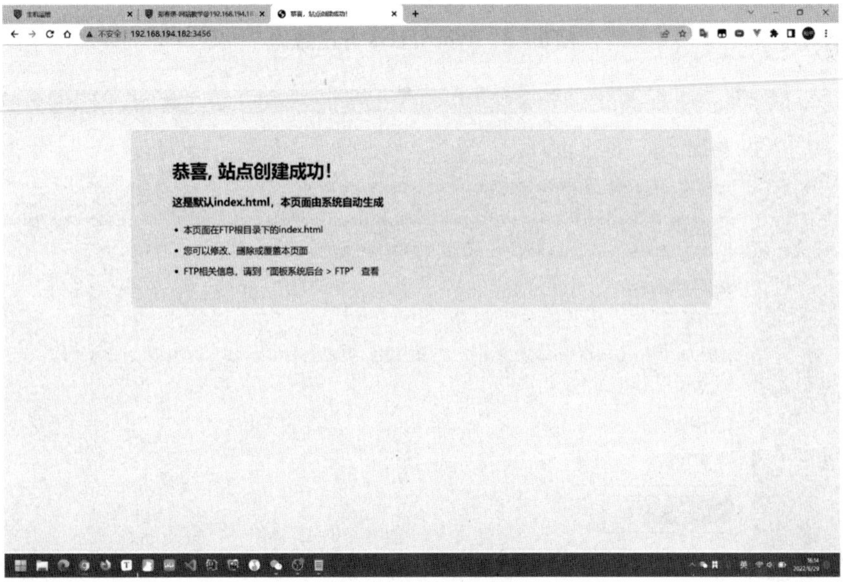

图9－7　默认的站点欢迎页面

9.2 任务2 将浙方基金网站发布到服务器上

1. 在本地计算机上使用 WordPress 的导出工具，将网站的数据导出，如图 9－8 和图 9－9 所示。

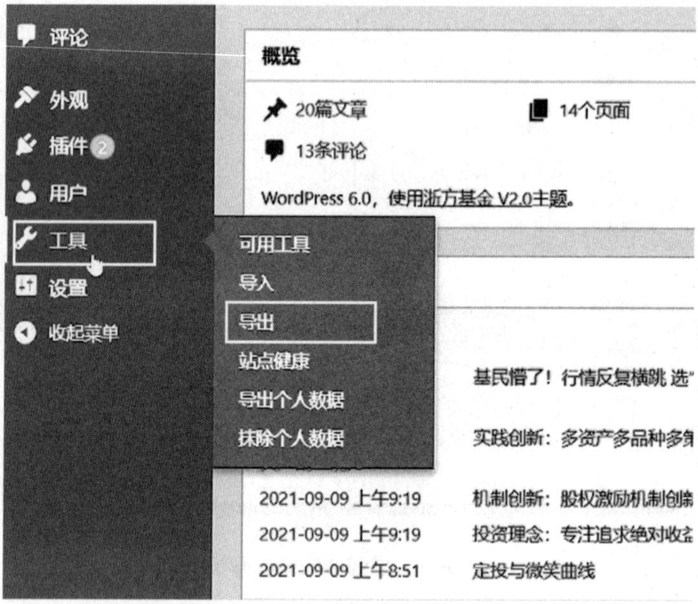

图 9－8 WordPress 导出数据

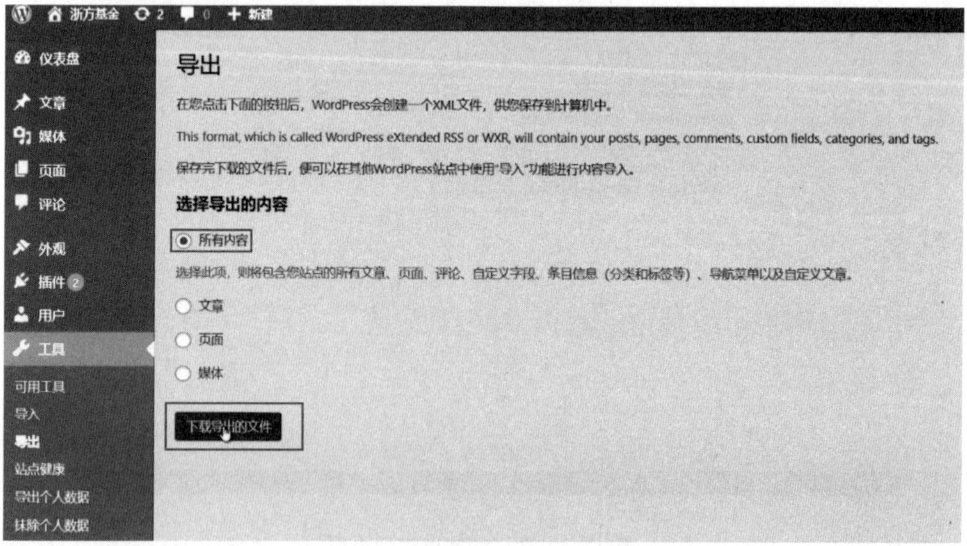

图 9－9 WordPress 下载导出内容

2. 再到服务器的 WordPress 上，将导出的文件还原到服务器上的 WordPress 中，步骤如下。

（1）将主题资源上传到网站的主题资源目录下，如图 9－10 所示。

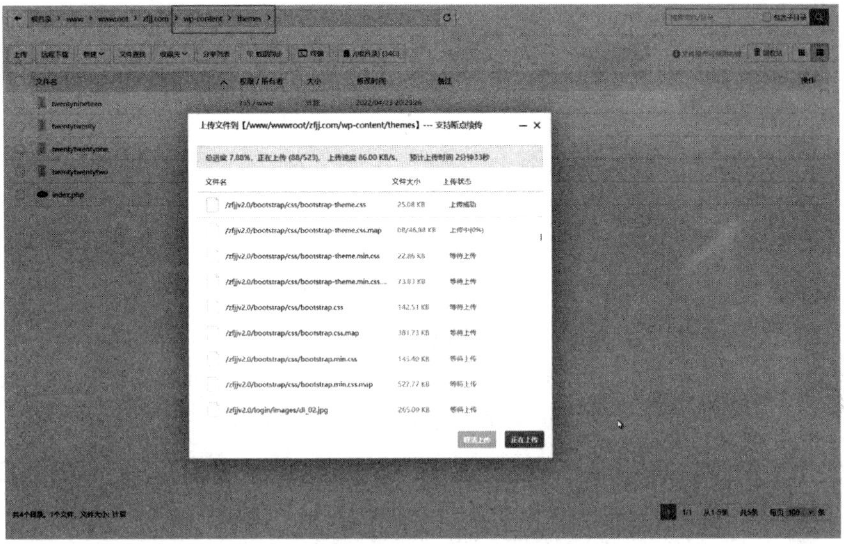

图 9－10　上传本地的主题资源

（2）进入网站的 WordPress 后台选择浙方基金的主图，并还原 WordPress 数据，如图 9－11 和图 9－12 所示。

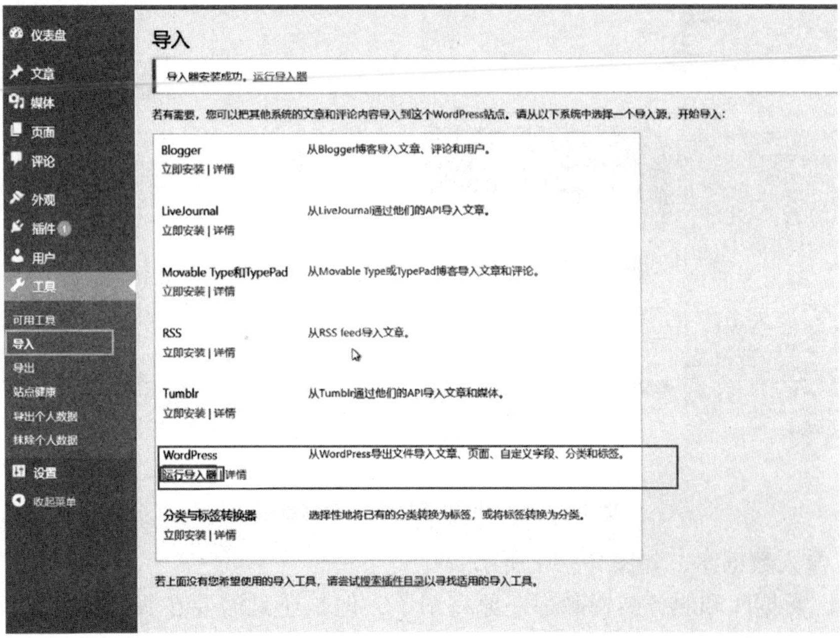

图 9－11　导入 WordPress 的数据

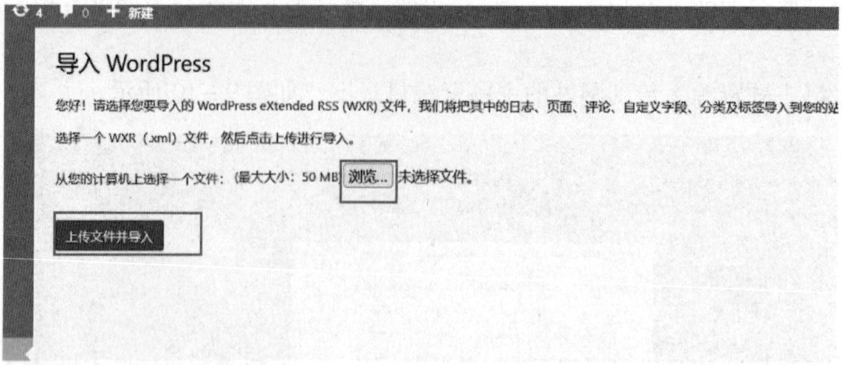

图 9－12　选择需要导入的 WordPress 数据

3. 到这里资源还原就完成了，还需要还原数据库资源，步骤如下。

（1）要重新导出数据库，选择需要的数据表就可以了，因为其他的数据表在安装 WordPress 和还原 WordPress 的数据时候都已经还原了，如图 9－13 所示。

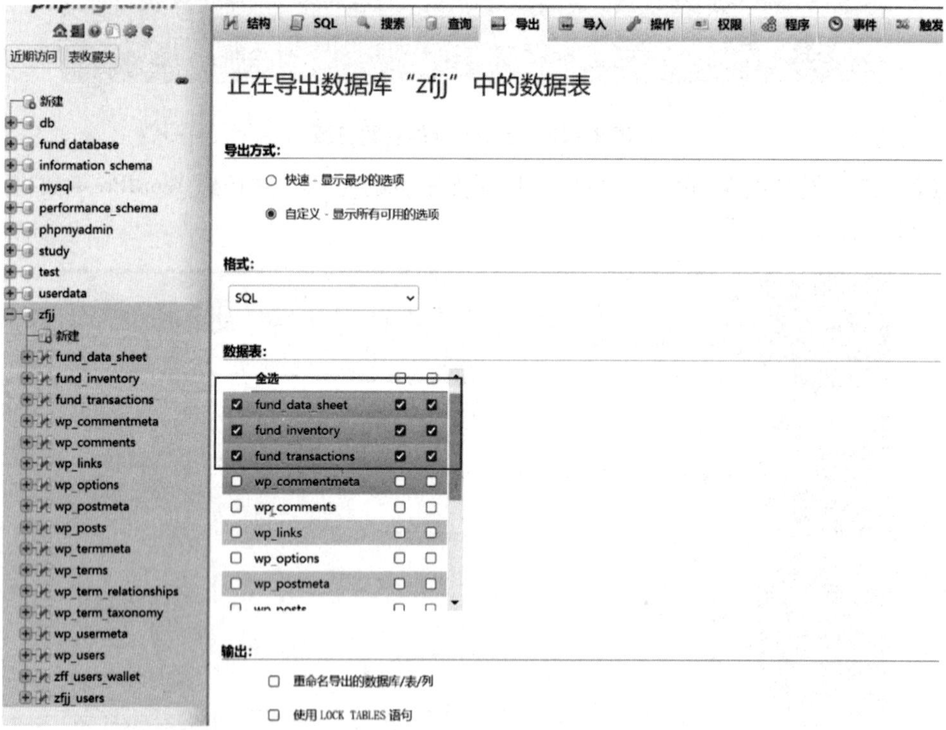

图 9－13　导出需要的本地数据库资源

（2）导入数据库，如图 9－14 所示。

至此，数据库和服务器资源都还原完毕了，但是还是需要在服务上对文件进行修改，因为数据库用户名、密码等的配置信息不一样了，所以需要修改 functions. php 下连接数据库的参数，这里根据实际情况进行配置，就不做演示了。

图 9 – 14　服务器上导入数据库

10. 项目 8

浙方基金网站运维

◆ **学习目标**

1. 了解金融科技平台运维的框架；
2. 了解金融科技平台运维的主要内容。

◆ **工作任务**

学习并掌握金融科技平台运维包含的主要内容。

◆ **思维导图**

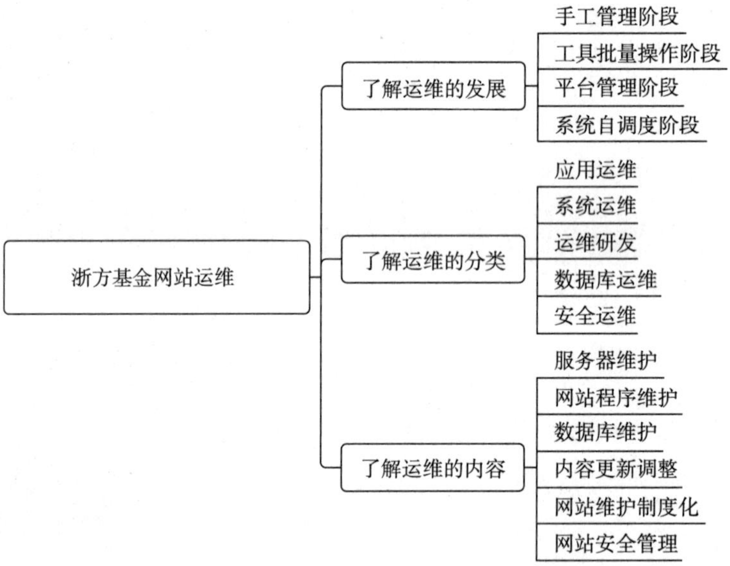

◆ **课后作业**

按照前面的分组，以项目组为单位查阅整理金融科技平台运维的最新动态及所用技术等资料，并进行交流讨论。

10.1　任务 1　了解运维的发展

早期的运维团队在人员较少的情况下，主要是进行数据中心建设、基础网络建设、服务器采购和服务器安装交付工作，几乎很少涉及线上服务的变更、监控、管理等工作。

这个时候的运维团队更多扮演的是基础建设的角色，提供一个简单、可用的网络环境和系统环境即可。

随着业务产品的逐渐成熟，平台对于服务质量方面就有了更高的要求。这个时候的运维团队还会承担一些服务器监控的工作，同时会负责 LVS、Nginx 等与业务逻辑无关的 4/7 层运维工作。

这个时候服务变更更多的是逐台的手工操作，或者有一些简单批量脚本的出现。监控的焦点更多地在服务器状态和资源使用情况上，对服务应用状态的监控几乎很少，监控更多地使用各种开源系统如 Nagios、Cacti 等。

由于业务规模和复杂度的持续增加，运维团队会逐渐划分为应用运维和系统运维两大块。应用运维开始接手线上业务，逐步开展服务监控梳理、数据备份以及服务变更的工作。

随着对服务的深入，应用运维工程师有能力开始对服务进行一些简单的优化。同时，为了应对每天大量的服务变更，也开始编写各类运维工具，针对某些特定的服务能够很方便地批量变更。

随着业务规模的增大，基础设施由于容量规划不足或抵御风险能力较弱故障也越来越多，迫使运维人员开始将更多的精力投入到多数据中心容灾、预案管理的方向上。

业务规模达到一定程度后，开源的监控系统在性能和功能方面，已经无法满足业务需求；大量的服务变更、复杂的服务关系，以前靠人工记录、工具变更的方式不管在效率还是准确性方面也都无法满足业务需求。

在安全方面也出现了各种大大小小的事件，迫使运维团队投入更多的精力在安全防御上。逐渐地，运维团队形成五个大的工作分类，每个分类都需要有专精的人才。

这个时候系统运维更专注于基础设施的建设和运维，提供稳定、高效的网络环境，交付服务器等资源给应用运维工程师。应用运维更专注于服务运行状态和效率。

数据库运维属于应用运维工作的细化，更专注于数据库领域的自动化、性能优化和安全防御。运维研发和运维安全提供各类平台、工具，进一步提升运维工程师的工作效率，使业务服务运行得更加稳定、高效和安全。

我们将运维发展过程划分为四个阶段，如图 10－1 所示。

1. 手工管理阶段。业务流量不大，服务器数量相对较少，系统复杂度不高。对于日常的业务管理操作，大家更多的是逐台登录服务器进行手工操作，属于各自为战，每个人都有自己的操作方式，缺少必要的操作标准、流程机制，比如业务目录环境都是各式各样的。

2. 工具批量操作阶段。随着服务器规模、系统复杂度的增加，全人工的操作方式已经不能满足业务的快速发展需要。因此，运维人员逐渐开始使用批量化的操作工具，针对不同操作类型出现了不同的脚本程序。

但各团队都有自己的工具，每次操作需求发生变化时都需要调整工具。这主要是

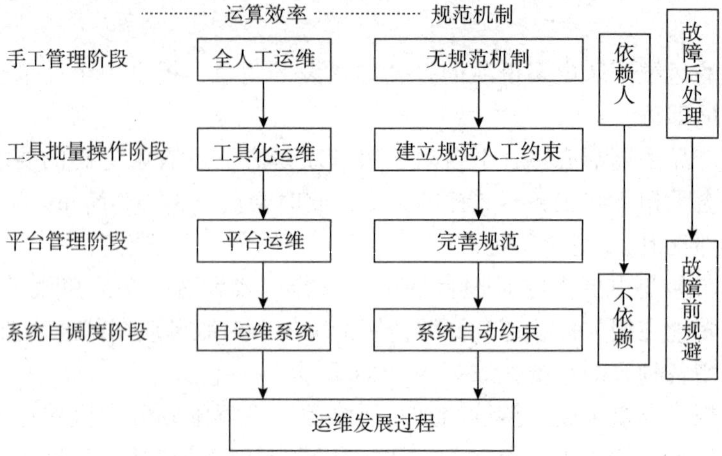

图 10－1　运维发展过程

因为对于环境、操作的规范不够，导致可程序化处理能力较弱。此时，虽然效率提升了一部分，但很快又遇到了瓶颈。

操作的质量并没有太多的提升，甚至可能因为批量执行而导致更大规模的问题出现。此阶段开始建立大量的流程规范，比如复查机制，先上线一台服务器观察 10 分钟后再继续后面的操作，一次升级完成后至少要观察 20 分钟等。

这些主要还是靠人来监督和执行，但在实际过程中执行往往不到位，反而降低了工作效率。

3. 平台管理阶段。在这个阶段，平台对于运维效率和误操作率有了更高的要求，此阶段开始建设运维平台，通过平台承载标准、流程，进而解放人力和提高质量。

这个时候对服务的变更动作进行了抽象，形成了操作方法、服务目录环境、服务运行方式等统一的标准，如程序的启停接口必须包括启动、停止、重载等。通过平台来约束操作流程，如上面提到的上线一台服务器观察 10 分钟。

在平台中强制设定暂停检查点，在第一台服务器操作完成后，需要运维人员填写相应的检查项，然后才可以继续执行后续的部署动作。

4. 系统自调度阶段。更大规模的服务数量、更复杂的服务关联关系、各个运维平台的林立，使得原有的将批量操作转化成平台操作的方式已经不再适合，需要对服务变更进行更高一层的抽象。

将每一台服务器抽象成一个容器，由调度系统根据资源使用情况，将服务调度、部署到合适的服务器上，自动化完成与周边各个运维系统的联动，比如监控系统、日志系统、备份系统等。

通过自调度系统，根据服务运行情况动态伸缩容量，能够自动化处理常见的服务故障。运维人员的工作也会前置到产品设计阶段，协助研发人员改造服务使其可以接入自调度系统中。

在整个运维的发展过程中，希望所有的工作都自动化起来，减少人的重复工作，降低知识传递的成本，使运维交付更高效、更安全，使产品运行更稳定。对于故障的处理，也希望由事后处理变成提前发现，由人工处理变成系统自动容灾。

10.2 任务2 了解运维的分类

互联网运维工作，以服务为中心，以稳定、安全、高效为三个基本点，确保互联网业务能够 7×24 小时为用户提供高质量的服务。

运维人员对互联网业务所依赖的基础设施、基础服务、线上业务进行稳定性加强，进行日常巡检发现服务可能存在的隐患，对整体架构进行优化以屏蔽常见的运行故障，多数据中心接入提高业务的容灾能力。

通过监控、日志分析等技术手段，及时发现和响应服务故障，减少服务中断的时间，使公司的互联网业务符合预期的可用性要求，持续稳定地为用户提供服务。

在安全方面，运维人员需要关注业务运行所涉及的各个层面，确保用户能够安全、完整地访问在线业务。

从网络边界划分、ACL 管理、流量分析、DDoS 防御，到操作系统、开源软件的漏洞扫描和修补，再到应用服务的 XSS、SQL 注入防护；

从安全流程、代码白盒黑盒扫描、权限审计，到入侵行为检测、业务风险控制等。

运维人员需要保障公司提供的互联网业务运行在安全、可控的状态下，确保公司业务数据和用户隐私数据的安全，同时还需要具备抵御各种恶意攻击的能力。

在确保业务稳定、安全的前提下，还需保障业务高效地运转。运维工作需要对业务进行各方面优化。

比如，IO 优化提升数据库性能，图片压缩降低带宽使用量等，提供的互联网业务以较小的资源投入带来最大的用户价值和体验。

同时，还需要通过各种工具平台提升内部产品发布交付的效率，提升运维相关的工作效率。

运维的工作方向比较多，随着业务规模的不断发展，越成熟的互联网公司，运维岗位会划分得越细。

当前很多大型的互联网公司，在初创时期只有系统运维，随着服务规模的不断扩大以及服务质量要求的不断提高，互联网运维也逐渐进行了工作细分。

一般情况下运维团队的工作分类和职责如图 10－2 所示。

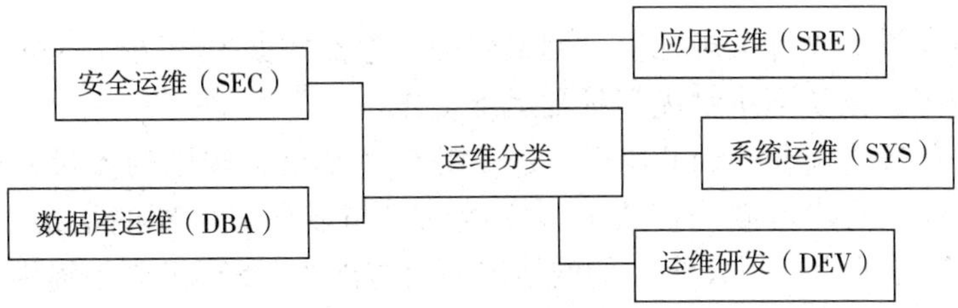

图 10－2 运维分类

10.2.1 应用运维

应用运维负责线上服务的变更、服务状态监控、服务容灾和数据备份等工作，对服务进行例行排查、故障应急处理等工作。详细的工作职责如下所述。

（1）设计评审。在产品研发阶段，参与产品设计评审，从运维的角度提出评审意见，使服务满足运维准入的高可用要求。

（2）服务管理。负责制定线上业务升级变更及回滚方案，并进行变更实施。掌握所负责的服务及服务间关联关系、服务依赖的各种资源。能够发现服务上的缺陷，及时通报并推进解决。制定服务稳定性指标及准入标准，同时不断完善和优化程序与系统的功能、效率，提高运行质量。完善监控内容，提高报警准确度。在线上服务出现故障时，第一时间响应，对已知线上故障能按流程进行通报并按预案执行，未知故障组织相关人员联合排障。

（3）资源管理。对各服务的服务器资产进行管理，梳理服务器资源状况、数据中心分布情况、网络专线及带宽情况，能够合理使用服务器资源，根据不同服务的需求，分配不同配置的服务器，确保服务器资源的充分利用。

（4）例行检查。制定服务例行排查点，并不断完善。根据制定的服务排查点，对服务进行定期检查。对排查过程中发现的问题，及时进行追查，排除可能存在的隐患。

（5）预案管理。确定服务所需的各项监控、系统指标的阈值或临界点，以及出现该情况后的处理预案。建立和更新服务预案文档，并根据日常故障情况不断补充完善，提高预案完备性。能够制定和评审各类预案，周期性进行预案演练，确保预案的可执行性。

（6）数据备份。制定数据备份策略，按规范进行数据备份工作。保证数据备份的可用性和完整性，定期开展数据恢复性测试。

10.2.2 系统运维

系统运维负责 IDC、网络、CDN 和基础服务的建设（LVS、NTP、DNS）；负责资产管理，服务器选型、交付和维修。详细的工作职责如下。

（1）IDC 数据中心建设。收集业务需求，预估未来数据中心的发展规模，从骨干网的分布、数据中心建筑，以及 Internet 接入、网络攻击防御能力、扩容能力、空间预留、外接专线能力、现场服务支撑能力等方面评估选型数据中心。负责数据中心的建设、现场维护工作。

（2）网络建设。设计及规划生产网络架构，包括数据中心网络架构、传输网架构、CDN 网络架构等，以及网络调优等日常运维工作。

（3）LVS 负载均衡和 SNAT 建设。LVS 是整个站点架构中的流量入口，根据网络规模和业务需求，构建负载均衡集群。完成网络与业务服务器的衔接，提供高性能、高可用的负载调度能力，以及统一的网络层防攻击能力。SNAT 集中提供数据中心的公网访问服务，通过集群化部署，保证出网服务的高性能与高可用。

（4）CDN 规划和建设。CDN 工作划分为第三方和自建两部分。建立第三方 CDN 的选型和调度控制；根据业务发展趋势，规划 CDN 新节点建设布局；完善 CDN 业务及监控，保障 CDN 系统稳定、高效运行。分析业务加速频道的文件特性和数量，制定最优的加速策略和资源匹配；负责用户劫持等 CDN 日常故障排查工作。

（5）服务器选型、交付和维护。负责服务器的测试选型，包含服务器整机、部件的基础性测试和业务测试，降低整机功率，提升机架部署密度等。

结合对公司业务的了解，推广新硬件、新方案，减少业务的服务器投入规模。负责服务器硬件故障的诊断定位，服务器硬件监控、健康检查工具的开发和维护。

（6）OS、内核选型和 OS 相关维护工作。负责整体平台的 OS 选型、定制和内核优化，以及 Patch 的更新和内部版本发布；建立基础的 YUM 包管理和分发中心，提供常用包版本库；跟进日常各类 OS 相关故障；针对不同的业务类型，提供定向的优化支持。

（7）资产管理。记录和管理运维相关的基础物理信息，包括数据中心、网络、机柜、服务器、ACL、IP 等各种资源信息，制定有效的流程，确保信息的准确性；开放 API 接口，为自动化运维提供数据支持。

（8）基础服务建设。业务对 DNS、NTP、SYSLOG 等基础服务的依赖非常高，需要设计高可用架构避免单点，提供稳定的基础服务。

10.2.3　运维研发

运维研发负责通用的运维平台设计和研发工作，如资产管理、监控系统、运维平台、数据权限管理系统等。提供各种 API 供运维或研发人员使用，封装更高层的自动化运维系统。

10.2.4　数据库运维

数据库运维负责数据存储方案设计、数据库表设计、索引设计和 SQL 优化，对数据库进行变更、监控、备份、高可用设计等工作。详细的工作职责如下所述。

（1）设计评审。在产品研发初始阶段，参与设计方案评审，从数据库管理员（DBA）的角度提出数据存储方案、库表设计方案、SQL 开发标准、索引设计方案等，使服务满足数据库使用的高可用、高性能要求。

（2）容量规划。掌握所负责服务的数据库的容量上限，清楚地了解当前瓶颈点，当服务还未到达容量上限时，及时进行优化、分拆或者扩容。

（3）数据备份与灾备。制定数据备份与灾备策略，定期完成数据恢复性测试，保证数据备份的可用性和完整性。

（4）数据库监控。完善数据库存活和性能监控，及时了解数据库运行状态及故障。建设数据库账号体系，严格控制账号权限与开放范围，降低误操作和数据泄露的风险；加强离线备份数据的管理，降低数据泄露的风险。

（5）数据库高可用和性能优化。对数据库单点风险和故障设计相应的切换方案，降低故障对数据库服务的影响；不断对数据库整体性能进行优化，包括新存储方案引进、硬件优化、文件系统优化、数据库优化、SQL 优化等，在保障成本不增加或者少量增加的情况下，数据库可以支撑更多的业务请求。

（6）自动化系统建设。设计开发数据库自动化运维系统，包括数据库部署、自动扩容、分库分表、权限管理、备份恢复、SQL 审核和上线、故障切换等功能。

（7）运维平台。记录和管理服务及其关联关系，协助运维人员自动化、流程化地完成日常运维操作，包括机器管理、重启、改名、初始化、域名管理、流量切换和故障预案实施等。

（8）监控系统。负责监控系统的设计、开发工作，完成公司服务器和各种网络设备的资源指标、线上业务运行指标的收集、告警、存储、分析、展示和数据挖掘等工作，持续提高告警的及时性、准确性和智能性，促进公司服务器资源的合理化调配。

（9）自动化部署系统。参与部署自动化系统的开发，负责自动化部署系统所需要的基础数据和信息，负责权限管理、API 开发、Web 端开发。结合云计算，研发和提供平台即服务（PaaS）相关高可用平台，进一步提高服务的部署速度和用户体验，提升资源利用率。

10.2.5 安全运维

安全运维负责网络、系统和业务等方面的安全加固工作，进行常规的安全扫描、渗透测试，进行安全工具和系统研发以及安全事件应急处理。详细的工作职责如下所述。

（1）安全制度建立。根据公司内部的具体流程，制定切实可行，且行之有效的安全制度。

（2）安全培训。定期向员工提供具有针对性的安全培训和考核，在全公司内建立安全负责人制度。

（3）风险评估。通过黑白盒测试和检查机制，定期产生对物理网络、服务器、业务应用、用户数据等方面的总体风险评估结果。

（4）安全建设。根据风险评估结果，加固最薄弱的环节，包括设计安全防线、部署安全设备、及时更新补丁、防御病毒、源代码自动扫描和业务产品安全咨询等。为了降低可能泄露数据的价值，通过加密、匿名化、混淆数据，乃至定期删除等技术手段和流程来达到目的。

（5）安全合规。为了满足例如支付牌照等合规性要求，安全团队承担着安全合规的对外接口人工作。

（6）应急响应。建立安全报警系统，通过安全中心收集第三方发现的安全问题，组织各部门对已经发现的安全问题进行修复、影响面评估、事后安全原因追查。

10.3　任务3　了解运维的内容

下面以浙方基金网站为例说明运维的内容。

网站发布到服务后，后期的维护就是为了保证网站的正常运行，其他所有的工作都是围绕这个开展的。网站后期管理维护的主要内容如下。

（1）服务器维护。服务器维护是网站维护的主要任务之一。网站服务器的质量决定了其运营质量。服务器维护主要包括软件和硬件两方面，软件的维护工作又可以分为操作系统 OS 的维护、网站的备份、互联网连接线路等。

这部分工作主要是确保网站能够 24 小时不间断运行，并且保障网站的访问速度。

（2）网站程序维护。网站程序维护包括：（1）网站前台后台源代码；（2）网站设计所使用的 JS、静态图片、CSS 等非动态数据的维护、升级与备份；（3）网站程序漏洞监控；（4）第三方开发平台程序的升级更新等。

网站程序维护原则上应该要保留上线后的初始版本，对于之后的每次修改和程序升级都应该以初始版本为原本进行，并且应该记录好更新版本号，同时建议在第三方存储设备上完整保存原始版本以备需要时使用。

（3）数据库维护。网站维护的重要内容之一就是有效地利用数据库，因而要特别重视网站数据库的维护，网站管理员应该定期备份整个网站或某些访问或更改比较频繁的页面，以便当网站受到黑客攻击或恶意篡改后能够及时恢复。

网站使用了一段时间后，数据库会出现数据量增大、访问速度变慢等问题，这就需要网络管理员要及时清除旧的冗余的数据，对数据库进行定期优化，并且对数据库中的重要数据进行备份处理。

（4）内容更新调整。一个网站只有不断地更新内容，保持日常高质量的输出，才能保证网站的生命力并维护企业的形象。网站数据更新，包括企业产品、案例、新闻等内容的改增删，网站关键词优化维护，基于业务范围调整网站关键词优化等。

（5）网站维护制度化。需要根据公司内部的具体流程，制定切实可行的网站维护管理制度，如规定在不同时间段对网站进行数据备份、网站公告新闻动态更新、网站页面广告设计，规律性更新网站内容等，制度制定后要确保制度实施到位。

（6）网站安全管理。网站安全是网站维护最重要的方面，网站维护不仅要负责保护自己的数据安全，还要负责访问者的信息安全。如今随着互联网的深入发展，黑客技术越来越高，甚至大品牌的网站也成为网络攻击和数据黑客攻击的目标，所以需要一个可信的程序用以保护网站的在线资源免受黑客攻击。

因此网站维护人员需要具备很多技能，最基本的如下：有一定的 HTML 知识、能够用 FTP 上传下载数据文件、会简单的数据操作方法、能编辑文字、能够对图片进行简单的处理、服务器简单维护等。

参考文献

[1] 传智播客.PHP + MySQL 网站开发项目式教程［M］. 北京：人民邮电出版社，2019.

[2]（美）Betsy Beyer（贝特西 拜尔）等.SRE：Google 运维解密［M］. 北京：电子工业出版社，2021.

[3] 百度百科. 面包屑导航［EB/OL］. https：//baike. baidu. com/item/% E9% 9D% A2% E5% 8C% 85% E5% B1% 91% E5% AF% BC% E8% 88% AA/358283？fr = aladdin.

[4] 百度百科. 锚点链接［EB/OL］. https：//baike. baidu. com/item/% E9% 94% 9A% E7% 82% B9% E9% 93% BE% E6% 8E% A5/7472012？fr = aladdin.

[5] 郭福春，吴金旺. 金融科技概论［M］. 北京：高等教育出版社，2021.

[6] 林富荣.WordPress 电子商务运营从入门到实战［M］. 北京：清华大学出版社，2021.

[7] 车云月.Bootstrap 响应式网站开发实战［M］. 北京：清华大学出版社，2018.

[8] 钱兆楼，支立勋，刘万辉. PHP 动态网站开发实例教程（第 3 版）［M］. 北京：高等教育出版社，2022.

[9] 原晋鹏，刘云玉. 网站设计与开发从新手到高手［M］. 北京：清华大学出版社，2021.

[10] 于荷云. PHP + MySQL 网站开发全程实例［M］. 北京：清华大学出版社，2015.

[11] 郑春瑛. 管理信息系统［M］. 北京：机械工业出版社，2008.

[12] 尹兴宽，朱璋龙. 金融科技平台运维［M］. 北京：北京理工大学出版社，2021.

[13] 蒋永丛，柏杏丽. 网站建设与维护［M］. 北京：中国水利水电出版社，2015.

[14] 顾贤杰，徐赟，颜中冠. 大型网站运维（从系统管理到 SRE）［M］. 北京：电子工业出版社，2021.

［15］（美）Betsy Beyer（贝特西 拜尔）等．SRE：Google 运维解密［M］．北京：电子工业出版社，2016.

［16］小跳蛙．运维的工作内容是什么？有哪几种分类？［EB/OL］．（2020－06－12）．https：//zhuanlan. zhihu. com/p/147854602.

［17］大卫先生．经常关注的财经网站［EB/OL］．（2019－03－10）．https：//www. zhihu. com/question/19599123/answer/618950740.

［18］arter28. 企业网站日常运维需要做哪些工作［EB/OL］．（2020－09－03）．https：//zhuanlan. zhihu. com/p/213837152.

［19］WordPress 中文参考手册［EB/OL］．https：//www. bilibili. com/video/BV1St411s7VL？p＝1.

［20］MySQLi 中文参考手册［EB/OL］．https：//www. runoob. com/php/php－ref－mysqli. html.

［21］Bootstrap 中文参考手册［EB/OL］．https：//v3. bootcss. com/.

［22］壹起航（深圳）传媒有限公司．网站建设：网站管理维护工作内容有哪些［EB/OL］．（2022－04－15）．https：//baijiahao. baidu. com/s？id＝1730163467229942798&wfr＝spider&for＝pc.

全书思维导图

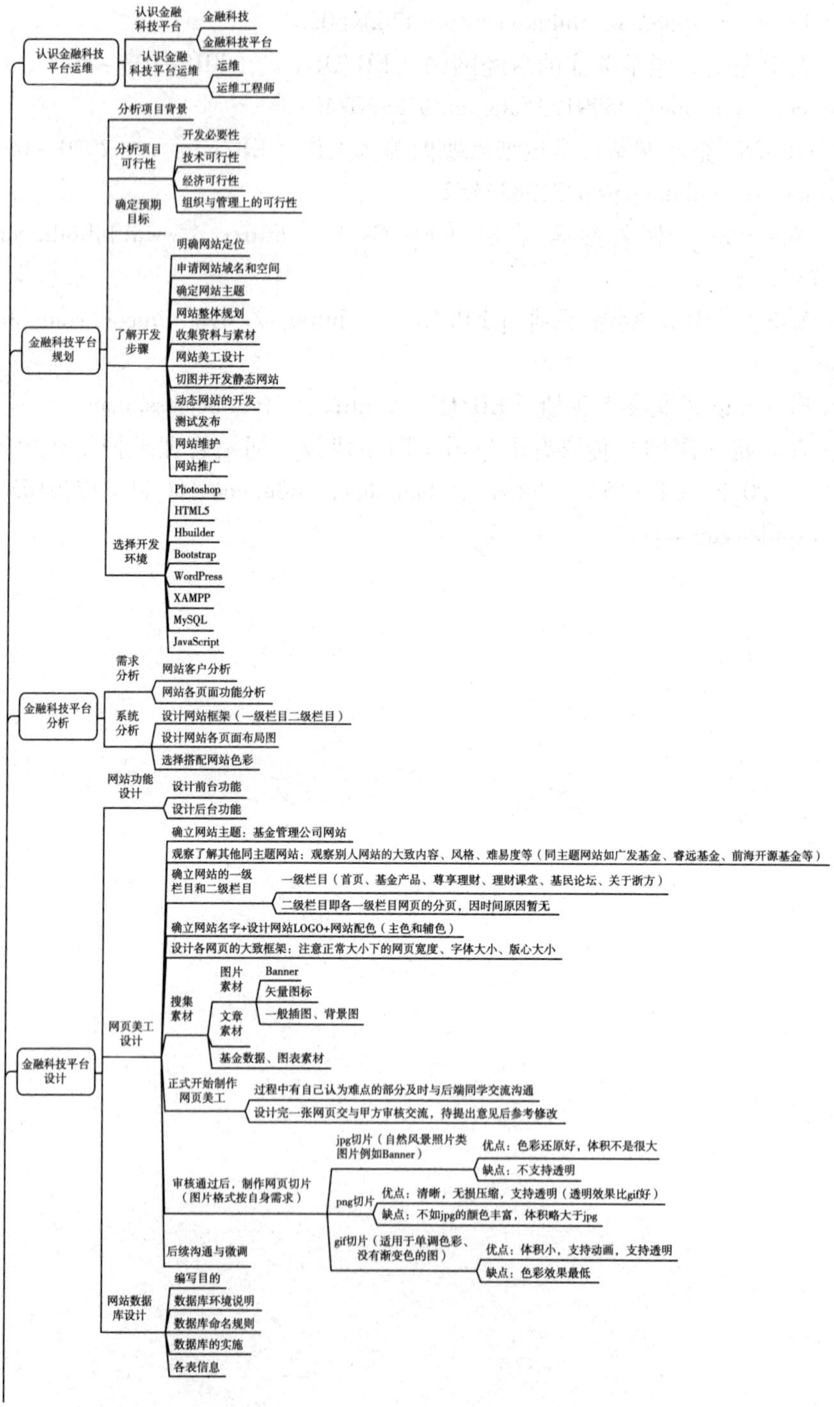
认识金融科技平台运维
认识金融科技平台
金融科技
金融科技平台
认识金融科技平台运维
运维
运维工程师
金融科技平台规划
分析项目背景
分析项目可行性
开发必要性
技术可行性
经济可行性
组织与管理上的可行性
确定预期目标
了解开发步骤
明确网站定位
申请网站域名和空间
确定网站主题
网站整体规划
收集资料与素材
网站美工设计
切图并开发静态网站
动态网站的开发
测试发布
网站维护
网站推广
选择开发环境
Photoshop
HTML5
Hbuilder
Bootstrap
WordPress
XAMPP
MySQL
JavaScript
金融科技平台分析
需求分析
网站客户分析
网站各页面功能分析
系统分析
设计网站框架（一级栏目二级栏目）
设计网站各页面布局图
选择搭配网站色彩
金融科技平台设计
网站功能设计
设计前台功能
设计后台功能
网页美工设计
确立网站主题：基金管理公司网站
观察了解其他同主题网站：观察别人网站的大致内容、风格、难易度等（同主题网站如广发基金、睿远基金、前海开源基金等）
确立网站的一级栏目和二级栏目
一级栏目（首页、基金产品、尊享理财、理财课堂、基民论坛、关于浙方）
二级栏目即各一级栏目网页的分页，因时间原因暂无
确立网站名字+设计网站LOGO+网站配色（主色和辅色）
设计各网页的大致框架：注意正常大小下的网页宽度、字体大小、版心大小
搜集素材
图片素材
Banner
矢量图标
一般插图、背景图
文章素材
基金数据、图表素材
正式开始制作网页美工
过程中有自己认为难点的部分及时与后端同学交流沟通
设计完一张网页交与甲方审核交流，待提出意见后参考修改
审核通过后，制作网页切片（图片格式按自身需求）
jpg切片（自然风景照片类图片例如Banner）
优点：色彩还原好，体积不是很大
缺点：不支持透明
png切片
优点：清晰，无损压缩，支持透明（透明效果比gif好）
缺点：不如jpg的颜色丰富，体积略大于jpg
gif切片（适用于单调色彩、没有渐变色的图）
优点：体积小，支持动画，支持透明
缺点：色彩效果最低
后续沟通与微调
网站数据库设计
编写目的
数据库环境说明
数据库命名规则
数据库的实施
各表信息

- 金融科技平台响应式效果实现
  - 了解Bootstrap
    - 选择Bootstrap版本，以v3为例
    - 下载Bootstrap
  - 网页制作准备
    - 选择网页制作工具　DW、HBuilder等
    - 新建文件夹
      - 文件路径应为全英文
      - 新建css、js、img等文件夹
    - 引入Bootstrap
      - 选择引入Bootstrap的类型　CDN网络链接、文件链接等
      - 网络链接-链接到网络上的Bootstrap
      - 文件链接
        - 1.新建bs或Bootstrap文件夹
        - 2.选择下载的Bootstrap文件夹中的dist文件夹中的Bootstrap.css或Bootstrap.min.css以及Bootstrap.js或Bootstrap.min.js两选一即可
        - 3.复制到新建的Bootstrap文件夹中的css和js文件夹中
        - 4.引入jQuery.js
        - 5.引入css和js
        - 注意：Bootstrap的js依赖于jQuery，必须要先引入jQuery。
  - 熟悉Bootstrap
    - 栅格系统
      - 4种屏幕大小
        - 超小屏幕手机（<768px）　类前缀.col-xs-
        - 小屏幕平板（≥768px）　类前缀.col-sm-
        - 中屏幕桌面显示器（≥992px）　类前缀.col-md-
        - 大屏幕大桌面显示器（≥1200px）　类前缀.col-lg-
      - 流式布局容器
        - .container　固定的版心，居中
        - .container-fluid100%宽度
        - 注意：这两种容器类不能互相嵌套
      - row
        - “行（row）”必须包含在.container（固定宽度）或.container-fluid（100%宽度）中
        - 通过“行（row）”在水平方向创建一组“列（column）”
        - 每个row都会被分为12个column
        - 如果一“行（row）”中包含了的“列（column）”大于12，多余的“列（column）”所在的元素将被作为一个整体另起一行排列
      - 列偏移　使用.col-md-offset-*类可以将列向右侧偏移
      - 列排序　通过使用.col-md-push-*和.col-md-pull-*类就可以很容易的改变列（column）的顺序
    - 响应式工具
      - 可用的类
        - .hidden-xs超小屏幕隐藏
        - .hidden-sm小屏幕隐藏
        - .hidden-md中等屏幕隐藏
        - .hidden-lg大屏幕隐藏
    - bootstrap提供的组件
  - index首页制作
    - id命名规则与class命名规则应统一
    - <head>
      - <meta charset="utf-8">
      - <meta http-equiv="X-UA-Compatible"content="IE=edge">
      - <meta name="viewport"content="width=device-width,initial-scale=1">
      - 注意：上述3个meta标签【必须】放在最前面，任何其他内容都【必须】跟随其后！
      - 链接bootstrap的css和自定义的全局style.css和index.css
      - style.css用于站点下的所有网页，index.css仅用于index.html网页
      - <linkrel="shortcuticon"type="images/x-icon"href="img/icon.png">
      - 用link为网页添加标志图标
    - 头部
      - 使用<header></header>标签
      - 根据效果图对头部内容进行分块
      - 根据效果图为每个分块的div添加.container或.container-fluid的class
      - 导航栏
        - 访问https://v3.bootcss.com/components/#navbar
        - 选择默认样式的导航条模板
        - 修改模板，使其符合效果图的布局
        - 在style.css中为导航栏中的元素添加样式，如果导航栏仅在index.html中展示可将样式写在index.css中
        - 将表单放置于.navbar-form之内可以呈现很好的垂直对齐，并在较窄的视口（viewport）中呈现折叠状态使用对齐选项可以规定其在导航条上出现的位置。
        - 对于不包含在<form>中的<button>元素，加上.navbar-btn后，可以让它在导航条里垂直居中
        - 通过添加.navbar-left和.navbar-right工具类让导航链接、表单、按钮或文本对齐
        - 添加.navbar-fixed-top类可以让导航条固定在顶部
        - 添加.navbar-fixed-bottom类可以让导航条固定在底部
        - 通过添加.navbar-static-top类即可创建一个与页面等宽度的导航条，它会随着页面向下滚动而消失
        - 通过添加.navbar-inverse类可以改变导航条的外观
    - 根据效果图对内容页进行分块，每个分块的父级都是body
    - 轮播图
      - 访问https://v3.bootcss.com/javascript/#carousel
      - 复制默认样式的模板
      - 更换图片即可使用
      - 注意：banner图在选择时，应选择内容居中，两端接近纯色的样式
      - 为实现适合小屏幕下的轮播图效果，可以为轮播图自行添加额外的js

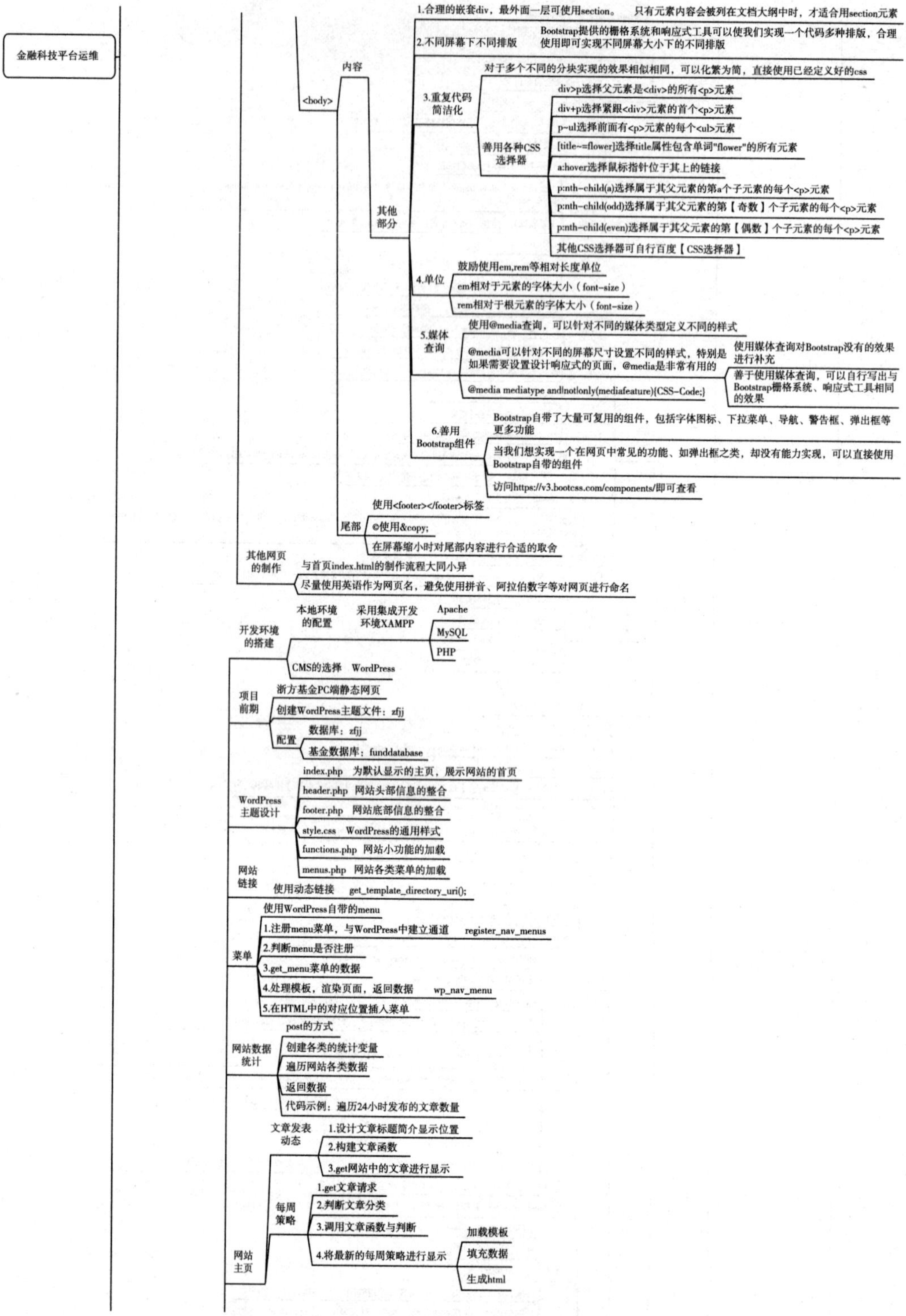
金融科技平台运维
<body>
内容
1.合理的嵌套div，最外面一层可使用section。 只有元素内容会被列在文档大纲中时，才适合用section元素
2.不同屏幕下不同排版
Bootstrap提供的栅格系统和响应式工具可以使我们实现一个代码多种排版，合理使用即可实现不同屏幕大小下的不同排版
其他部分
3.重复代码简洁化
对于多个不同的分块实现的效果相似相同，可以化繁为简，直接使用已经定义好的css
善用各种CSS选择器
div>p选择父元素是<div>的所有<p>元素
div+p选择紧跟<div>元素的首个<p>元素
p~ul选择前面有<p>元素的每个<ul>元素
[title~=flower]选择title属性包含单词"flower"的所有元素
a:hover选择鼠标指针位于其上的链接
p:nth-child(a)选择属于其父元素的第a个子元素的每个<p>元素
p:nth-child(odd)选择属于其父元素的第【奇数】个子元素的每个<p>元素
p:nth-child(even)选择属于其父元素的第【偶数】个子元素的每个<p>元素
其他CSS选择器可自行百度【CSS选择器】
4.单位
鼓励使用em,rem等相对长度单位
em相对于元素的字体大小（font-size）
rem相对于根元素的字体大小（font-size）
5.媒体查询
使用@media查询，可以针对不同的媒体类型定义不同的样式
@media可以针对不同的屏幕尺寸设置不同的样式，特别是如果需要设置设计响应式的页面，@media是非常有用的
使用媒体查询对Bootstrap没有的效果进行补充
善于使用媒体查询，可以自行写出与Bootstrap栅格系统、响应式工具相同的效果
@media mediatype and|not|only(mediafeature){CSS-Code;}
6.善用Bootstrap组件
Bootstrap自带了大量可复用的组件，包括字体图标、下拉菜单、导航、警告框、弹出框等更多功能
当我们想实现一个在网页中常见的功能、如弹出框之类，却没有能力实现，可以直接使用Bootstrap自带的组件
访问https://v3.bootcss.com/components/即可查看
尾部
使用<footer></footer>标签
©使用©
在屏幕缩小时对尾部内容进行合适的取舍
其他网页的制作
与首页index.html的制作流程大同小异
尽量使用英语作为网页名，避免使用拼音、阿拉伯数字等对网页进行命名
开发环境的搭建
本地环境的配置
采用集成开发环境XAMPP
Apache
MySQL
PHP
CMS的选择 WordPress
项目前期
浙方基金PC端静态网页
创建WordPress主题文件：zfjj
配置
数据库：zfjj
基金数据库：funddatabase
WordPress主题设计
index.php 为默认显示的主页，展示网站的首页
header.php 网站头部信息的整合
footer.php 网站底部信息的整合
style.css WordPress的通用样式
functions.php 网站小功能的加载
menus.php 网站各类菜单的加载
网站链接
使用动态链接 get_template_directory_uri();
菜单
使用WordPress自带的menu
1.注册menu菜单，与WordPress中建立通道 register_nav_menus
2.判断menu是否注册
3.get_menu菜单的数据
4.处理模板，渲染页面，返回数据 wp_nav_menu
5.在HTML中的对应位置插入菜单
网站数据统计
post的方式
创建各类的统计变量
遍历网站各类数据
返回数据
代码示例：遍历24小时发布的文章数量
网站主页
文章发表动态
1.设计文章标题简介显示位置
2.构建文章函数
3.get网站中的文章进行显示
每周策略
1.get文章请求
2.判断文章分类
3.调用文章函数与判断
4.将最新的每周策略进行显示
加载模板
填充数据
生成html

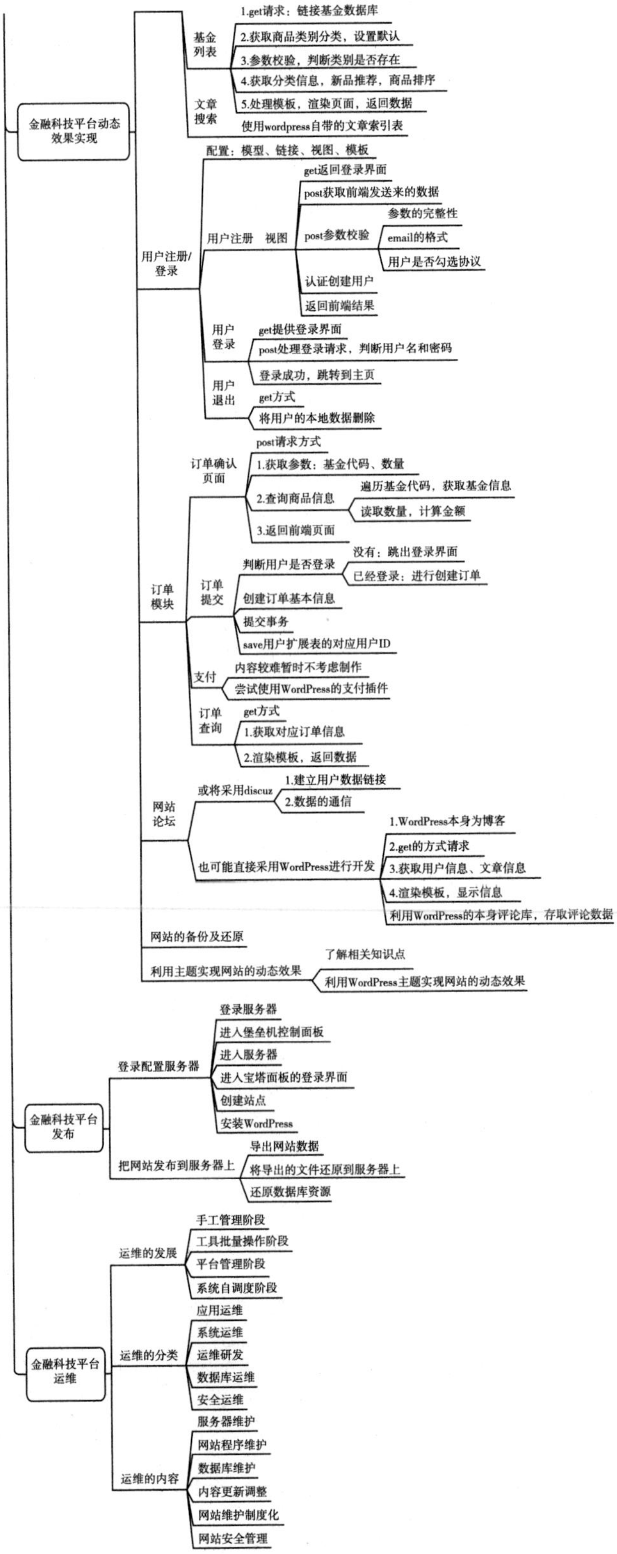
金融科技平台动态效果实现
基金列表
1.get请求：链接基金数据库
2.获取商品类别分类，设置默认
3.参数校验，判断类别是否存在
4.获取分类信息，新品推荐，商品排序
5.处理模板，渲染页面，返回数据
文章搜索
使用wordpress自带的文章索引表
用户注册/登录
配置：模型、链接、视图、模板
用户注册　视图
get返回登录界面
post获取前端发送来的数据
post参数校验
参数的完整性
email的格式
用户是否勾选协议
认证创建用户
返回前端结果
用户登录
get提供登录界面
post处理登录请求，判断用户名和密码
登录成功，跳转到主页
用户退出
get方式
将用户的本地数据删除
订单模块
订单确认页面
post请求方式
1.获取参数：基金代码、数量
2.查询商品信息
遍历基金代码，获取基金信息
读取数量，计算金额
3.返回前端页面
订单提交
判断用户是否登录
没有：跳出登录界面
已经登录：进行创建订单
创建订单基本信息
提交事务
save用户扩展表的对应用户ID
支付
内容较难暂时不考虑制作
尝试使用WordPress的支付插件
订单查询
get方式
1.获取对应订单信息
2.渲染模板，返回数据
网站论坛
或将采用discuz
1.建立用户数据链接
2.数据的通信
也可能直接采用WordPress进行开发
1.WordPress本身为博客
2.get的方式请求
3.获取用户信息、文章信息
4.渲染模板，显示信息
利用WordPress的本身评论库，存取评论数据
网站的备份及还原
利用主题实现网站的动态效果
了解相关知识点
利用WordPress主题实现网站的动态效果
金融科技平台发布
登录配置服务器
登录服务器
进入堡垒机控制面板
进入服务器
进入宝塔面板的登录界面
创建站点
安装WordPress
把网站发布到服务器上
导出网站数据
将导出的文件还原到服务器上
还原数据库资源
金融科技平台运维
运维的发展
手工管理阶段
工具批量操作阶段
平台管理阶段
系统自调度阶段
运维的分类
应用运维
系统运维
运维研发
数据库运维
安全运维
运维的内容
服务器维护
网站程序维护
数据库维护
内容更新调整
网站维护制度化
网站安全管理